AF743050

GEOGRAPHIE
ET DEVELOPPEMENT

Tome 4 : Aménagement et développement

Actes du colloque international en hommage au Professeur HAUHOUOT Asseypo
(Abidjan, 22 au 23 novembre 2016)

Sous la direction de
Téré Gogbe - Mamoutou Touré -
Céline Yolande Koffié-Bikpo

GEOGRAPHIE ET DEVELOPPEMENT

Tome 4 : Aménagement et développement

Actes du colloque international en hommage au Professeur HAUHOUOT Asseypo (Abidjan, 22 au 23 novembre 2016)

L'Harmattan
Côte d'Ivoire

Déjà parus, dan sla même collection :

GÉOGRAPHIE ET DÉVELOPPEMENT TOME 3. Population et développement, Octobre 2018

GÉOGRAPHIE ET DÉVELOPPEMENT TOME 2. Urbanisation et développement, Octobre 2018

GÉOGRAPHIE ET DÉVELOPPEMENT TOME 1. Nature et développement, Octobre 2018

© L'HARMATTAN, 2019
5-7, rue de l'École-Polytechnique 75005 Paris

www.editions-harmattan.fr

ISBN : 978-2-343-19004-4
EAN : 9782343190044

Sommaire

LISTE DU COMITE D'ORGANISATION

Président du comité d'organisation
GOGBE Téré, Maître de Conférences (IGT)
Président du comité scientifique
KOFFIE-BIKPO Céline Yolande, Professeur Titulaire (IGT)

Membres du comité scientifique
AFFOU Yapi Simplice, Directeur de Recherches (IGT)
AKIBODE Koffi Ayéchero, Professeur Titulaire (Université de Lomé)
ALLA Della André, Maître de Conférences (IGT)
ALOKO N'guessan Jerôme, Directeur de Recherches CAMES (IGT)
ANOH Kouassi Paul, Professeur Titulaire (IGT)
ATTA Koffi Lazare, Maître de Recherches (UFHB)
HAUHOUOT Asseypo Célestin, Professeur Titulaire (IGT)
KABLAN N'guessan Hassy Joseph, Maître de Conférences (IGT)
KOBY Assa Théophile, Maître de Conférences (IGT)
KOLI Bi Zuéli, Professeur Titulaire (IGT)
NASSA Dabié Désiré Axel, Maître de Conférences (IGT)
TAPE Bidi Jean, Professeur Titulaire (IGT)

Secrétariat
TOURE Mamoutou (tourema@yahoo.fr)
KOUASSI N'guessan Gilbert (gilbertini2006@yahoo.fr)
KASSI-DJODJO Irène (irenekassi@yahoo.fr)
DIABAGATE Abou (aboudiaba76@yahoo.fr)
WADJA Jean Bérenger (jwadja@yahoo.fr)
GOZE Thomas (dadeagoze@gmail.com)
KOUASSI Patrick Juvet (kpatrickjuvet@yahoo.fr)

AVANT-PROPOS

HAUHOUOT Asseypo est professeur titulaire de géographie depuis 1983. Il est aujourd'hui à la retraite. Comme en témoigneront les chercheurs qui viendront lui rendre hommage à l'occasion de ce colloque, sa carrière a été riche et variée : Directeur de l'Institut de géographie tropicale (1975-1980) , doyen de la faculté des lettres, arts et sciences humaines (1980-1986), vice-recteur (1992-1996) puis président de l'université de Cocody (1996-2000), recteur de l'université de l'atlantique, vice-président de l'Association des Universités Africaines (AUA) et président de la conférence des recteurs francophones d'Afrique occidentale et d'océan indien (CROFAOCI) ; membre de l'Académie des sciences, des arts, des cultures d'Afrique et diasporas africaines (ASCAD), etc.

La toile de fond de ce parcours restera sans doute la recherche au service du développement aussi bien au plan national qu'international. L'arrière- plan de l'action Pr. Hauhouot Asseypo est certainement une constance préoccupation d'analyse de l'espace géographie ivoirien en tant que système d'organisation vers ses finalités de développement.

Ce trait commun de l'homme multidimensionnel transparait dans ses enseignements sur l'analyse spatiale, ses travaux d'expertise et ses publications comme en témoignent « Développement, aménagement, régionalisation en côte d'ivoire » (2002), « Nature, culture, tourisme en côte d'ivoire. Essai sur la trilogie d'un pari de développement manqué » (2008), «Société, Etat et territoire en côte d'ivoire. Essai de géographie du développement » (2015) et « Côte d'Ivoire à quand la puissance éducative ? »(2015). Cette dernière contribution confirme le talent du politique discret aux idées révolutionnaires.

Cette détermination l'a conduit à contribuer largement à l'organisation tournante des « journées géographiques » à travers la cote d'ivoire, pour rapprocher l'expertise géographique du citoyen. Aux commandes de l'université de Cocody, son ouvrage « penser et bâtir pour construire » (1999), est un outil stratégique pour analyser l'organisation universitaire alors en proie à des crises telluriques, pour « assurer les missions qui lui sont confiées mais aussi, de lui préparer un avenir digne des attentes de notre pays ». Même à la retraite, son souci permanent d'allier le développement et les sciences sociales reste prégnant dans ses activités. Hauhouot Asseypo poursuit ses activités dans le domaine du développement et de l'aménagement du territoire et s'intéresse particulièrement aux vecteurs d'innovation et de changement dans la société ivoirienne.

L'œuvre de cet éminent géographe est riche, ce qui lui a valu déjà la reconnaissance de l'Etat ivoirien (Commandeur dans l'Ordre du Mérite de l'Education Nationale) et des distinctions internationales (officier des Palmes académiques du Cames et françaises). Autant de raisons qui ont motivé la communauté universitaire à organiser un colloque en son hommage, afin de témoigner de l'importance et de la cohérence de son œuvre, mais aussi des diverses manières d'en hériter.

PREFACE DU RECIPIENDAIRE

Le colloque hommage sur le thème « Géographie et développement » m'a été offert par mes collègues de l'Institut de Géographie tropicale (IGT), je leur en suis infiniment reconnaissant. Cette rencontre a connu un important succès organisationnel et scientifique. Pendant deux jours, l'Amphithéâtre A du « District » de l'Université Félix Houphouët-Boigny a enregistré une belle affluence. Des enseignants et chercheurs venus du Bénin et de France se sont associés à leurs collègues de Côte d'Ivoire, pour exposer des travaux et débattre de problématiques relatives à la place et au rôle de notre discipline dans le progrès de nos sociétés. Par des témoignages, ils m'ont fait l'immense honneur et l'amitié de souligner ma modeste part dans la vie et le bilan de la géographie en Côte d'Ivoire et dans la sous-région.

Cet événement a revêtu une signification particulière par la présence d'illustres invités : le Directeur de Cabinet, Pr Thiam, représentant Madame la Ministre de l'Enseignement supérieur et de la Recherche scientifique ; le Vice-Président de l'UFB, Pr Atta ; le Doyen de l'UFR Sciences de L'Homme et de la Société, Pr Baha Bi Youzan. Toutes ces éminentes personnalités ont joint leurs voix à celles des enseignants et chercheurs pour souligner le sens de ma contribution à l'enseignement, la recherche et la gouvernance dans notre université. J'en demeure particulièrement fier.

Je voudrais maintenant remercier bien chaleureusement tous ceux qui ont permis la réalisation de cette activité de haute portée académique, spécialement : les membres du comité d'organisation, du comité scientifique, du secrétariat ; les présidents de séances ; les conférenciers. J'y associe naturellement les étudiants sans lesquels les maîtres n'auraient pas d'existence.

Il m'importe aussi de saisir l'espace de cette préface pour esquisser ma vision de l'avenir. L'implication des sciences sociales dans la recherche de développement est toujours d'actualité parce qu'incontournable. La géographie qui s'était positionnée parmi les leaders, dès les années 1960, ne devrait pas perdre son rang. Aussi, pour lui communiquer encore plus d'audience, quelques chantiers restent-ils à investir énergiquement :

- la poursuite de la professionnalisation des filières avec la création de nouveaux métiers ;
- le renforcement du système de recherche et de technologie par la diversification des champs et la modernisation des équipements ;

- l'intensification du service à la société par l'implication des ingénieurs de recherche et / ou de production;

- la reprise des « journées géographiques », activités stratégiques de l'Association des géographes de Côte d'Ivoire (AGI).

L'avenir de la géographie passera par la lutte contre l'éclatement qui la menace. C'est en effet au sein d'une communauté professionnelle structurée et solidaire que chaque praticien trouvera sa force véritable, pas sur les chemins individuels. Notre effort devrait donc tendre à défendre la profession. Cela commence par un bon apprentissage du métier; un géographe mal formé est une menace certaine pour sa discipline. A cet égard, la massification des effectifs et ses effets négatifs sur le volume de travail, la réduction du temps de recherche et l'inadaptation des équipements, sont autant de données que nous devrions intégrer aux stratégies de revitalisation de la discipline.

Ce colloque a montré combien notre profession gagnerait à œuvrer dans la construction d'une communauté africaine de praticiens. La présence très remarquée de nos collègues du Bénin est un appel à reprendre les activités de l'Association des Géographes Africains, car de nombreux phénomènes qui interpellent notre discipline n'ont plus de frontières. Dans ce cadre, qui plus que la géographie a les aptitudes à favoriser l'intégration africaine.

Tout cela pour dire, à vous qui poursuivez, que votre responsabilité est immense dans la construction de l'avenir, mais que vous avez les capacités pour y faire face. C'est ce qui fonde ma fierté et mon optimisme.

Encore une fois merci à tous.

Abidjan le, 02/ 05/ 2017

Prof. Antoine Asseypo Hauhouot
Président Honoraire de l'UFHB
Membre de l'Académie des Sciences, des Arts, des Cultures d'Afrique et des Diasporas africaines (ASCAD)

MUTATIONS DANS LES MODES D'ACCES A L'ELECTRIFICATION ET QUALITE DE VIE DANS LES QUARTIERS PRECAIRES DE LA VILLE D'ABIDJAN

KOUASSI Patrick Juvet
kpatrickjuvet@yahoo.fr
Gozé Thomas
dadeagoze@gmail.com
Enseignant-chercheur, IGT, Université Félix Houphouët Boigny Abidjan

RESUME

Abidjan constitue le principal pôle de concentration démographique et économique du pays. Vue comme un « Eldorado » la ville va agir comme un aimant en attirant vers elle d'importants flux de personnes venues de partout. En effet, pour ces populations, c'est le lieu d'objectif de toute ambition de carrière, la consécration de toute réussite sociale, le symbole du triomphalisme individuel et collectif. En conséquence, une telle croissance et une telle primauté posent nécessairement d'énormes difficultés en termes d'emploi, d'insécurité, de cadre de vie et surtout de logements avec une demande annuelle estimée à 25000 logements par an (Ouattara, 1997). Face à cette demande sans cesse croissante, une frange de la population abidjanaise est négligée. Ceci a facilité l'émergence des quartiers précaires signe visible de l'insuffisance du logement décent auquel aspire tout citadin. Ces quartiers ne sont pas inscrits dans le schéma directeur de la ville d'Abidjan. Ils ne bénéficient pas alors des équipements et d'infrastructures ; ce sont des quartiers sous équipés. Malgré tout, les habitants de ces milieux défavorisés tentent d'améliorer leur condition de vie de façon individuelle ou collective. C'est le cas de l'approvisionnement en électricité. Avec la CIE par le truchement de la Banque mondiale, certains quartiers précaires comme Boribana et Yaoséhi ont bénéficié des niches électriques pour l'électrification des concessions afin d'éviter les abonnements parallèle source d'insécurité et d'incendies. Cette étude a pour objectif principal de montrer l'impact de ce type d'approvisionnement en électricité sur la qualité de vie des populations dans les quartiers précaires de la ville d'Abidjan. Pour y arriver, la méthodologie adoptée est composée de l'observation en vue de recenser les niches électriques, des entretiens auprès des autorités de la Compagnie Ivoirienne d'Electricité (CIE) et des questionnaires auprès des ménages.

Mots clés: Abidjan, quartiers précaires, niches électriques, qualité de vie.

ABSTRACT

Abidjan is the main pole of demographic and economic concentration of the country. Viewed as an "Eldorado" the city will act as a magnet by attracting large flows of people from all over it. Indeed, for these populations, it is the place of objective of all ambition of career, the consecration of all social success, the symbol of the individual and collective triumphalism. Consequently, such growth and primacy necessarily present enormous difficulties in terms of employment, insecurity, living conditions and, above all, housing with an estimated annual demand of 25,000 housing units per year (Ouattara, 1997). Faced with this ever-increasing demand, a segment of the Abidjan population is neglected. This has facilitated the emergence of precarious neighborhoods visible sign of the inadequacy of decent housing to which every city aspires. These districts are not included in the master plan of the city of Abidjan. They do not then benefit from the facilities and infrastructures; they are under-equipped districts. Despite this, the inhabitants of these disadvantaged areas are trying to improve their living conditions individually or collectively. This is the case of electricity supply. Together with the ICE through the World Bank, some precarious neighborhoods such as Boribana and Yaoséhi have benefited from electric niches for the electrification of concessions in order to avoid parallel subscriptions causing insecurity and fires. The main objective of this study is to show the impact of this type of electricity supply on the quality of life of the populations in the precarious districts of the city of Abidjan. In order to do so, the methodology adopted is composed of observation in order to identify electrical niches, interviews with the authorities of the Ivorian Electricity Company (CIE) and questionnaires with households.

Keywords: Abidjan, precarious neighborhoods, electric niches, quality of life.

I- INTRODUCTION

L'Etat de Côte d'Ivoire, au lendemain de son indépendance, a mis en place une politique de l'habitat pour loger décemment sa population. Cette politique a considérablement évolué dans le temps, surtout depuis l'avènement de la crise économique des années 1980. Selon Haeringer (2000) trois grandes périodes marquent cette politique: de la période coloniale à 1960 a permis la réalisation des Habitats de Logements Moderne avec la Société immobilière des Habitats à bon marché de Côte d'Ivoire (SIHCI) et la Société d'Urbanisme et de Construction de Côte d'Ivoire (SUCCI), de l'indépendance à 1980 marqué par l'intervention de l'Etat aussi bien dans la production et l'équipement des terrains à bâtir, que dans la construction de logement dans la production de l'habitat. Pour se faire, l'Etat a mis en place deux grandes sociétés parapubliques de promotion à vocation sociale, la Société pour la Gestion et le Financement de l'Habitat (SOGEFIHA) en 1963 et en 1965 la Société Ivoirienne de Construction et de Gestion Immobilière (SICOGI). De 1980 à nos jours, la crise économique a contraint l'Etat a s'attaché des services des promoteurs immobiliers du secteur privé. Ainsi, tous les quartiers, toutes les cités construites par ces différentes structures sus mentionnées ont bénéficié d'importants infrastructures et équipement de base. Force est de constater qu'une bonne franche de la population a été laissée pour compte. Celle n'ayant pas de moyens financiers pour s'offrir un logement décent, a préféré se loger sur les sites non aedificandis, non constructibles: créant par conséquent les quartiers précaires. Ces quartiers n'étant pas inscrit dans le schéma directeur d'urbanisme de la ville d'Abidjan, ne peuvent pas bénéficier de ces infrastructures et des équipements sociaux. Les ménages de ces quartiers défavorisés ont recours aux équipements de fortune et sommaires avec tous les risques liés à ces pratiques notamment les risques d'incendies et d'électrocution. Pour l'amélioration des conditions de vie des populations dans les quartiers précaires et de leur insertion dans le tissu urbain, la CIE (Compagnie Ivoirienne d'Electricité) a installé des niches électriques comme ce fut le cas à Yaoséhi et Boribana. En quoi consiste ce nouveau mode d'accès à l'électrification pour ces populations? Quel est alors son impact sur l'amélioration de leur condition de vie?

II- MATERIEL ET METHODES

2-1- ZONE D'ÉTUDE

Yaoséhi et Boribana, nos zones d'étude sont situées dans la ville d'Abidjan (figure1). Le choix de ces quartiers répond du fait de l'expérimentation d'approvisionnement en électricité par les niches à compteurs instauré par la CIE qui s'est orienté dans ces deux quartiers.

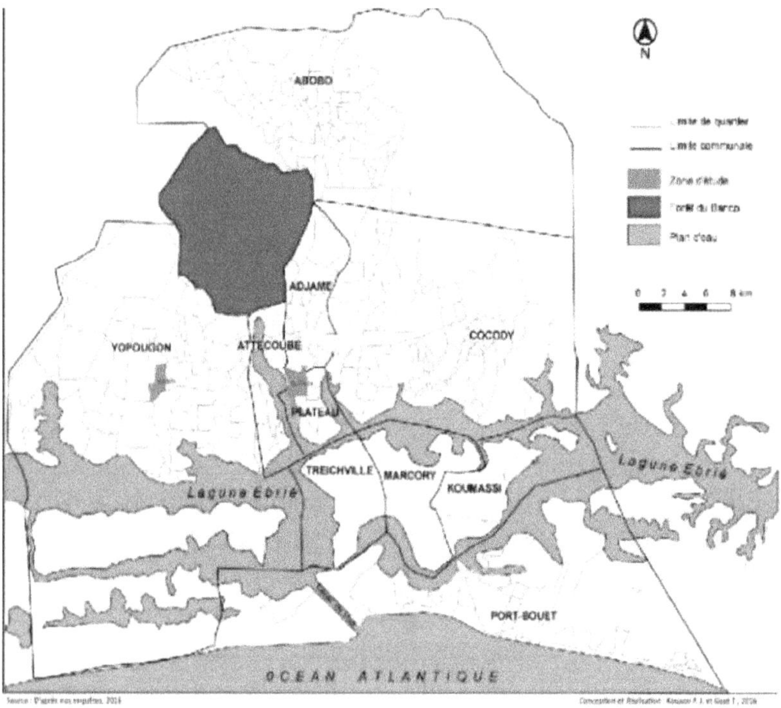

Figure 1 : Localisation des zones d'étude

Le quartier précaire Yaoséhi est situé au centre de la commune de Yopougon, avec une superficie de 197609 m^2, une aire de rue et voirie de 69193 m^2 ; soit un taux d'occupation du sol en habitat 69% et 31% pour les rues et voirie (BRAMA Koné, 2008). Ce quartier est bâti sur une surface légèrement inclinée avec une pente inférieure à 6%. Il est accessible par des voies carrossables dont l'une des voies principales de liaison Yopougon attié et Yopougon kouté (DCGTx, 1992).Yaoséhi est situé sur un espace rigoureusement réservé à la construction d'un axe routier reliant Abidjan à Dabou appelé "Axe médian", cette grande voie structurante a été planifiée en 1983, mais les rigueurs de la crise économique que subit le pays n'ont pas encore permis sa construction.

Quant à Boribana, il est situé dans la commune d'Attécoubé, avec une superficie de 243429,62 m^2 (nos enquêtes, 2016). Il s'est installé sur une pente majoritairement inférieure à 6% et minoritairement de 6 à 15% sur une côte inférieure à 1,5mètre, minoritairement en zone inondable aux abords de lagune. Il est accessible par le boulevard lagunaire (DCGTx, 1992), aujourd'hui boulevard de la Paix.

La structure spatiale de ces deux quartiers précaires est caractérisée par des habitations aux formes irrégulières, agencées dans une architecture touffue et précaire avec des rues très étroites ne permettant pas une circulation fluide des personnes et des véhicules. Le développement anarchique et incontrôlé des habitations a engendré une très forte promiscuité des maisons.

2-2- METHODE DE COLLECTE DES DONNEES

Dans le cadre de cette étude, la collecte des données s'est faite au moyen de trois techniques: la recherche documentaire, l'observation directe et l'enquête de terrain. La recherche documentaire s'est déroulée à la bibliothèque de l'Institut de Recherche pour le Développement (IRD) et au sein des services techniques de la Compagnie Ivoirienne d'Electricité de Yopougon et de la commune d'Attécoubé et sur l'internet. Les informations collectées portent sur le contexte de l'introduction des mutations intervenues dans l'approvisionnement en électricité des populations des quartiers défavorisés de la ville d'Abidjan. Les avantages et les inconvénients de ce mode d'alimentation sur la qualité de vie de ces populations. Ces informations secondaires ont été complétées par des prises de vue et des enquêtes de terrain. Les observations nous ont permis d'identifier la situation effective d'occupation des espaces des quartiers concernés par les niches à compteurs. Quant aux enquêtes de terrains, elles ont consisté aux interviews avec les responsables des services techniques de la CIE dont dépendent ces quartiers défavorisés, ainsi que les responsables des jeunes et les chefs centraux. L'objectif était de s'imprégner des stratégies de gestion de ces nouvelles mutations. Les entretiens avec les populations des zones d'étude ont permis d'appréhender le niveau de satisfaction des habitants de Yaoséhi et de Boribana dans l'amélioration de leurs conditions de vie avec l'introduction des niches à compteurs pour l'éclairage. L'enquête a été effectuée en

Août 2016 et une fiche d'enquête a été élaborée pour récolter les informations. Celles-ci concernent les effectifs des ménages ayant souscrit au projet d'électrification par niche à compteurs et l'appréhension des ménages par rapport à leur cadre de vie. Une pré-enquête a été effectuée dans les différents quartiers précaires concernés afin de récolter les informations relatives aux sources anciennes d'approvisionnement en électricité et d'identifier les sites d'implantation des niches pour les cartographier. Ensuite, toutes les concessions ayant adhérés au projet ont été visitées. A Yaoséhi et à Boribana, un taux d'échantillonnage de 20% que nous avons jugés représentatif a été choisi. La répartition des ménages à enquêtés dans les quartiers visités est indiqué dans les tableaux I et II ci-dessous.

Tableau I: Taille de ménages enquêtés à Boribana

Quartiers d'étude	Nombre de ménages total	nombre de ménage abonné à un compteur	taux d'échantillonnage	Ménages enquêtés
Boribana	15122	1050	20%	210

Source : Institut National de la Statistique (INS), données mise à jour en 2006, et nos enquêtes, 2016

Tableau II: Taille de propriétaires avec titre foncier enquêtés à Yaoséhi

Quartiers d'étude	Nombre total de cours ou de propriétaires avec titre foncier	nombre de cour abonné à un compteur	taux d'échantillonnage	Propriétaires enquêtés
Yaoséhi	850	176	20%	36

Source : nos enquêtes 2016

2-3-TRAITEMENT DES DONNEES

Nous avons fait l'usage de deux techniques majeures pour traiter les différentes données et faire ressortir les informations qu'elles contenaient. Il s'agit notamment de la cartographie et la statistique. Les informations issues des données statistiques recueillies sont présentées sous formes de tableaux et de diagrammes à l'aide de l'outil informatique et des logiciels tels que Word et Excel. L'outil informatique et les logiciels d'analyse comme Arc-Gis, Adobe Illustrator ont été utilisés pour les cartographies des zones d'étude, l'implantation des services urbains de base notamment les niches à compteurs.

III-RESULTATS

3-1- PRESENTATION DE L'ELECTRIFICATION PAR NICHE A COMPTEURS

Il consiste à installer des compteurs électriques appartenant à un ou un ensemble de ménages dans des niches. La mise sous tension de ces compteurs au sein des niches se fait à partir des poteaux électriques installés par la CIE (Photo 1). De ces niches partent également des fils électriques qui desservent les habitations des ménages abonnés.

Photo 1 : Niche à compteurs n°41 installé à Boribana à gauche et une autre à Yaoséhi à droite. *(Source : nos enquêtes, 2016)*

Une niche peut comporter quinze (15) à trente-six (36) compteurs. Elles sont construites avec des briques et hermétiquement fermé par un portail. La différence de ces niches des quartiers étudiés réside dans leur armature esthétique. Les niches à Boribana ont une particularité d'être peint en orange et le portail compte quelques petites ouvertures. Par contre, à Yaoséhi, le mur est crépi sans peinture et une grille sert de portail de telle sorte que tout passant peut voir les compteurs. Le tout dans le but de sécuriser ces installations et les populations.

3-2-LA DISTRIBUTION SPATIALE DES NICHES DANS LES QUARTIERS DEBORIBANA ET YAOSEHI

A Boribana : nous avons identifiés 47 niches dont 42 comportent en moyenne 25 compteurs électriques soit 1050 abonnés à ce type d'électrification. Ces niches ceinturent le quartier, dont la majorité longe le boulevard de la Paix qui mène au Plateau (figure 2). Elles ont été installées par la CIE et l'Union Européenne.

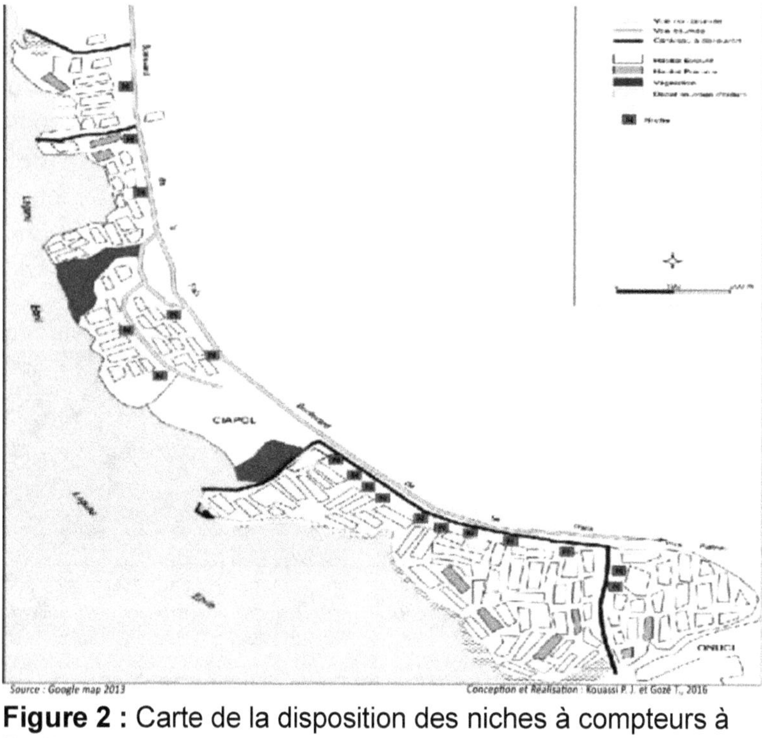

Figure 2 : Carte de la disposition des niches à compteurs à Boribana

(Source : nos enquêtes, 2016)

Par contre à Yaoséhi, ces installations, au nombre de 11, ont été faites par les ménages eux-mêmes. Ces niches sont disséminées à l'intérieur du quartier (figure 3).

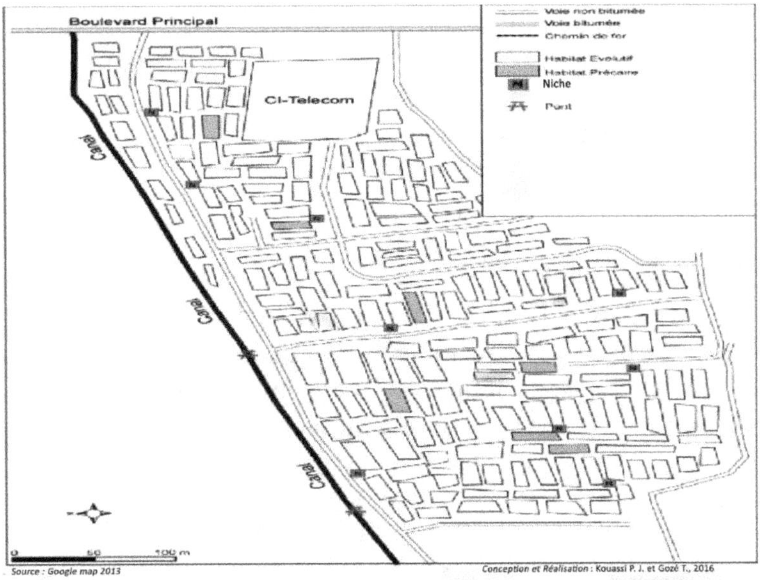

Figure 3 : Carte de la disposition des niches à compteurs à Yaoséhi
(Source : nos enquêtes, 2016)

3-3- LE TAUX DE COUVERTURE

La figure 4révèle que dans l'ensemble des deux quartiers enquêtés, ce sont 28% des ménages qui possèdent un compteur régulier de la CIE. Les autres (72%) se confinent à l'usage de l'électricité anarchique avec les revendeurs, les bougies, et les torches (Traoré Kassoum, 2007).

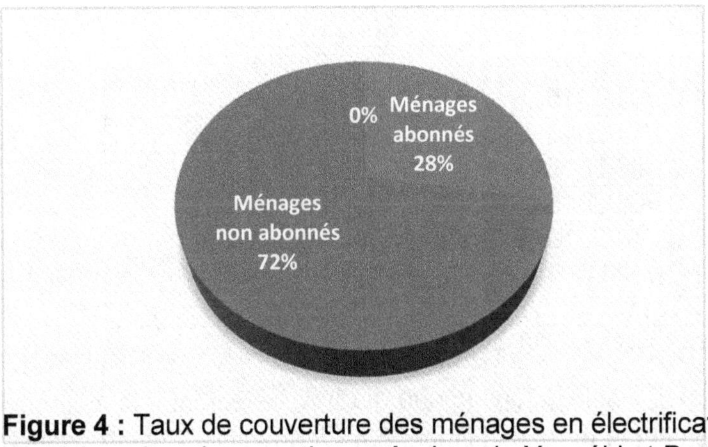

Figure 4 : Taux de couverture des ménages en électrification par les niches dans les quartiers précaires de Yaoséhi et Boribana à Abidjan *(Source : nos enquêtes, 2016).*

Certes, ce taux est inférieur au taux de couverture en électrification rurale (33%) (Séminaire National sur l'Energie : SNE, 2012), on note une régression dans la mauvaise pratique de l'approvisionnement en électricité qui était de 93,3% (Traoré Kassoum, 2007).

3-4- LES MODES D'ACQUISITION D'UN COMPTEUR AU SEIN D'UNE NICHE

A Boribona :à la suite d'une promotion d'électrification du quartier par les niches à compteurs, la CIE a diligenté une équipe commerciale pour sensibiliser les ménages sur les bienfaits de ce nouveau mode d'approvisionnement en électricité. Ce à quoi les populations ont adhéré et entrepris des démarches pour l'acquisition de compteurs. Les ménages intéressés ont alors signé un contrat de conditions générales et particulières d'abonnement. Les caractéristiques de l'abonnement et du branchement choisis par les ménages sont rappelées dans le tableau III ci-dessous.

Tableau III : Répartition de l'échéance de remboursement du prêt d'abonnement et du branchement

Dates	**Montant**
27/11/2013	20000 F.CFA
01/12/2013	5000 F.CFA
01/02/2014	5000 F.CFA
01/04/2014	5000 F.CFA
01/06/2014	5000 F.CFA
01/08/2014	5000 F.CFA
01/10/2014	5000 F.CFA
01/12/2014	5000 F.CFA
01/02/2015	5000 F.CFA
01/04/2015	5000 F.CFA
01/06/2015	5000 F.CFA
01/08/2015	5000 F.CFA
01/10/2015	5000 F.CFA
01/12/2015	5000 F.CFA
Total	**85.000 F.CFA**

Source nos enquêtes, 2016

Selon ce tableau les 85000 F.CFA représente le coût de l'abonnement et du branchement pour le ménage. Cette échéance est considérée comme définitive selon le contrat. Il est à noter que le ménage abonné s'acquitte des 20000 F CFA avant toute installation. Le reliquat (65000 F CFA) est échelonné par tranche de 5000 F CFA chaque deux mois sur le net à payer des factures suivantes. Cependant un manquement du respect de ce contrat par le ménage l'expose à la fourniture d'électricité et l'exigibilité immédiat du solde par tous les voies et moyens de droit.

A Yaoséhi : Contrairement à Boribana, l'avènement des niches à compteurs dans le quartier a été entrepris par le chef central. A la suite d'une demande au responsable de la CIE de la zone dont dépend le quartier. Une équipe commerciale de la CIE a été dépêché pour la faisabilité du projet. Seuls les propriétaires avec titre foncier ont été autorisés à souscrire à ce projet. Sur les 400 dossiers qui ont été enregistrés pour la demande, seulement que 176 ont effectivement souscris. Et pour cause le coût de l'abonnement élevé de l'abonnement (95.000F) et l'obligation des propriétaires terrien de se construire eux même les niches avant l'arrivée des compteurs. Ici, l'abonnement et le branchement est élevé à 25000 F CFA. Le reliquat est échelonné sur une période de 8 mois.

3-5- LES CONSEQUENCES DE L'AVENEMENT DES NICHES ACOMPTEURS

Avec l'avènement des niches à compteurs, les ménages des quartiers précaires auront l'exclusivité de la gestion de leur énergie. Ce qui n'était pas le cas auparavant. En effet, les ménages de ces quartiers s'alimentaient en électricité à partir du compteur d'un particulier demeurant dans un quartier régulier au voisinage du quartier précaire en contrepartie d'une somme mensuelle en fonction du nombre d'ampoules et de prise du ménage. 1500 FCFA par ampoule et 2000 FCFA la prise par mois au lieu d'une échéance de deux (2) mois (Yapi Diahou, 1985).

La présence des compteurs de la CIE a permis l'amélioration de la qualité de vie des populations vivant dans ces milieux défavorisés notamment l'amélioration du niveau d'éducation, de la santé, la création des activités productrices de revenu, et l'amélioration du cadre de vie. Au niveau de l'éducation, on note la présence des cours du soir. Les élèves ne se déplacent plus dans les stations-services et sous les lampadaires pour la révision des leçons. L'accessibilité de ces compteurs a permis aux populations de s'ouvrir au monde grâce à la présence des cybers café. Chaque quartier étudié compte un cyber.

Avant l'arrivée des compteurs de la CIE, les activités productrices de revenus se faisaient en bordure des grandes artères (boulevard de la Paix à Boribana et Boulevard principal à Yaoséhi).

Aujourd'hui, elles se font à l'intérieur de ces quartiers la nuit tombée. A Yaoséhi, par exemple, les petit maquis (bistrot, restaurant) ont vu le jour. De même, certains femmes vendent des vivriers devant leur porte. A Boribana, le constat est le même.

Au niveau du cadre de vie, la présence de ces installations dissuadent les malfaiteurs qui faisaient la loi, et les femmes qui profitaient de la tombée des nuits pour se débarrasser de leurs ordures dans certains endroits au sein du quartier. La littérature fait état de nombreux avantages liés à l'énergie. Kanagawa (2007), donne un schéma synthétique des effets induits par un accès accru à l'électrification (figure 5).

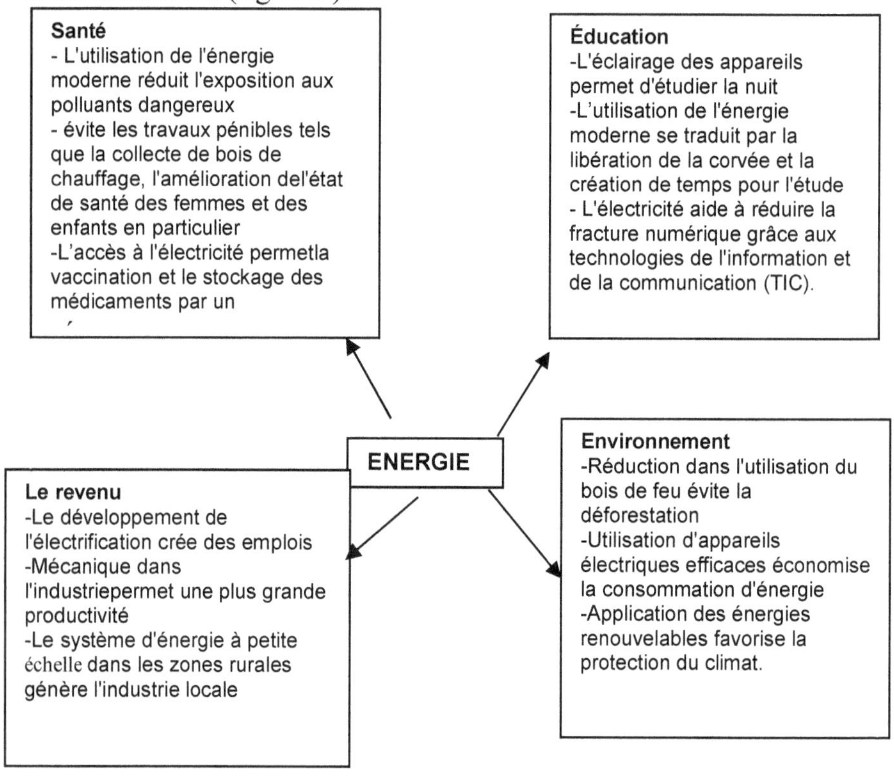

Figure 5 : Influence de l'énergie sur d'autres composants *(Source : Kanagawa, 2006)*

Ces travaux sont en congruence avec ceux de Pablo del Río(2006) qui stipulent que l'accès à l'électrification contribue de manière substantielle à l'accomplissement des huit (08) objectifs du millénaire ; qui sont:

- Éliminer l'extrême pauvreté et la faim: l'électricité est essentielle à la création d'activités industrielles.

- Assurer l'éducation primaire universelle: Afin d'attirer les enseignants dans les zones rurales, les maisons et les écoles devraient avoir l'électricité. De bonnes conditions d'éclairage sont nécessaires. Étudier pendant la nuit.

- Promouvoir l'égalité entre les sexes et l'autonomisation des femmes: manque d'accès à l'électricité contribue à l'inégalité entre les sexes car elle libère les femmes des tâches domestiques.

- Réduire la mortalité infantile: Problèmes respiratoires dus à la pollution atmosphérique. L'utilisation des combustibles traditionnels et des poêles causent des maladies.

- Améliorer la santé maternelle: La pollution au sein de la maison, le manque d'électricité pour les centres de santé, l'éclairage des naissances nocturnes et la lourde charge physique journalière. Le recueillement contribue à la mauvaise santé maternelle.

- Combattre le VIH / sida, le paludisme et d'autres maladies: l'électricité pour la communication, par la radio et la télévision peuvent contribuer à diffuser des informations utiles sur la santé publique.

- Assurer la durabilité de l'environnement: production d'énergie conventionnelle, distribution et la consommation ont des effets négatifs sur l'environnement local, régional et mondial

- Développer un partenariat mondial pour le développement: le Sommet mondial de Johannesburg sur le développement durable a appelé à des partenariats entre les entités publiques, les agences de développement, la société civile et le secteur privé. Cela implique la promotion de services énergétiques écologiquement durables et fiables à des prixraisonnables.

A Yaoséhi, la structuration du quartier a permis l'installation des niches au sein du quartier. Cependant à Boribana sa morphologie contraint les agents de la CIE a installé les niches en bordure du boulevard. Ce qui induit toujours la présence visible des fils électriques dans le paysage aérien (photo2).

Photo 2 : Les fils électriques de la CIE provenant des compteurs à niches.*(Source : nos enquêtes, 2016)*

Sous l'effet du poids de ces fils sur les poteaux en bois, ils se tordent et les fils électriques pendent à hauteur d'homme. Ce qui peut contribuer à mettre en danger la vie des populations. Si à Boribana, les fils électriques qui relient les compteurs aux abonnés dénaturent le paysage aérien, à Yaoséhi c'est le coût de facture qui est source de dispute dans la cours. En effet, le compteur peut dans certains cas se partager entre plusieurs ménages qui y sont branchés. Lorsque la facture est émise c'est l'un des locataires désigné chef qui fait la distribution du montant à payer pour chaque porte en fonction du nombre d'ampoules, de prise, d'appareils, et de la présence des personnes à la maison. Ceci n'est pas souvent apprécier par le locataire dont le montant est élevé par rapport aux autres.

CONCLUSION

L'accès aux services sociaux de base notamment l'électricité est une préoccupation centrale dans la problématique du développement. D'où l'introduction de l'électrification par niches dans les quartiers défavorisés de Yaoséhi et de Boribana de la ville d'Abidjan. Cela témoigne de la volonté des pouvoirs publics de restructurer ces milieux périphériques. Certes, le taux de couverture (28%) est encore faible, mais les risques encourus liés aux branchements anarchiques sont réduits. Avec ces nouvelles installations, les ménages contrôlent eux-mêmes leur propre facturation. Pour une bonne insertion dans le tissu urbain, les quartiers précaires doivent bénéficier de l'électrification à moindre coût notamment « l'électricité pour tous ».

BIBLIOGRAPHIE

BRAMA K, (2008), Pollution lagunaire, risques sanitaires et environnementaux dans trois villages périurbains de la commune de Yopougon, Abidjan, Université d'Abobo- Adjamé, thèse unique, 285p.

DCGTx, Direction et contrôle des grands travaux, (1992), Atelier d'Urbanisme Abidjan : Quartiers précaire d'habitat à Abidjan, Abidjan, 391p.

Del Río, P. et M. Burguillo, (2008), Evaluation de l'impact du déploiement des énergies durable: Vers un cadre théorique. "Énergie renouvelable et durable Critiques 12 (5), pp.1325-1344.

HAERINGER P., (2000), Abidjan: quatre cercles plus un, Abidjan, CDIRD, pp. 73-80

HAERINGER P., (2000), Métropole en mouvement : une comparaison internationale, Abidjan, *CDIRD*, pp 419-432

Kanagawa, M. et T. Nakata, (2008), Évaluation de l'accès à l'électricité et au développement socio dans les zones rurales des pays en développement. Politique énergétique 36 (6), pp. 2016-2029.

Kanagawa, M. et T. Nakata, (2007), Analyse de l'amélioration de l'accès à l'énergie et de son impact socioéconomique dans les zones rurales des pays en développement. *Economie écologique*, 62 (2), pp. 319-329.

KOSSONOU O. et al., (1999), La pauvreté en milieu urbain : étude des conditions de vie dans les quartiers précaires de la ville d'Abidjan, ENSEA, UNICEF, Abidjan, 75p.

OUATTARA I., (1997), Ecologie des habitats précaires d'Abidjan, Thèse de Doctorat 3ème cycle, Université de Cocody –IGT (Côte d'Ivoire), 259 p

Rapport général du Séminaire National sur l'Energie (SNE, 2012), Les défis et enjeux du Secteur de l'Energie en Côte d'Ivoire: mesures d'urgence et plans à moyen et long termes. *Les 15, 16 et 17 novembre 2012, Yamoussoukro,* 35p

Sylvain Q., (2010), Analyse et enjeux d'un projet d'électrification rurale par microcentrale solaire au Lesotho. Université de liège, Institut des Sciences Humaines et Sociales, 82p.

TRAORE K., (2007), Condition de vie des populations et risques sanitaires dans les quartiers précaires de la ville d'Abidjan, *Revue de Géographie tropicale et de l'environnement*, n°2, pp38-56.

YAPI D., (1994), Les politiques urbaines en Côte d'Ivoire et leurs impacts sur l'habitat non planifié précaire, l'exemple de l'agglomération d'Abidjan, Thèse Doctoral d'Etat, Université de paris 8 Saint-Denis, Paris, 706p.

YAPI D., (1985), Bidonvilles d'Abidjan : de la baraque à la maison en dur : condition de logement, perspectives de résidence et perception de l'espace : enquête auprès de 100 résidents dans les bidonvilles de la zone industrielle de Koumassi, ORSTOM, Abidjan, 27p.

PROPOSITION D'UN PLAN D'AMENAGEMENT ET D'ASSAINISSEMENT DE LA BASE MECANIQUE DE L'ENTREPRISE ADEOTI SARL A TOGOUDO, COMMUNE D'ALLADA AU SUD DU BENIN

MAKPONSE Makpondéou,
Université Abomey-Calavi Benin
makpons18@ yahoo.fr,
AIDONOUGBO Aristide Coovi;
Université Abomey-Calavi Benin
aaidonoubo@yahoo.fr

RESUME

Le site occupé par la base mécanique de l'entreprise Adéoti Sarl dans la commune d'Allada, est soumise à une forte érosion causée par les eaux de ruissellement. Le présent travail vise à, d'abord, relever les facteurs qui induisent l'érosion pluviale sur ce site et ensuite, proposer un drainage efficient des eaux pluviales du site jusqu'à l'exutoire. Les données utilisées pour cette étude ont été obtenues grâce à la recherche documentaire et aux enquêtes de terrain réalisées. Les résultats obtenus ont montré que le site industriel de l'entreprise Adéoti Sarl présente un relief tabulaire incliné vers le sud avec des ruptures de pentes. Ainsi, pendant les périodes de pluies dans la zone d'étude où il tombe en moyenne par an 969.3 mm d'eau, la totalité des eaux descend vers le sud du site avec une vitesse presqu'uniforme y créant un peu partout des ravins. En effet, les eaux de ruissellement, transportant des particules de terre et d'autres débris solides dans leur descente, obstruent presque toutes les ouvertures créées dans les murs de clôture et destinées à faciliter leur écoulement vers le cours d'eau situé au sud du site. La volonté de juguler les conséquences nuisibles de cette érosion pluviale a poussé à l'élaboration d'un plan d'aménagement et d'assainissement du site afin de sauvegarder et de rentabiliser les investissements. L'élaboration de ce plan a été précédée d'une étude d'impact environnemental sommaire pour apprécier les nuisances de toutes natures et pour atténuer ou compenser leurs impacts négatifs.

.**Mots-clés**: Allada, relief tabulaire, ravinements, érosion pluviale, plan d'aménagement et d'assainissement.

ABSTRACT

The site occupied by the mechanical base of the company Adeoti Sarl in the town of Allada, is subject to heavy erosion caused by runoff. This work aims to, first, identify factors that induce rain erosion on this site and then propose an effective rain waters drainage of the site to the outlet. The data used for this study were obtained through desk research and field surveys. Indeed, the results obtained showed that the industrial site of the company AdeotiSarl has an inclined tabular terrain to the south with slope failures. Thus, during periods of rainfall in the study area where it falls a year on average 969.3 mm of water which all goes south of the site with a speed almost uniform, are creating around washouts. Runoff, carrying soil particles and other solid debris in their descent, will block almost all the openings created in the walls closing and are intended to let sink to the river south of the site. Then the harmful consequences of this rain erosion led to the development of a management plan and remediation of the site to save and return on investment. The development of this plan was preceded by a summary environmental impact assessment to assess the impact of all kinds and to mitigate or compensate for adverse impacts

Keywords: Allada, tabular terrain, gullies, rain erosion, management and remediation plan

INTRODUCTION

Dans le contexte actuel de mondialisation, l'industrie constitue, sans nul doute, un secteur clé pour le développement socio-économique d'un pays. En effet, de par son impact sur le processus d'accumulation de richesses dans une nation, elle contribue fortement à la lutte pour la réduction de la pauvreté *(INSAE, 2010)*. Cependant, l'industrialisation peine à prendre son envol dans les pays en voie de développement, en particulier au Bénin malgré les efforts consentis. Au Bénin, « au lendemain de l'indépendance, une volonté de développement rural intégré apparaît, en continuité avec les projets de l'Etat colonial : maintien des produits oléagineux, création de sociétés d'Etat, société nationale des huiles du Dahomey, création de la société nationale pour le développement rural, création de l'industrie cotonnière du Dahomey, création de la société des ciments du Dahomey.» (Alvergne-Latouche, 2007). Cette volonté s'est accentuée à l'avènement de la Conférence des

Forces Vives de la Nation de Février 1990 avec à la clé, l'instauration de la démocratie de sorte qu' « aujourd'hui, de nouvelles orientations apparaissent : la promotion de nouvelles activités industrielles, développement de la petite et moyenne entreprise. »(Alvergne-Latouche, 2007). Il y a eu des implantations de plusieurs complexes industriels tels que les usines de fabrication de ciment, de textiles, d'huilerie, d'égrenage de coton et la promotion d'une zone franche industrielle à Sèmè-Kpodji. C'est dans cette dynamique que de nouvelles générations d'entreprises comme Adéoti Sarl ont été créées. Ces complexes industriels sont souvent implantés sur de grands domaines qui nécessitent un bon aménagement avec un système d'assainissement adéquat. L'entreprise Adeoti Sarl, société spécialisée en bâtiments et travaux publics est un exemple puisque ses activités lui exigent un grand espace bien aménagé et assaini à l'instar de sa base mécanique situé à Togoudo dans la commune d'Allada au sud du Bénin. L'espace mobilisé pour l'installation de cette base fait 08 ha 33 a 57 ca et nécessite d'être aménagé et assaini pour le bien-être des employés et surtout pour un développement humain durable. En effet, «Le manque d'assainissement a des conséquences graves sur l'environnement avec des répercussions immédiates sur la santé humaine» (DHAC, 2010). Autrement dit, un mauvais aménagement compromet le développement humain basé sur la trilogie Economie-Société-Environnement.De plus, « A l'heure actuelle où la pression démographique s'accroît dans les villes béninoises, l'emprise de l'homme sur la nature devient de plus en plus inquiétante créant ainsi d'énormes difficultés liées à l'assainissement et à l'évacuation des eaux de pluie. Au nombre de ces difficultés il y a le ravinement et la dégradation du sol, l'inondation, l'influence des déchets sur l'environnement et la pollution de l'environnement » (Dansou, 2011). De ce fait, l'épanouissement et le bien-être des employés de l'entreprise Adeoti Sarl et des populations environnantes dépendent de l'amélioration du cadre de vie de son site industriel surtout que celui-ci présente des aspects de dégradation relativement avancés. Pour ce faire, l'aménagement du domaine (figure 1) de cette entreprise de BTP constitue un des piliers essentiels à maîtriser pour la promotion de la production industrielle et le développement socio-économique. Cette étude s'inscrit dans l'optique de la sauvegarde des investissements réalisés, de l'amélioration de la gestion du site, de l'analyse des impacts socio-économiques et environnementaux afin de leur proposer des approches de solution.

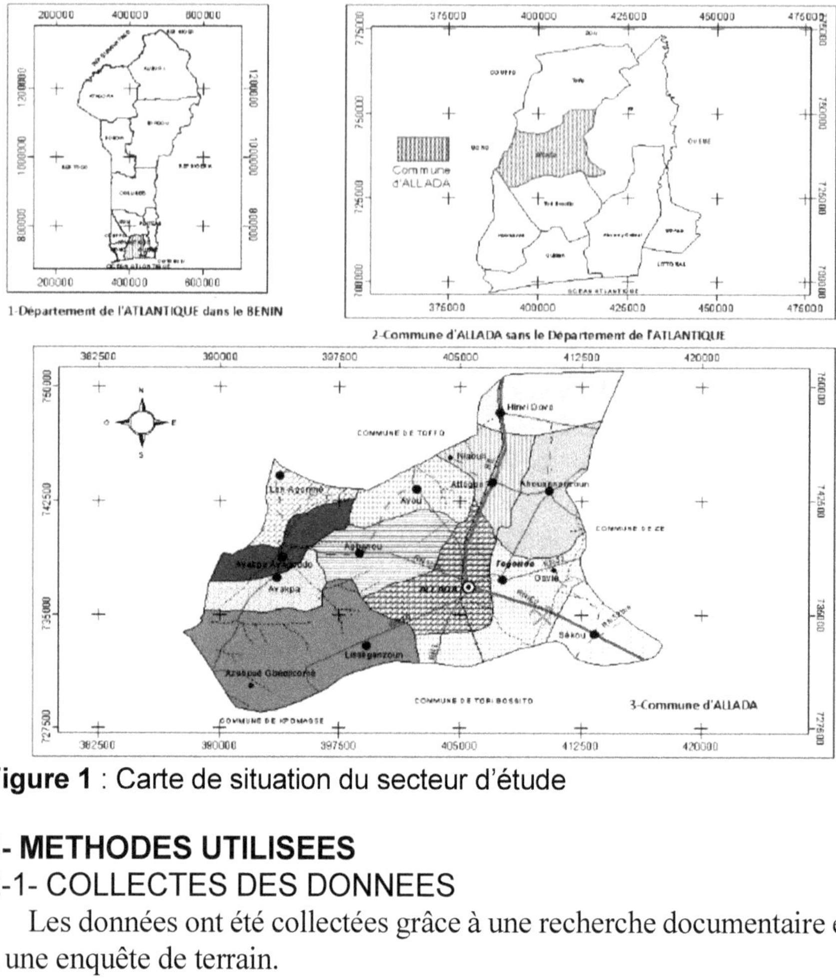

Figure 1 : Carte de situation du secteur d'étude

II- METHODES UTILISEES

2-1- COLLECTES DES DONNEES

Les données ont été collectées grâce à une recherche documentaire et à une enquête de terrain.

2-1-1- Recherche documentaire

Dans le cadre de cette étude, des recherches ont été réalisées dans les centres de documentation et bibliothèques de l'ESIGT, de la DGTP, de l'IGN et de l'ASECNA. En plus, une prospection en lignes a été effectuée. Les données recueillies proviennent de l'exploitation des livres, des mémoires, des articles, des thèses, des revues, des rapports d'étude, statistiques et autres en rapport avec le thème. Ces informations sont relatives à des thématiques sur les complexes industriels, l'aménagement, l'assainissement, la politique du Bénin en matière d'assainissement, des données statistiques sur la démographie, le climat, la géomorphologie, l'hydraulique et l'hydrologie. D'autres informations complémentaires, ont été recueillies également à la mairie d'Allada.

2-1-2 Travaux de terrain

2-1-2-1 Techniques de collecte des données

Des entretiens, interviews, entrevues, sondages, focus group et observations ont été réalisés. Trois (03) focus group ont été installés à raison d'un (01) par village. Des observations directes et indirectes ont été faites. Elles ont permis de faire un diagnostic de l'état d'aménagement et d'assainissement de ce site industriel et de prendre des mesures.

2-1-2-2 Mesure de terrain

2-1-2-2-1 Visite de terrain

La visite de terrain, guidée par le chef du matériel, a permis de faire le croquis sur lequel figurent tous les détails représentés en leurs vraies formes ou par des signes conventionnels et qui a facilité la saisie des données appelée levé topographique. Le levé a fourni les données nécessaires à la connaissance du comportement spatial du site et de la forme géométrique des objets qui le composent.

2-1-2-2-2 Matérialisation et scellage des points du canevas

Avant le levé topographique, une polygonale de référence a été créée. Elle comporte dix bornes et est rattachée à deux bornes scellées (**BM1.13** et **BM1.11**) de la polygonale de la **RNIE2** en construction définie dans le système général. Une fois la polygonale créée et ses bornes bien scellées, s'en suivent les mesures d'angles et de distances.

2-1-2-2-3 Levé des points du canevas

❖ **Planimétrie**

Les positions des points ont été déterminées dans un même système de coordonnées par la méthode dite de cheminement polygonal. Plusieurs données ont été relevées. Il s'agit de la hauteur de l'appareil **Hi**qui est mesurée,les matricules des bornes arrière et avant sont transcrites, les lectures arrière et avant en position cercle droit sont relevées et transcrites, la différence entre lecture arrière et avant est calculée **Hz (d)**,les lectures arrière et avant en position cercle gauche sont relevées et transcrites, la différence entre lecture arrière et avant est calculée **Hz (g)**,la moyenne des différences **Hz (d)** et **Hz (g)** est calculée, **(Hz (d) + hz (g)) x 1/2=Hz (m)**,la distance horizontale est relevée et transcrite **(Dh)**. Il est à signaler que la distance horizontale est mesurée dans les deux positions (cercle droit et cercle gauche) pour comparaison. Au total, la distance horizontale entre deux bornes consécutives est mesurée quatre fois ; ce qui permet d'éliminer les erreurs d'écriture sur la fiche ; la moyenne des distances horizontales est calculée. C'est après deux stations consécutives que le calcul de la moyenne des distances horizontales a été possible.

- **Altimétrie**

Les altitudes des différents points de la polygonation ont été déterminées par application du principe du nivellement direct. Pour avoir des résultats fiables, le double cheminement qui est une des méthodes du nivellement direct, a été adopté. Cette méthode a l'avantage, à partir de deux stations distinctes, de déterminer doublement les dénivelés entre deux points. Ainsi, une moyenne a été alors calculée. Par ce procédé, tous les dix points de la polygonale ont été connus sur le plan altimétrique.

2-1-2-3 Outils de collecte des données

Des questionnaires ont été adressés à des populations cibles. Pour faciliter les entretiens et les observations sur le terrain, un guide d'entretien et une grille d'observation ont été élaborés. Ces techniques et outils de collecte des données ont permis de choisir un échantillon représentatif.

2-1-2-4- Echantillonnage

Le choix de l'échantillon a été raisonné. Des groupes cibles ont été choisis selon leur position dans la vie sociale, profession, âge, sexe, situation matrimoniale, position géographique. L'ensemble des parties directement prenantes à cette étude sont au nombre de 7638 habitants que compte l'arrondissement de Togoudo. L'échantillon qui a été la base des enquêtes est composé de 420 personnes qui représentent 5.5 % de la population concernée.

2-1-3 Matériels utilisés

Les principaux matériels utilisés sont : un appareil photographique numérique, une station totale de fabrication LEICA de type TS06, un niveau de fabrication LEICA et de type NA728, six jalons, deux mires pliantes en bois, un ruban d'acier de trois mètres, un ruband'acier de 50 mètres, deux paires d'émetteurs radio de type MOTOROLA XTR446, deux cannes télescopiques de type GLS11, deux prismes de type GPR111, deux bipieds porte-prisme et canne. La station totale TS06 a permis d'avoir automatiquement les coordonnées X, Y et Z de tous les points rayonnés sur le terrain à partir des points de la polygonale dans un listing. Elle a été utilisée avec les accessoires tels que le ruban d'acier, les 02 paires de radio, les 02 cannes télescopiques, les 02 prismes et les 02 bipieds. Le niveau NA728 a été utilisé pour déterminer les altitudes des bornes de la polygonale mise en place. Il a été utilisé avec les 02 mires pliantes.

2-1-4 Etudes hydrologiques et hydrauliques

2-1-4 Etudes hydrologiques

Les données pluviométriques utilisées sont celles de la station synoptique de Cotonou. Il s'agit en l'occurrence de la série des hauteurs de pluies journalières, relevées sur quarante-trois (43) années soit de 1971 à 2013 qui ont permis de déterminer les pluviométries moyennes mensuelles sur plusieurs années et aussi de percevoir les répartitions en proportion annuelle des hauteurs mensuelles de ces pluies. De plus, l'étude de la distribution fréquentielle des pluies a donc porté sur l'échantillon des hauteurs de pluie journalière les plus élevées des périodes les plus pluvieuses de l'année sur les quarante-trois (43) années en étude. En ajustant à chacun de ces échantillons obtenus, la loi de distribution fréquentielle de Gumbel, selon laquelle, pour les 43 hauteurs maximales de pluie journalière d'un échantillon donné, la durée de retour expérimentale est égale à***T=44/R***

Rétant le numéro de rang des hauteurs de pluie choisies, classées par ordre décroissante. La fréquence d'apparition a été alors déduite de T. Elle est égale à ***F=1/T***

2-1-4-1 Délimitation du bassin-versant

Le site, objet de la présente étude a été entièrement clôturé tout au début de l'installation de l'entreprise. En effet, aucune eau de ruissellement ne passe de l'extérieur vers l'intérieur du site et les seules ouvertures créées qui laissent passer les eaux de ruissellement ne sont qu'au sud du site. Alors les bassins versants à délimiter se réduisent alors à ceux du site industriel de l'entreprise Adéoti Sarl. Pour ce faire, il a fallu tenir compte d'un certain nombre de paramètres à savoir :l'exutoire situé complètement au sud du site etle tracé de la ligne departage des eaux. L'analyse des courbes de niveau du site a montré qu'il n'y a pas de crête. Il y a alors un seul bassin-versant.

2-1-4-2 Méthodes de calcul des débits

Pour calculer le débit du bassin-versant du site industriel de l'entreprise Adéoti Sarl, c'est la méthode rationnelle qui est appliquée. Au regard de la taille du bassin-versant correspondant au site étudié qui est inférieure à 4 km², la méthode rationnelle est celle adaptée pour le calcul du débit.

2-1-4-3 Evaluation du débit par la méthode rationnelle

Plusieurs indices ont été pris en compte :

- **calcul du temps de concentration T_C**

La formule de Kirpich, empirique, souvent utilisée et adaptée au continent africain dans le cadre de la détermination du temps de concentration, a été retenue dans le présent travail.

$Tc = \frac{1}{52}\frac{L^{1.15}}{H^{0.38}}$ avec TC : temps de concentration en minutes, L : distance en mètre entre l'exutoire et le point le plus éloigné du bassin, H: dénivelée en mètre entre l'exutoire et le point le plus éloigné du bassin.

- **détermination de l'intensité (i) de l'averse**

La projection de la durée TC sur la courbe hauteur durée fréquence de la station de Cotonou a permis de déterminer la hauteur H de la pluie sur la base des fréquences biennalequinquennale et décennale. Par suite, i est déterminé dans les trois (03) cas par la relation

$$i = \frac{H}{T_C}$$

- **détermination de l'intensité corrigée i_c de l'averse**

La formule de Caquot a permis de corriger l'intensité moyenne **i_c**dans les trois (03) cas par la relation : $i_c = i\,A^{-\varepsilon}$ avec **A** : la superficie du bassin versant en ha, **ε**= 0.05

- **détermination proprement dite du débit hydrologique Q_{hydro}**

$Q_{hydro} = A \times i_c \times C$

Le débit à l'exutoire est fonction de l'aire de la surface du bassin-versant(B.V) ; de l'intensité **i** de la pluie et de la proportion de la quantité d'eau qui ruisselle. Le débit maximal Q de la crue a été calculé pour des fréquences biennale, quinquennale et décennale à partir de la station de Cotonou.

Q = débit de la crue (décennale) (en m3/s), A = Superficie du B .V du site étudié en ha,

ic = Intensité corrigée de l'averse en mm/mn sur la période de concentration tc,

C = coefficient de ruissellement supposé uniforme sur le secteur d'étude.

2-1-5 Etudes hydrauliques

Les études géométriques des sections d'ouvrage hydrauliques ont pour but l'identification et la localisation des passages d'eau du projet d'aménagement puis le calcul de leur dimensionnement.

Choix du système d'assainissement

Le système d'assainissement choisi dans la présente étude est le réseau unitaire d'assainissement afin de régulariser les eaux de ruissellement pour ne pas aggraver les problèmes en aval comme la saturation des réseaux existants ou l'aggravation des inondations.

Justification du réseau proposé et de la faisabilité hydraulique

L'assainissement du périmètre d'étude se doit de prendre en compte les risques d'érosion, de dégradation et de stagnation des eaux de ruissellement, mais aussi de la conception des ouvrages. La protection du périmètre contre ces dégradations se fait en drainant les eaux de ruissellement par des ouvrages longitudinaux conçus à cet effet. Le terrain d'étude se présente comme un plateau en forme très inclinée. Ainsi, l'écoulement des eaux du site se fait suivant les pentes naturelles longitudinales de direction nord-sud. Quatre (4) zones identifiées ont permis d'avoir 6 sous-bassins-versants. Evacuer les eaux pluviales du périmètre revient à projeter transversalement les caniveaux **CA1_1** et **CA1_2** en aval de la zone 1. Ces ouvrages doivent recueillir les eaux provenant des parties nord et nord-ouest dont les superficies sont 34 000 m^2 soit 41 % de la superficie totale du site de l'entreprise Adéoti Sarl. Ainsi, le débit à évacuer correspond à **Q1 = Q(SBV1.1+ SBV1.2).**Il faut de mêmeprojeter longitudinalement les caniveaux CA2_1 et CA2_2 en aval de la zone 2. Ces ouvrages doivent recueillir les eaux provenant de la partie centrale du site dont la superficie est 21900 m^2 soit 26.2 % de la superficie totale du site. Ainsi, le débit à évacuer correspond à **Q2 = Q(SBV2.1+ SBV2.2).**L'opération suivante consiste àprojeter longitudinalement le caniveau CA3 en aval de la zone 3 longeant le mur de clôture du côté Est du site. Cet ouvrage doit recueillir les eaux provenant de la partie nord-ouest du site dont la superficie est 9768 m^2 soit 11.7 % de la superficie totale du site. Le troisième ouvrage se chargera de drainer les eaux issues de la zone 3 et de protéger la clôture contre une probable dégradation de sa fondation compte tenu de la pente du terrain. Ainsi, le débit à évacuer correspond à **Q3 = Q(SBV3) ;** projeter le caniveau **CO1** qui recueille les eaux des caniveaux CA1_1 et CA1_2,et se raccorde à l'intersection des caniveaux CA2_1 et CA2_2. Ainsi, le débit à évacuer vaut **Q(CO1) = Q1.** Il faut également projeter le caniveau **CO2** qui recueille les eaux des caniveaux CA1_1 et CA1_2 et celles des CA2_1 et CA2_2, passe au sud de la zone 3 et au nord de la zone 4, et se raccorde à l'intersection avec le caniveau CA3. Ainsi, le débit à évacuer vaut **Q(CO2) = Q1+ Q2.** La projection du caniveau **CO3**va permettre de recueillir les eaux de la zone 4, des caniveaux **CA3** et **CO2** et longe la clôture du côté Est pour finalement déverser son contenu dans le caniveau **CO4**. Ainsi le débit à évacuer vaut **Q(CO3) = Q(CO2) + Q3**. Celle du caniveau **CO4** permettra de recueillir toutes les eaux du site et de les déverse dans le cours d'eau Datihouin. Ainsi, le débit à évacuer vaut **Q(CO4) = Q(CO3)**.

- **Détermination de la hauteur hydraulique (y)**

D'après la formule de Manning-Strickler, $\mathbf{Q = K_S \times R_H^{2/3} \times S \times I^{1/2}}$ .En prenant en compte les considérations économiques, la présente étude a adopté des caniveaux rectangulaires en section hydrauliquement favorable (SHF), donc b = 2y ; $R_H = y/2$; $S = 2y^2$ avec b = largeur de la section de l'ouvrage,R_H = le rayon hydraulique de l'ouvrage,S = pente du radier de l'ouvrage.En introduisant ces nouvelles valeurs dans la formule de Manning-Strickler, elle devient : $Q = K_s 2^{1/3} y^{8/3} I^{1/2}$; Q, I et Ks étant connus, y est exprimée par la relation directe : $\boldsymbol{y} = [\frac{Q}{K_S * 2^{\frac{1}{3}} * I^{\frac{1}{2}}}]^{3/8}$ avec KS = coefficient de rugosité de la paroi, ici KS=67, y = tirant d'eau ou hauteur hydraulique,A = section mouillée.

- **Détermination de la hauteur critique et du type d'écoulement**

L'écoulement étant supposé permanent, uniforme et le fluide incompressible,

$Q = by_c * (gy_c)^{1/2}$, ce qui implique que $\boldsymbol{y_c} = \left(\boldsymbol{Q^2/(b^2 g)}\right)^{1/3}$

Les valeurs de $\boldsymbol{y}$ et $\boldsymbol{y_c}$ont été comparées pour la détermination du type d'écoulement sur le site. Si $\boldsymbol{y} > \boldsymbol{y_c}$ alors l'écoulement est fluvial. Si $\boldsymbol{y} < \boldsymbol{y_c}$ alors l'écoulement est torrentiel ; ce qui est le cas de la présente étude. Puisque l'écoulement souhaité est fluvial, alors, la largeur (b) a été fixée à 1 m. Ainsi tous les autres paramètres tels que le tirant d'eau (y), le rayon hydraulique (R), la section mouillée (S), le périmètre (P) et la hauteur critique (y_c) ont été recalculés. La pente critique (i_c) et la vitesse de l'écoulement (V) ont été donc calculées à base des paramètres recalculés.

- **Calcul de la pente critique**

Il s'agit ici, de s'assurer si la pente donnée au canal ne détruira pas l'ouvrage. L'écoulement est dit alors critique si : Qn= Qmax soit $\mathbf{K_S}$ **x** $\mathbf{R_H^{2/3}}$ **x S x** $\mathbf{I_c^{1/2}}$ **= S (g x** $\mathbf{y_c)^{1/2}}$ **,** ce qui implique que $\mathbf{I_c=(K_S^{-2}}$ **x g x** $\mathbf{y_c)/ R_H^{3/2}}$. Pour assurer la non perturbation de l'écosystème de l'ouvrage, il faudrait que l'écoulement soit fluvial ainsi donc : $\boldsymbol{I < I_c}$ .La pente critique (i_c) étant calculée dans chaque cas, la pente à prendre en compte pour le dimensionnement des caniveaux a été alors fixée en respectant la condition de l'écoulement fluvial $\boldsymbol{I < I_c}$

- **Détermination de la vitesse d'écoulement des eaux**

D'après l'équation de l'écoulement à surface libre : $\boldsymbol{V = C\sqrt{RI}}$ et$\boldsymbol{C = K_S \; x \; R^{1/6}}$donc V= $\boldsymbol{K_S}$ **x** $\boldsymbol{R^{2/3}}$ **x** $\boldsymbol{\sqrt{I}}$. Si **V>0,5 m/s**, alors l'écoulement assure le transport de tous sédiments dans l'ouvrage.

- **Calcul de la revanche r (m) :** r = y/3.

La revanche, dans la présente étude, a été calculée en fonction de la valeur du tirant d'eau. Sa valeur a été ajoutée à celle du tirant d'eau y pour avoir la hauteur totale de l'ouvrage dimensionné.

- **Calcul des sections hydrauliques des ouvrages**

Connaissant la largeur b, la pente i et le débit hydrologique Q, il est alors plus aisé de calculer la hauteur mouillée h par itération en utilisant la formule de Manning-Strickler.

2-1-6-Méthodes d'organisation de l'espace

De façon pratique, le plan d'aménagement proposé consiste à recenser et tenir compte des contraintes de toute nature qui affectent le site, notamment la disposition des constructions existantes, leur nature et les pentes du terrain ; àdéfinir sur le site de nouveaux modes d'utilisation du sol et àconcevoir et préciser la composition du site c'est-à-dire le zonage à effectuer en tenant compte des intentions d'extension telles que les futures constructions et installations.

2-1-6-1-Processus d'organisation de l'espace

Pour une organisation adéquate du site, il a été utilisé des moyens basiques à savoir : le tracé,□le découpage ou zonage, l'affectation des découpages.Le premier groupe rassemble les installations existantes telles que les différents ateliers de fabrication ou de réparation, de garage des engins réparés et en attente de réparation, du parking abritant les moyens de déplacement des agents, de l'aire réservée aux produits d'hydrocarbures, les voies de circulation et de la cantine. Le second regroupe les installations à projeter telles que les aires de préfabrication et de stockage des pavés, entrepôts des épaves et le pont bascule.

2-1-6-2 Critères d'aménagement

Il s'agit d'intégrer les installations projetées aux différentes installations existantes dont les aires feront l'objet d'extension (les ateliers de réparation, le garage des machines réparées ou en attentes de réparation, le parking abritant les moyens de déplacement des agents).

2-1-6-3 Description des aménagements

➢ **Installations existantes à modifier :**

Il y a les ateliers de réparation des engins en panne, installés sur une superficie d'un demi-hectare avec deux postes d'intervention mécanique et les ateliers de peinture, de lavage, de soudure et tôlerie, feront l'objet d'extension surtout pour les postes d'intervention mécanique qui passeront à cinq pour accroître leur rendement. L'aire ainsi projetée atteindra les 3/4 d'ha de la superficie totale du site étudié. L'extension affectera égalementle garage des engins réparés et en attente de réparation, installé sur une superficie de demi-hectare et qui abrite actuellement seuls les engins réparés ou nouvellement acquis. Les engins en attente de réparation sont garés sur l'aire occupée par les ateliers de réparation et constituent ainsi un encombrement. Pour y remédier, il faudra alors agrandir le garage des engins réparés avec une séparation nette jusqu'à 8000 m^2 pour accueillir les engins en attente de réparation et pour aussi éviter la confusion. Enfin,le parking, actuellement en hangar, occupe 100 m^2visiblement insuffisants pour accueillir les véhicules à deux ou quatre roues des usagers du site et des visiteurs. Il sera étendu à 500 mètres carrés.

➢ **Installations projetées** :

L'aire de préfabrication et de stockage des pavés, projetée sur un hectare au nord-ouest du domaine produira en fonction des besoins sur ses différents chantiers en cours d'exécution, les pavés d'épaisseurs 8 et 11. C'est dans le souci de ne plus être confrontée aux problèmes fonciers dans l'installation de ses chantiers que l'entreprise a décidé d'avoir sur son site industriel à Allada, cette aire de préfabrication de pavés. En effet, pour l'installation d'un chantier qui regroupe les bureaux, les magasins, les parkings, l'aire de préfabrication, la centrale d'asphalte, le garage mécanique, le laboratoire géotechnique, l'entreprise a besoin d'au moins cinq hectares ; ce qui est assez rare de nos jours au sud du Bénin. Le pont bascule, projeté pour le pesage de tous les véhicules poids lourd chargés d'approvisionner la centrale d'asphalte et l'aire de préfabrication en matériaux de construction, va permettre aussi de faire respecter les charges à l'essieu des porte-engins et des camions chargés d'asphalte en direction des chantiers. En somme, la finalité poursuivie dans cette rubrique est de proposer une meilleure organisation de l'espace en modifiant l'ancien ordre.

2-1-7 Traitement des données

Les données collectées ont fait l'objet de traitements manuel et informatique avec divers logiciels. En effet, certaines données ont été manuellement dépouillées et mises en thématique. Le traitement à l'aide de support informatique, a permis de saisir les données, de concevoir des tableaux, des graphiques, des cartes et plans. Pour ce faire, les logiciels tels qu'office 2010 (Word, Excel), Polyroute2.00, Covadis9.1, Piste5, surfer et arcview3.2 ont été exploités.

2-1-8 Analyse des résultats

Le caractère pluridisciplinaire de la présente étude met en exergue l'interaction, l'interdépendance et l'interrelation des différentes composantes des milieux naturel et humain. Pour cette raison, les modèles d'analyse des résultats utilisés sont l'approche systémique et le SWOT. A l'issue de la démarche méthodologique adoptée, des résultats ont été obtenus et ont permis de proposer un plan d'aménagement et d'assainissement du site industriel de l'entreprise Adéoti Sarl.

III- RESULTATS ET DISCUSSION

3-1 LES CARACTERISTIQUES GEOMORPHOLOGIQUES DU SITE ETUDIE

Le site de l'entreprise Adéoti Sarl est sur un type de relief caractérisé par ses dimensions et sa vigueur, c'est-à-dire par son altitude et son système de pentes ou versants. Le secteur d'étude est alors à une altitude donnée et présente un système de pentes déterminé.

3-1-1 Altitude du site de l'entreprise Adéoti Sarl

L'identification de la hauteur du site est subordonnée à l'établissement des courbes de niveau. Cette réalisation a permis de mettre en relief les inégalités à la surface du site à travers les courbes de niveau **(figure 2).** En effet, la différence entre les courbes de niveau maîtresses de basses altitudes (42.00 m) sur le site étudié et d'altitudes les plus élevées (60.00 m) fait 18.00 m. Celle entre les deux courbes de niveau maîtresses consécutives est d'un mètre. En outre, le rendu 3D du site étudié **(figure 3)** confirme la faiblesse des écarts des dénivellations. Fort de ces résultats, il y a à retenir que la surface du site présente un relief tabulaire relativement plat. Mais le degré de la platitude dépend des systèmes de pentes ou versant.

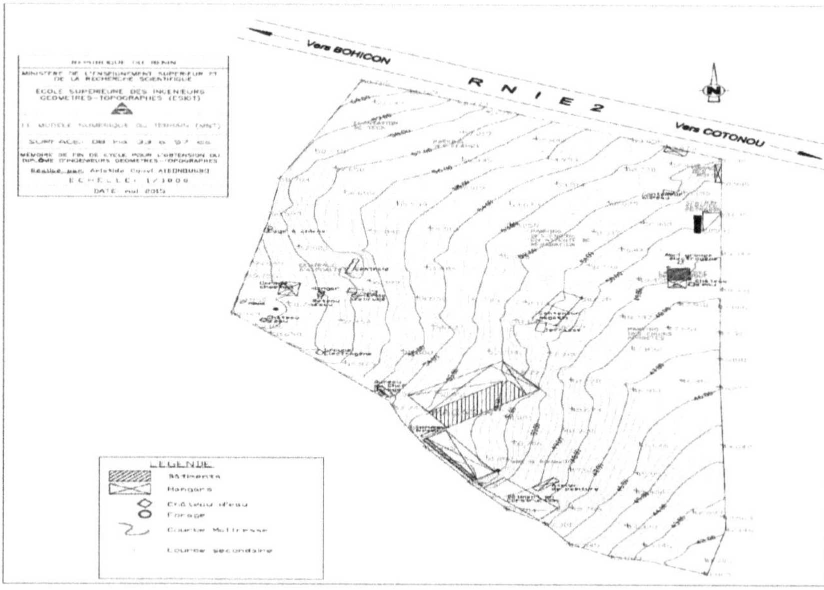

Figure 2: Modèle Numérique de Terrain (MNT) de la zone d'étude (Source : Résultat dutraitement du levé topographique, mai 2015)

3-1-2-systeme de pentes du site étudié

La pente est l'inclinaison ou la déclivité par rapport à l'horizontal. Sur le site étudié, des ruptures de pentes sont observées. L'ensemble de ces pentes a créé un versant vers le sud **(figure 3)**. Elle présente suivant la pente un versant unique, visiblement rectiligne. La figure 4 montre des courbes de niveau obtenues à l'aide du MNT (les principales en rouge et les secondaires en gris) ainsi que les différentes installations présentes sur le site étudié. Cette figure montre l'inclinaison du relief du site étudié en 3 dimensions (X, Y et Z). Elle a été obtenue à l'aide du MNT. Le rendu 3D **(figure 3)** a permis de confirmer le rôle très actif du relief dans la vitesse de l'écoulement des eaux.

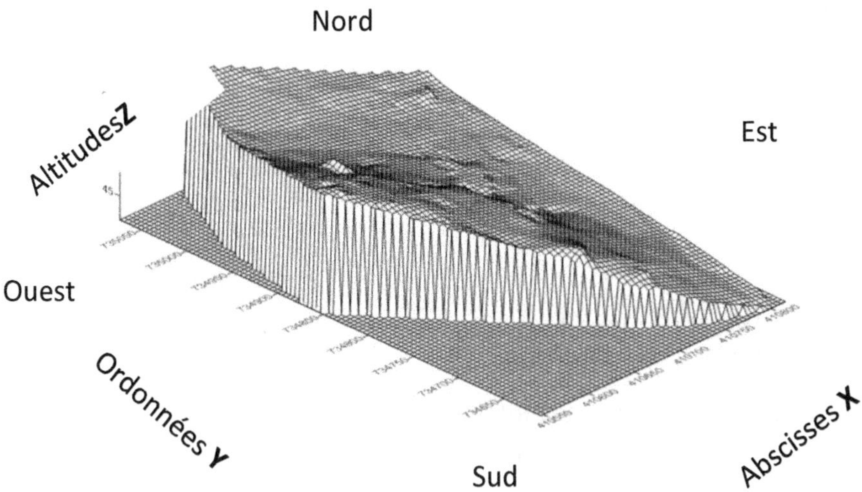

Figure 3: Rendu 3D du site étudié(Source : Résultat du traitement du levé topographique, mai 2015)

En somme, les caractéristiques géomorphologiques du site industriel, astreignent les eaux de ruissellement à une énergie cinétique très peu variable suivant leur position géographique. En effet, sur le rendu 3D, un seul niveau de morphologie s'observe de l'amont à l'aval. La surface tabulaire est inclinée vers le sud. Cette portion de terre est soumise à l'action des éléments du climat qui donnent au milieu d'étude des caractéristiques hydrologiques et hydrauliques. Ce phénomène est récurrent car le climat de la commune d'Allada y est très favorable.

3-1-3-Les caractéristiques hydrologiques du site étudié

L'analyse du régime pluviométrique du secteur d'étude de 1971 à 2013 **(figure 4),** permet de constater qu'à travers les moyennes pluviométriques, le climat est humide car il n'existe pas de mois sans pluies.

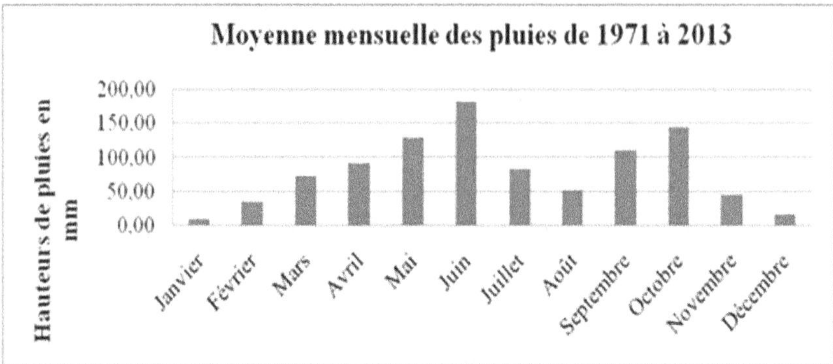

Figure 4: Moyenne mensuelle des pluies de 1971 à 2013 (**Source : Données issues de l'ASECNA (Station de Niaouli)**

La figure 4 montre la quantité moyenne de pluie tombée chaque mois de l'année. Les fortes valeurs intercalées de petites attestent du caractère bimodal de la pluviométrie. Il pleut alors quasi-continuellement toute l'année et c'est pendant les mois de mai, juin, septembre et octobre qu'il pleut plus dans l'année. Les périodes de pluies redoutées sont celles des mois de juin et d'octobre qui enregistrent les hauteurs pluviométriques les plus importantes de l'année ; au cours de ces mois, les ruissellements deviennent les plus abondants sur le site. Les temps de retour sont déterminés par ajustement de la loi de distribution fréquentielle de Gumbel aux valeurs extrêmes des pluies journalières du mois de juin (**tableau I**).

Tableau I: Fréquence d'apparition

Périodes de retour	Hauteur (mm)	Probabilité dépassement
	Juin	
1	33.6	97.73
2	180	50.00
5	269.7	34.05
10	300	10.32

Source : Enquêtes de terrain, juin 2015

Pour leur calcul, les hauteurs de pluie ont été d'abord classées par ordre décroissante et ensuite, elles se sont vues attribuer chacune un numéro correspondant à leur rang. Ainsi, le premier temps de retour a été calculé comme suit : T = (43+1)/1 = 44**(tableau II).**

Tableau II: Détermination des temps de retour

RANG	HAUTEUR (mm)	T = (N+1)/R (an)	RANG	HAUTEUR (mm)	T = (N+1)/R (an)
1	395	44.00	23	159	1.91
2	361.8	22.00	24	157	1.83
3	316.1	14.67	25	150.6	1.76
4	309.4	11.00	26	148.1	1.69
5	298	8.80	27	146.1	1.63
6	294	7.33	28	144.5	1.57
7	276.7	6.29	29	143.7	1.52
8	275.8	5.50	30	142	1.47
9	269.7	4.89	31	129.7	1.42
10	268.2	4.40	32	127.4	1.38
11	231.5	4.00	33	125.3	1.33
12	229.6	3.67	34	122.8	1.29
13	225.5	3.38	35	120.6	1.26
14	222.1	3.14	36	111.4	1.22
15	209.1	2.93	37	95	1.19
16	208.5	2.75	38	64	1.16
17	198	2.59	39	59.3	1.13
18	195.2	2.44	40	56.1	1.10
19	192	2.32	41	44.1	1.07
20	187.6	2.20	42	36.7	1.05
21	181.6	2.10	43	33.6	1.02
22	180	2.00			

Source : Enquêtes de terrain, juin 2015

Le tableau II montre que les hauteurs de pluie les plus importantes ont de faible probabilité d'apparition. Ainsi, pour limiter les risques de crue qui mettront en péril les installations, le dimensionnement des ouvrages a pris en compte un temps de retour de 10 ans dont la probabilité d'apparition est de 10.32 %. Cette probabilité a été calculée (Tableau III).

Tableau III: Hauteurs Durées fréquences des averses à Cotonou

Durée de la pluie	**Hauteur (mm) suivant la période de retour**
	T = 10 ans
5 mn	16.6
10 mn	26.9
15 mn	36.9
30 mn	57.6

45 mn	69
1 H	75.5
1.5 H	89.5
2 H	97.6
4 H	110.9
12 H	124.1
24 H	125.8

Source : **Travaux CIEH**

Le tableau III montre les travaux du CIEH relatif aux différentes hauteurs de pluie suivant la période de retour de 10 ans. Le bassin-versant étudié se limite au domaine occupé par l'entreprise Adéoti Sarl. En effet, en tenant compte de la position de l'exutoire et du sens d'écoulement des eaux de ruissellement, le domaine a été découpé en 5 zones. Ce zonage comporte 6 sous-bassins-versants présentant des caractéristiques (tableau IV).

Tableau IV : Caractéristiques des sous-bassin-versants

N° Zone	**Sous-Bassins versants**	**Superficie A (ha)**	**Périmètre P (m)**	**Longueur Hydraulique L (m)**	**Altitude Amont (m)**	**Altitude Aval (m)**	**Dénivelée dZ (m)**	**Pente p (%)**
Zone 1	SBV 1.1	2.244	604.94	229.79	60.766	53.890	6.876	2.992
	SBV 1.2	0.806	376.94	128.09	58.968	53.890	5.078	3.964
Zone 2	SBV 2.1	1.653	570.67	227.73	55.250	49.210	6.040	2.652
	SBV 2.2	0.643	364.17	113.63	55.500	49.210	6.290	5.536
Zone 3	SBV 3	0.979	543.82	101.29	49.500	45.500	4.000	3.949
Zone 4	SBV 4	2.011	565.72	201.01	52.470	41.000	11.47	5.706

Source : Enquêtes de terrain, juin 2015

Ce tableau IV présente des sous-bassins-versants délimités propres à chaque zone découpée. La superficie, le périmètre, la longueur hydraulique et les altitudes sont déduits du levé topographique du terrain. Les calculs de la dénivelée et de la pente du SBV1.1 ont été effectués en prenant dZ = 60.766 – 53.890 = 6.876 ; p(%) = dZ/L = 6.876/229.79*100 = 2.992. Les zones et sous-bassins-versants délimités sur le site ont chacun un positionnement géographique (figure 5). Le zonage obtenu donne

4 sous zones. La pluviométrie dans la commune d'Allada est caractérisée par une forte concentration des pluies sur de brèves périodes de l'année : d'avril à juillet pour la première saison pluvieuse et de septembre à octobre pour la seconde saison pluvieuse. La période d'avril à octobre reçoit à elle seule 76.28 % de la pluviométrie totale annuelle avec des hauteurs de pluie dépassant largement les 50 mm en 1h à 1h 30 mn d'averse Au contact d'un sol ferralitique dont l'intensité d'infiltration, selon les résultats de Hirtz (1992), varie entre 1,5 et 30 mm/h suivant le degré d'humectation, 60 à 80 % des eaux précipitées pourraient traîner en surface. Le fort coefficient de ruissellement de ces sols en est aussi une preuve. Il est alors nécessaire d'évaluer la quantité d'eau qui ruisselle sur la surface de ce site par unité de temps. Ainsi, compte tenu de la taille du site étudié qui est inférieure à 4 km^2, la méthode de calcul des débits hydrologiques adoptée a été la méthode rationnelle.

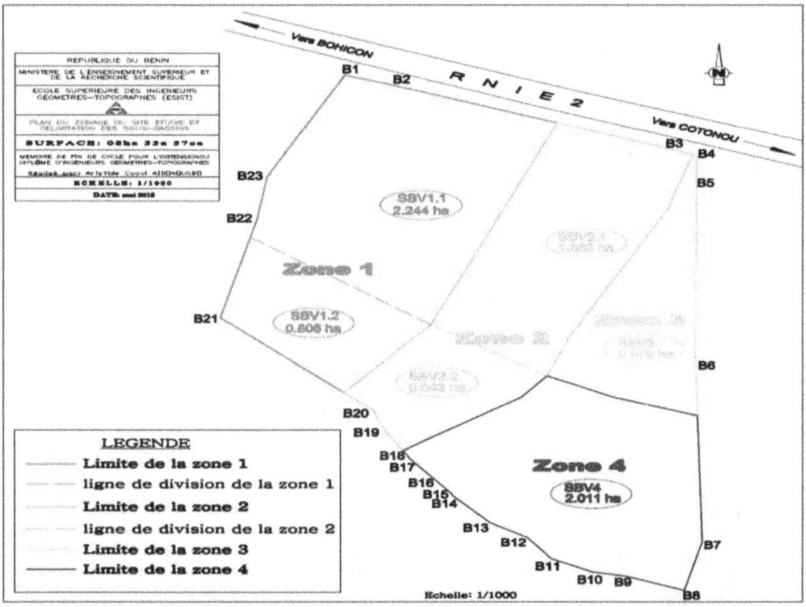

Figure 5: Zonage du site étudié et les caractéristiques de ses sous-bassins délimités

Source : Enquêtes de terrain, juin 2015

Le calcul des différents éléments tels que le temps de concentration **Tc**, la hauteur de pluie **H** à partir des courbes hauteurs-durées-fréquence (HDF) des stations de Cotonou, l'intensité **I** de l'averse et l'intensité corrigée **I_c** de l'averse ont alors permis de déterminer enfin les débits des sous- bassins versants suivant le temps de retour de 10 ans **(Tableau V)**.

Tableau V: Détermination des débits hydrologiques des sous- bassins versants du site étudié

N° Zone	Sous-Bassins versants	Superficie A (ha)	Coef. Ruissel-lement C	Temps de Concentra-tion Tc (mn)	Temps de Concentra-tion Corrigé Tc (mn)	Hauteur de Pluie H (mm)	Encadre-ment Tc et H selon CIEH	Intensité de Pluie I (mm/mn)	Intensité de Pluie Corrigée Ic (mm/mn)	Débit Hydrolo-gique Q (m^3/s)
Zone 1	SBV1.1	2,24	0,7	4,8010897	5	16,6	5'<Tc<10' 16.6<H<26.9	3,32	3,18878826	0,833
	SBV1.2	0,803	0,7	2,75090721	5	16,6	5'<Tc<10' 16.6<H<26.9	3,32	3,35662099	0,314
Zone 2	SBV2.1	1,653	0,7	4,99155548	5	16,6	5'<Tc<10' 16.6<H<26.9	3,32	3,23760932	0,624
	SBV2.2	0,851	0,7	2,20966465	5	16,6	5'<Tc<10' 16.6<H<26.9	3,32	3,34689129	0,332
Zone 3	SBV3	0,976	0,7	2,29940471	5	16,6	5'<Tc<10' 16.6<H<26.9	3,32	3,32403504	0,378
Zone 4	SBV4	2,011	0,7	3,38893212	5	16,6	5'<Tc<10' 16.6<H<26.9	3,32	3,20602925	0,752

Source : Enquêtes de terrain, juin 2015

Concernant le SBV1.1, valeurs ont été calculées:

Tc (mn) = (1/52)*[(229.79^1.15)/ (6.876^0.38)] = 4.797 mn soit Tc (corrigé) = 5 ;

H (mm) = 16.6 déduite de la courbe Hauteur-Durée-Fréquence du CIEH.

i (mm/mn) = H/Tc = 16.6/5 = 3.32 ;

i (corrigée) = i*A^(-0.05) = 3.32*2.24^(-0.05) = 3.189 mm/mn.

Q (m^3/s) = C*i(corrigée)*A = 0.7*3.189*2.24 = 0.833

La connaissance des débits de chaque sous-bassin-versant a permis de projeter des ouvrages afin de drainer les eaux pluviales du site jusqu'à l'exutoire.

3-2-CONSEQUENCES DES CARACTERISTIQUES GEOMORPHOLOGIQUES, HYDROLOGIQUES ET DE L'OCCUPATION DU SITE

L'observation du site montre que celui-ci est suffisamment occupé et exploité. Cette forte anthropisation réduit la surface d'infiltration des eaux pluviales de telle sorte que presque toute la quantité d'eau tombée ruisselle sur le sol. Ainsi, lorsqu'il pleut, les eaux de ruissellement coulent vers le sud du domaine suivant les pentes du versant.

Cette inclinaison du versant induit la vitesse de l'écoulement des eaux de ruissellement. C'est cette vitesse qui permet à ces eaux d'arracher les particules du sol créant ainsi les ravins observés sur le site **(Photos 1 et 2)**.

Photo 1: Ravin au nord-ouest du site étudié**Photo 2:** Ravin à l'est du site étudié

Prise de vue : Aïdonougbo, mai 2015 Prise de vue : Makponsè, mai 2015

Ces photos présentent des ravins semblables à des lits de cours d'eau temporaire. Cela dénote de l'importance de l'érosion sur le site étudié.

En effet, la photo 1 montre un ravin moins profond d'environ 15 cm que celui de la photo 2 dont la profondeur avoisine 1 m en moyenne. Cette différence est due au revêtement en concassé granitique sur l'espace de la photo 1. Afin de permettre l'écoulement des eaux de ruissellement vers l'exutoire, des ouvertures de dimensions différentes avaient été créées au bas des murs de clôture des côtés est et sud. Cette différenciation de dimensions est due à l'effondrement du mur (du côté est, entre temps reconstruit) dont la cause principale est le faible dimensionnement des ouvertures.

En effet, l'obstruction de ces ouvertures empêche la sortie des eaux de ruissellement ce qui crée une accumulation d'eau au sud du site. Sur le site, les ateliers de réparations ont des effets négatifs sur l'environnement de par leurs activités en laissant par terre des traces d'huiles à moteur. Ainsi, lorsqu'il pleut, une partie de ces huiles est transportée vers l'exutoire et l'autre s'infiltre dans le sol. Cet état de chose provoque la pollution du cours d'eau ainsi que de la nappe phréatique. Face à cet état de dégradation de l'environnement, un plan d'aménagement et d'assainissement du site est indispensable. Mais avant tout, il faut une étude d'impact d'environnemental.

3-3-ETUDE D'IMPACT ENVIRONNEMENTAL

3-3-1-Problèmes socio-économiques et environnementaux existants et éventuels

Les enquêtes de terrain ont permis de recenser dans le secteur d'étude plusieurs problèmes : l'érosion du sol ; la déforestation ; la perte de biodiversité ; des maladies endémiques (paludisme, choléra, fièvres typhoïde et jaune, etc.) ; les épizooties ; la pollution sous toutes ses formes ; la pauvreté, le chômage, lenon-respect des règles environnementales et autres. Face à ces différents problèmes auxquels sera confrontée l'exécution du plan d'aménagement et d'assainissement du site, des mesures ont été prises.

3-3-2-Mesures de travail et de sécurité

Il s'agit notamment des mesures de préservation de la santé et de sécurité humaine. A l'exécution des travaux, le chantier devra être pourvu d'une alimentation en eau potable. Les conditions d'hygiène devront être respectées et rigoureusement contrôlées. Le chantier devra être doté d'un dispensaire équipé pour les premiers soins en cas d'accident et de maladie. Des préservatifs et médicaments usuels devront être distribués au personnel par une infirmerie installée sur place. Sur le site, les zones des travaux devront être délimitées par des balises et cordeaux de sécurité. Tout le personnel devra être doté d'équipements de sécurité tels que les chaussures de sécurité, les lunettes, les masques respiratoires, les casques, les gilets fluorescents, les gants, etc. Leur port sera rigoureusement contrôlé surtout au niveau des ouvriers qui sont plus à portée des accidents. Des extincteurs d'incendie devront être posés au niveau de tous les locaux. Des poubelles internes devront être disposées dans tous les locaux, et des poubelles externes au niveau des secteurs clés de la base de l'entreprise. Les déchets ainsi recueillis et conservés dans ces poubelles doivent être évacués par les services compétents. Des mesures de prudence devront être prises pendant la manipulation des produits toxiques et contaminants afin d'éviter leur contact avec les sources d'eau notamment le cours d'eau Datihouin situé au sud du site. Les déchets issus de ces produits contaminants devront être recueillis et conservés dans des poubelles solidement fermées pour les solides, et des fûts hermétiquement bouchonnés pour les liquides jusqu'à leur évacuation par les services compétents. Des fosses devant contenir les eaux usées et vannes issues des toilettes devront être réalisées à une bonne distance d'éloignement des sources d'eau. Lors des vidanges des moteurs, la manipulation des huiles de vidange devra être suivie de façon rigoureuse afin d'éviter tout contact avec le sol. L'exploitation des produits toxiques et contaminants devra tenir compte des normes environnementales. Tous les moteurs des engins à consommation d'hydrocarbures devront être régulièrement réglés et vérifiés afin d'éviter les mauvaises carburations qui entrainent les échappements de fumées nocives aussi bien à l'homme, à la faune qu'à la flore. Les hydrocarbures devront provenir de fournisseurs agréés afin de s'assurer de leur qualité. L'utilisation du ciment devra se faire en prenant des précautions pour qu'il ne soit pas emporté et propagé par les vents pour ne pas affecter l'état de santé des populations environnantes, de la faune, de la flore et du paysage. L'aménagement des espaces de la base mécanique de l'entreprise devra tenir compte des conditions esthétiques et d'urbanisation du milieu. Les locaux seront aménagés de façon à rester en harmonie avec le paysage ambiant. Pendant la construction des 150 m de caniveau à l'extérieur du site et de l'aménagement de la base de l'entreprise, une attention particulière doit être portée à la flore et à la faune afin de ne pas déstabiliser l'écosystème de la région. Alors, les zones exploitées en cultures agricoles devront être évitées au maximum afin de ne pas porter atteinte aux subsistances de la région. Les feux de végétation devront aussi être évités comme solution de désherbage. L'entreprise devra éviter au maximumd'affecter la fertilité des sols, ni contaminer la flore et la faune existante. Le patrimoine culturel déclaré et reconnu de la région doit être sauvegardé. Les installations de la base de l'entreprise devront être aménagées loin des agglomérations de façon à ne pas perturber la quiétude des populations. L'entreprise évitera l'exploitation des mineurs comme employés pour les travaux ; elle évitera aussi d'employer les femmes pour des travaux nécessitant des efforts considérables. Toute dégradation de bien privé ou public par l'entreprise doit faire objet de réparations. L'exécution de ce plan suscitera la création d'emploi pour environ 100 personnes. Cela contribuera à la réduction de la pauvreté et du chômage.

3-4-PLAN D'AMENAGEMENT ET D'ASSAINISSEMENT DU SITE ETUDIE

3-4-1-Facteurs d'aménagement et d'assainissement du site

En dehors des facteurs naturels que sont les eaux de ruissellement et le système de pentes, il y a la volonté administrative. En effet, le plan d'aménagement projeté a été obtenu en tenant en compte des préoccupations des usagers du site et en intégrant les nouvelles activités prévues à court, moyen et long terme à l'organisation déjà mise en place. Les enquêtes de terrain ont révélé le souci de la direction générale de l'entreprise qui ne compte plus avoir la centrale d'asphalte et les épaves sur son site. Alors, la production d'asphalte ne s'y fera plus ainsi que les épaves qui seront tous évacuer du site à l'horizon 2016.

3-4-2-Etapes nécessaires à l'aménagement et à l'assainissement du site

3-4-2-1 Zonage du site

Le zonage du site a été projeté en tenant compte des préoccupations des gestionnaires du site **(figure 6)**. Aussi, il a été intégré, à cet aménagement, le volet verdure. En effet, à la limite des zones délimitées, des arbres doivent être plantés en vue de préserver quelque peu la nature. Cette figure montre les positions de certaines aires et ateliers qui ont été maintenues sur le site mais de nouvelles aires y ont été intégrées (aire de préfabrication, aire de stockage des éléments de préfabrication, le pont bascule et l'élargissement de l'atelier de réparation).

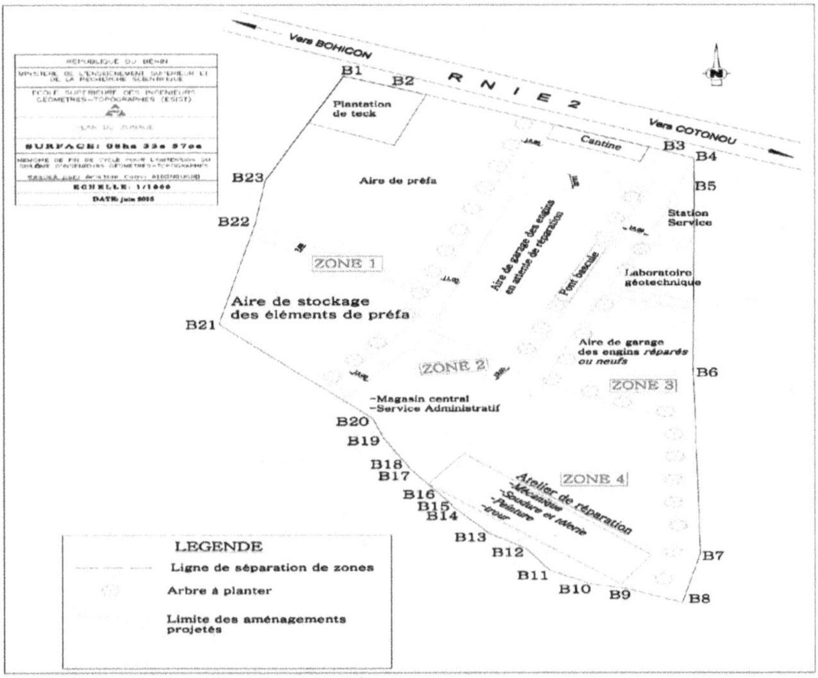

Figure 6 : Zonage du site étudié *(Source : Enquêtes de terrain, juin 2015)*

3-4-2-2 Lutte contre l'érosion pluviale

3-4-2-2-1-Drainage des eaux pluviales

Pour drainer les eaux de ruissellement, des caractéristiques hydrauliques sont nécessaires aux ouvrages. En tenant compte du relief du site étudié et des quantités d'eau à évacuer, les ouvrages de drainage projetés sont des caniveaux positionnés longitudinalement et transversalement par rapport au site pour piéger les eaux de ruissellement. Ainsi, à chaque caniveau projeté correspond un débit à évacuer (Tableau VI).

Tableau VI : Débits à évacuer par chaque caniveau

N° Zone	N° Caniveau	SBV concernés	Débits à évacuer par SBV (m^3/s)	Débit total (m^3/s)
Zone 1	CA1_1	SBV1.1	0.833	1.147
	CA1_2	SBV1.2	0.314	
Zone 2	CA2_1	SBV2.1	0.624	2.103
	CA2_2	SBV2.2	0.332	
	CO1	SBV1.1; SBV1.2	1.147	
Zone 3	CA3	SBV3	0.378	0.378
Zone 4	CA4	SBV4	0.752	4.38
	CO2	SBV1.1; SBV1.2; SBV2.1; SBV2.2	3.250	
	CA3	SBV3	0.378	
Exutoire	CO4	SBV1.1; SBV1.2; SBV2.1; SBV2.2; SBV3; SBV4		4.380

Source : Enquêtes de terrain, juin 2015

Le caniveau CO4 est positionné pour évacuer les eaux de tout le domaine soit la somme des débits de tous les sous-bassins versants. Ce tableau VI affiche les débits totaux obtenus par zone en additionnant les débits des sous-bassins versants de chaque zone. Pour déterminer la section des caniveaux projetés, leurs paramètres géométriques sont calculés : la hauteur hydraulique ou tirant d'eau y, la largeur b, le rayon hydraulique, la section mouillée S, le périmètre P, la hauteur critique y_c(Tableau VI). Ensuite, les valeurs de y et yc ont été comparées afin de s'assurer de l'écoulement de l'eau dans les ouvrages. Ainsi après comparaison, les valeurs de yc sont supérieures à y, donc l'écoulement est torrentiel. La largeur b de l'ouvrage est fixée pour calculer à nouveau la hauteur hydraulique ou tirant d'eau y, le rayon hydraulique R, la section mouillée S, le périmètre P, la hauteur critique yc(Tableau VII).

Tableau VII : Calcul des paramètres géométriquesdes caniveaux (Période de retour 10ans)

N° Can-iveau	Débit Hydrologique Q (m^3/s)	Coefficient de Rugosité k	Pente du Canal i (m/m)	Tirant d'eau y (m)	Largeur b (m)	Rayon Hydraulique R (m)	Section mouillée S (m^2)	Périmètre P (m)	Hauteur Critique yc (m)
CA 1_1	**0.833**	67	0.010	**0.374**	0.749	0.187	0.280	1.498	**0.502**
CA 1_2	**0.314**	67	0.021	**0.123**	0.246	0.062	0.030	0.493	**0.550**
CA 2.1	**0.624**	67	0.011	**0.277**	0.553	0.138	0.153	1.106	**0.506**
CA 2.2	**0.332**	67	0.020	**0.132**	0.263	0.066	0.035	0.526	**0.546**
CO 1	**1.148**	67	0.010	**0.516**	1.032	0.258	0.532	2.063	**0.502**
CO 2	**2.104**	67	0.015	**0.876**	1.753	0.438	1.536	3.506	**0.528**
CA 3	**0.378**	67	0.029	**0.139**	0.279	0.070	0.039	0.558	**0.572**
CO 3	**4.380**	67	0.035	**1.556**	3.112	0.778	4.843	6.225	**0.587**
CO 4	**4.380**	67	0.030	**1.602**	3.204	0.801	5.131	6.407	**0.575**

Source : Enquêtes de terrain, juin 2015

La pente critique et la vitesse de l'écoulement ont été aussi calculées afin de garantir la pérennité des ouvrages. La valeur i fixée de la pente du canal est inférieure à la valeur calculée i_c et la valeur de la vitesse de l'écoulement dans chaque ouvrage est supérieure à 0.5 m/s, alors toutes les conditions ont été réunies pour enfin déterminer les sections des caniveaux.

Tableau VIII : Reprise du calcul des paramètres géométriques des caniveaux avec la largeur (b) fixée (Période de retour: 10 ans)

N° Caniveau	Débit Hydrologique Q (m^3/s)	Largeur b (m)	Tirant d'eau y (m)	Rayon Hydrauli-que R (m)	Section mouillée S (m^2)	Périmè-tre P (m)	Hauteur Critique y_c (m)	Pente Critique i_c (m/m)	Pente du Canal i (m/m)	Vitesse de l'écoulement V (m/s)
CA1_1	0.833	0.90	0.45	0.23	0.41	1.80	**0.444**	0.009	**0.006**	1.920
CA1_2	0.314	0.80	0.40	0.20	0.32	1.60	**0.251**	0.006	**0.003**	1.191
CA2.1	0.624	0.80	0.40	0.20	0.32	1.60	**0.396**	0.010	**0.005**	1.620
CA2.2	0.332	0.80	0.40	0.20	0.32	1.60	**0.260**	0.006	**0.003**	1.255
CO1	1.148	1.10	0.55	0.275	0.605	2.2	**0.481**	0.007	**0.006**	2.195
CO2	2.104	1.30	0.65	0.325	0.845	2.6	**0.644**	0.008	**0.006**	2.453
CA3	0.378	0.80	0.40	0.20	0.32	1.60	**0.283**	0.007	**0.004**	1.356
CO3	4.380	1.80	0.90	0.45	1.62	3.60	**0.845**	0.006	**0.006**	3.048
CO4	4.380	1.80	0.90	0.45	1.62	3.60	**0.845**	0.006	**0.006**	3.048

Source : Enquêtes de terrain, juin 2015

Par la formule de Manning-Strickler, les caractéristiques de chaque caniveau ont été déterminées (Tableau IX).

Tableau IX: Calcul des sections des caniveaux

N° Caniveau	Débit à évacuer Q (m3/s)	Largeur b (m)	Tirant d'eau y (m)	Revanche r (m)	Section Hydraulique	Longueur caniveau (m)
CA1.1	0.833	0.90	0.50	0.15	90x70	194.74
CA1.2	0.314	0.80	0.40	0.13	80x50	77.78
CA2.1	0.624	0.80	0.50	0.13	80x60	164.00
CA2.2	0.332	0.80	0.40	0.13	80x50	23.84
CO1	1.148	1.10	0.60	0.18	110x80	79.00
CO2	2.104	1.30	0.66	0.22	130x90	89.00
CA3	0.378	0.80	0.34	0.13	80x50	154.00
CO3	4.380	1.80	0.82	0.30	180x110	155.03
CO4	4.380	1.80	0.82	0.30	180x110	150.00

Source : Enquêtes de terrain, juin 2015

La longueur totale des caniveaux à construire est de 1087.39 m (Tableau X).

Tableau X : Récapitulatif des différentes sections obtenues

Section hydraulique	Longueur (m)
80x50	255.62
80x60	164.00
90x70	194.74
110x80	79.00
130x90	89.00
180x110	305.03
Total	**1087.39**

Source : Enquêtes de terrain, juin 2015

Ce tableau affiche les différentes sections des ouvrages projetés (figure 9). La figure 9 montre le réseau d'assainissement avec la position des caniveaux projetés ainsi que leurs sections et leurs longueurs. De plus, afin de réduire le risque de dégradation causé par les eaux de ruissellement à l'aval du système d'assainissement projeté, il a été prévu un renforcement au bord du cours d'eau Datihouin.

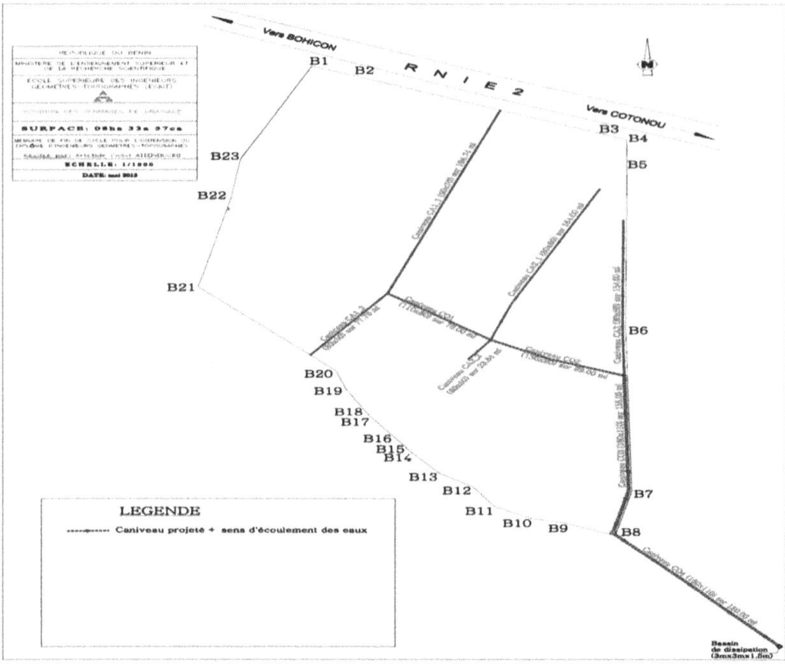

Figure 7 : Position des caniveaux (*Source : Enquête de terrain, juin 2015)*

Ce renforcement consiste en la construction d'un petit bassin de dissipation en maçonnerie de moellons servant de réceptacle aux eaux de ruissellement juste à la sortie du caniveau. Ainsi, de ce bassin, les eaux pourront s'écouler vers le lit du cours d'eau à une vitesse généralement lente. Ensuite un zonage a été créé donnant quatre zones occupées par des aires dont certaines ont subi quelques modifications axées sur leurs superficies. Enfin, pour le drainage des eaux pluviales, des caniveaux ont été projetés et ont un coût (Tableau XI).

Tableau XI : Estimation du coût de la construction des ouvrages projetés.

Section hydraulique	**Longueur (m)**	**Prix Unitaire (FCFA)**	**Montant (FCFA)**
80x50	255.62	158 000	40 387 960
80x60	164.00	170 000	27 880 000
90x70	194.74	196 000	38 169 040
110x80	79.00	215 000	16 985 000
130x90	89.00	275 000	24 475 000
180x110	305.03	355 000	108 285 650
MONTANT TOTAL			**256 2 650**

Source : Enquêtes de terrain, juin 2015

La réalisation est estimé à deux cent cinquante-six millions cent quatre-vingt-deux mille six cent cinquante (256 182 650) francs CFA.

Les prix unitaires appliqués ont été obtenus du bureau d'études de la direction technique de l'entreprise Adéoti Sarl.

3-4-2-2-2-Autres mesures de protection du sol

Compte tenu de l'évolution des dégradations sur le site, d'autres mesures ont été envisagées afin ralentir le transport des particules du sol des endroits où il n'a pas été prévu de caniveau. Au nombre de ces mesures, il y a : l'utilisation des sacs de jutes remplis de sable, les cultures des graminées, la plantation des arbres et l'établissement des murets en tenant compte des courbes de niveau.

CONCLUSION

La base mécanique de l'entreprise Adeoti Sarl s'étend sur une superficie de 08 ha 37 a 57 ca et a servi de cadre à un projet d'aménagement et d'assainissement. Pour y arriver, un diagnostic sur l'état d'aménagement et d'assainissement du site est réalisé, puis un plan topographique du périmètre est dressé. Les ravinements, l'accumulation des eaux au sud du site par ruissellement et les cas d'effondrement de certaines parties du mur de clôture sont causés par le régime pluviométrique, la topographie et la nature des sols. L'expansion des installations a causé la déforestation sur une bonne partie de la surface de ce site. De par les diverses installations, la surface d'infiltration ainsi réduite fait accélérer les écoulements. Ainsi, sur la base des études hydrologiques et hydrauliques, les informations réunies ont conduit à la création de 04 zones d'aménagement où cohabitent tous les ateliers ou unités de production dans un cadre sain grâce aux caniveaux projetés pour drainer les eaux pluviales vers l'exutoire. La présente étude a mis en évidence les liaisons intimes entre les différents facteurs favorisant l'érosion à travers les modèles graphiques et numériques puis a examiné les dispositifs hydrauliques utiles à l'évacuation convenable des eaux. La réalisation des ouvrages de drainage, suivant les prix unitaires de béton armé de l'entreprise Adeoti Sarl, a été évaluée à *deux cent cinquante-six millions cent quatre-vingt-deux mille six cent cinquante (256 182 650) francs CFA*. Vu l'importance des dégâts, il est alors souhaitable d'une part, que l'entreprise adeoti Sarl démarre assez rapidement les travaux qui devraient réduire considérablement les risques d'érosion pluviale et d'effondrement des murs de clôture et d'autre part, que la verdure des parties environnantes du site soient maintenues comme elle l'est actuellement pour l'équilibre de l'écosystème de toute la zone.

BIBLIOGRAPHIE

1-ABE, (1999), *Loi n°98-030* portant Loi-cadre sur l'environnement en République du Bénin, 64p.

2-ABE (2001), Guide général d'étude d'impact sur l'environnement, JC presse inter. Bénin, 78 p.

3-AFOUDA et HOUANYE (2004), L'assainissement pluvial au Bénin: cas de la ville de Cotonou, Partenariat National de l'Eau du Bénin/Université d'Abomey-Calavi, Bénin, 15p.

4-ALVERGNE, C.-LATOUCHE, (2007), Etude comparée des politiques d'aménagement du territoire et de développement régional dans les pays du sud ; Municipalisation d'un Etat couloir à l'ombre d'un grand voisin. Cas du Bénin, 134p.

5-AZONSI F., (2010), Atlas hydrographique du Bénin. Un système d'information sur l'hydrographie. DG-Eau Bénin, 35p.

6-AZONTONDE A., (1981), Synthèse des travaux sur l'érosion hydrique en République Populaire du Bénin de 1960-1980, 16 p.

7-CIEH, (1984), Conception général des systèmes d'assainissement urbain dans le contexte africain. Aspect technique, Fond d'Aide et de Coopération. Burkina-Faso, 338p.

8-DANSOU, B. (2011,) Erosion pluviale et adaptation des populations dans la commune urbaine de Pobè (Bénin). Université d'Abomey-Calavi. Bénin, 86p.

9-HIRTZ E., (1992), Le ruissellement urbain à Porto-Novo Benin. Causes et Impacts. Mémoire de maîtrise de géographie FLASH, Université Nationale du Bénin, 90p.

10-INSAE, (2010), Les entreprises industrielles au Bénin, 67p.

ROOSE E., (1977), Erosion et ruissellement en Afrique de l'ouest. 20 années de mesures en petites parcelles expérimentales. Travaux et document de l'ORSTOM Paris, 78p.

11-KAKPO C. B., (1998), Etudes diagnostiques des problèmes d'évacuation des eaux pluviales dans la ville de Cotonou. Mémoire pour l'obtention du diplôme d'ingénieur géomètre CPU/ UNB. Bénin

L'EPINEUSE QUESTION DES QUARTIERS PRECAIRES ET LE CADRE DE VIE DES POPULATIONS DANS LA COMMUNE DE KOUMASSI

KPAN Noel VEI
Université Alassane Ouattara (BOUAKÉ)
vekanou@yahoo.fr
Alida Gwladys DIEME
Université Alassane Ouattara (BOUAKÉ)
dalidagwladys@yahoo.fr,

RESUME

L'urbanisation, définie comme un processus dynamique de concentration de la population en un lieu donné, est un phénomène géographique majeur de ce siècle. Á Abidjan comme dans d'autres villes ivoiriennes, l'échec des politiques urbaines a amené la création des espaces de vie à s'étendre hors des périmètres urbains réglementaires. Cette extension démesurée et rapide se concrétise par la prolifération des quartiers spontanés. La commune de Koumassi reflète cette situation. Koumassi connait depuis plusieurs années une croissance socio-spatiale démesurée. Cette situation a une forte répercussion sur le paysage urbain avec son corollaire d'insuffisances, à travers la détérioration du cadre de vie et de l'habitat, la prolifération de l'habitat précaire, la multiplication des déchets ménagers, la gestion des eaux usées et pluviales, les pollutions de toutes sortes et les nuisances sonores et acoustiques. En effet, Koumassi renferme de nombreux quartiers spontanés qui représentent environ 26 % de l'espace communal humanisé. Ceci amène à s'interroger sur la typologie et l'impact même des quartiers spontanés sur l'extension spatio-environnementale et temporelle de Koumassi. En d'autres termes, quels sont les conséquences de cette extension sur le cadre de vie et d'habitation au regard des normes environnementales? Quels sont les problèmes socio-environnementaux engendrés par cette évolution spatiale? La présente étude vise à décrire et à analyser les différentes menaces liées à la prolifération des quartiers précaires sur la dynamique socio-spatiale de Koumassi. La méthodologie a été réalisée à partir de deux sources. Une documentation à travers des supports divers, des données de terrain, des missions de validation et une enquête participante. À travers les résultats, Koumassi présente un paysage contrasté où l'on dénombre environ 10 546 constructions en baraques et

169 cases traditionnelles dont les facteurs sont l'urbanisation rapide non maîtrisée, la croissance démographique, la création et le développement du Port Autonome d'Abidjan et la destruction du bidonville de Port-Bouët depuis 1950.

Mots clés : Abidjan, Koumassi, urbanisation, quartier précaire, cadre de vie

ABSTRACT

The urbanization that defines itself like a dynamic process of concentration of the population in a given place is a major geographical phenomenon of this century. Á Abidjan as in other cities of the Ivory Coast, the failure of the urban policies brought the creation of the life spaces to spread out of the authorized urban perimeters. This excessive and fast extension materializes by the proliferation of the spontaneous districts. The township of Koumassi reflects this situation. Koumassi knows since several years an excessive socio-spatial growth. This situation has a strong repercussion on the urban landscape of Koumassi with his/her/its corollary of insufficiencies, through the deterioration of the setting of life and the habitat, the proliferation of the precarious habitat, the multiplication of the domestic garbage, the management of the worn-out and pluvial waters, the pollutions of all sorts and the resonant and acoustic nuisances. Indeed, Koumassi knows many spontaneous districts that represent about 26% of the local space humanized. It brings to wonder about the typology and the very impact of the spontaneous districts on the spatio-environmental and temporal extension of Koumassi. In other words, what are the consequences of this extension on the setting of life and dwelling to the look of the environmental norms? What are the socio-environmental problems generated by this spatial evolution? This study aims to describe and to analyze the different threats bound to the proliferation of the precarious districts on the dynamic socio-spatial of Koumassi. The methodology has been achieved from two sources. A documentation through various supports, the data of land, of the missions of validation and a participating investigation. The introverted data have been integrated to achieve thematic cards. Through the results, Koumassi presents a contrasted landscape where one counts about 10 546 constructions in shacks and 169 traditional slots. He comes out again that in Koumassi, the precarious districts are tributary of several factors that are the non mastered fast urbanization, the demographic growth, the creation and the development of the Autonomous Port of Abidjan and the destruction of the shanty town of Port-Bouët since 1950.

Keywords: Abidjan, Koumassi, urbanization, precarious neighborhood, living environment

L'urbanisation se définissant comme un processus dynamique de concentration de la population en un lieu donné est le phénomène géographique majeur de ce siècle (ATTA, 2005; DIABAGATÉ, 2010). Elle s'effectue à un rythme de croissance moyenne de 2 % à l'échelle mondiale (BORIES, 2006 cité par DIABAGATÉ, 2010). Le phénomène d'urbanisation de la planète constitue aujourd'hui un événement démographique, géographique, social, culturel et politique majeur. Les estimations indiquent, en effet, qu'actuellement trois habitants de la planète sur quatre vivent en milieu urbain et que deux tiers des citadins de la planète sont des habitants des pays du Tiers-Monde (KASPAR, 2008 inKOUASSI, 2012). En réalité, les espaces urbains du monde entier et particulièrement ceux des pays en développement en général surpeuplés, font l'objet d'une urbanisation très rapide. Cependant, l'ampleur du phénomène urbain est inégale selon les régions du monde. L'urbanisation progresse beaucoup plus rapidement dans les pays en développement que dans les pays industrialisés. Cette forte urbanisation serait due à la migration et à la croissance naturelle. Aujourd'hui, l'exode rural concerne essentiellement les pays du Sud. Selon les Nations-Unies, 50 % de la croissance des villes des pays en développement est liée à cet exode rural. Ce phénomène se justifie par l'explosion démographique, qui est une caractéristique commune aux pays en développement. La population africaine est passée, dès lors, de 302 millions à 922 millions d'habitants de 1975 à 2005 (KOUASSI, 2012).

Cette urbanisation rapide se reflète à la commune de Koumassi. En fait, de 1975 à 2012, les communes de la ville d'Abidjan, ont eu une croissance démographique très modérée de 3,26% pour la commune de Koumassi et 2,5% pour les communes de Port-Bouët, Attécoubé et Adjamé (DIBY, 2013). Ces différents taux de croissance sont situés en dessous de la moyenne de la ville d'Abidjan (4,75 %). En 1998, Koumassi comptait 317 562 habitants (INS) selon le dernier recensement général de la population. Cette croissance démographique s'est accompagnée d'une augmentation rapide de l'espace urbanisé. De 3 000 habitants en 1955 à 12 600 habitants en 1963 (ANTOINE et al. 1987) puis à 146 000 habitants en 1969 (OLAHAN, 2007) répartis sur plus de 325 ha urbanisés soit 8,82 % de la ville d'Abidjan. La commune de Koumassi a connu une expansion rapide. On y retrouve tous les types de classe sociale et d'habitat (moderne, traditionnel et spontané). La densité de l'habitat est la plus forte de tout le district d'Abidjan avec 454 hab. /ha en 1987 selon le PNUD. Á Koumassi, comme dans les autres communes de la Côte d'Ivoire, l'échec des politiques urbaines a amené ces espaces, à s'étendre hors du périmètre urbain. Cette extension démesurée et rapide à Koumassi, a permis le développement des quartiers sous-équipés.

Un quartier précaire ou bidonville est une zone d'habitation contiguë où les habitants sont dotés de logements et de services de base insuffisants. Dans le glossaire des termes de référence de l'ONU-HABITAT (2012) un bidonville est un établissement contigu où les habitats sont caractérisés par un accès au logement et aux services de base inadéquats. Le bidonville ou taudis n'est souvent pas reconnu ou pris en compte par les autorités comme une partie intégrante et équivalente de la ville. Cependant, quelles sont les origines et évolutions des implantations spontanées à Koumassi? Quelle est la caractérisation de ces espaces et habitats? Quelles sont les impacts de ces quartiers précaires sur la santé de la population?

Concernant la méthode, nous avons consulté des documents statistiques, cartographiques, des ouvrages pour recueillir les informations primaires et nécessaires pour mener à bien cette étude. Nous avons également fait une enquête de terrain en adoptant la méthode de l'observation directe. Cette technique a permis de voir le niveau d'équipement, de réaliser l'état de l'aménagement foncier, la typologie de l'habitat et de voir l'ampleur de la dynamique urbaine et de la dégradation du cadre de vie de la population de Koumassi.

Cette étude se fixe comme objectif d'analyser les implantations spontanées et leurs impacts sur l'environnement et le cadre à Koumassi.Cette étude analyse successivement les origines et évolutions des implantations spontanées, la caractérisation de l'espace et l'habitat des quartiers précaires, les principaux impacts de ces quartiers sur la santé de la population et les tentatives de solutions.

I-PRESENTATION DE LA ZONE D'ETUDE

Le cadre spatial de cette étude est la commune de Koumassi. Située dans la zone sud d'Abidjan et dans l'île de Petit Bassam, à la latitude 5°17'17" N. et à la longitude 3°58'58" W, la commune de Koumassi fait partie des treize (13) communes qui composent le District d'Abidjan.

Par le décret n° 80-1184 du 18 octobre 1980, fixant le ressort territorial des communes de la ville d'Abidjan, Koumassi est limitée au Nord par la commune de Marcory, au Sud par celle de Port-Bouët, au Sud-Est et Nord-Est par la lagune Ébrié, ce qui fait d'elle une presqu'île avec une belle façade lagunaire (***figure 1***).

Koumassi est également une collectivité territoriale dotée de la personnalité morale et de l'autonomie financière. Elle est un regroupement de quartiers ou de villages. L'organisation de la commune est régie par les dispositions de la présente la loi n° 2012-1128 du 13 décembre 2012 portant organisation des collectivités territoriales. Cette commune est l'une des plus dynamiques de la Côte d'Ivoire et l'une des plus grandes en termes de démographie. Malheureusement, dans cette commune, on note la présence de plusieurs quartiers précaires (26 % de l'habitat précaire) où l'on compte environ 10546 baraques et 169 cases traditionnelles selon les résultats définitifs du R.G.P.H de 1998[1].

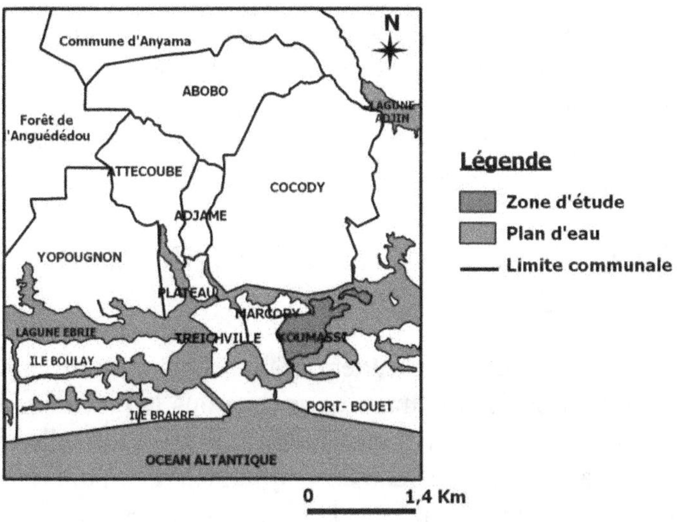

Source: BNETD/ CCT, 1989. *Conception et Réalisation : DIEME Alida G., Aout 2015.*

Figure 1: Localisation de la commune de Koumassi

1Compte tenu de la non disponibilité des données du RGPH de 2014, on a utilisé les donnée du RGPH de 1998.

Le territoire communal couvre une superficie de 874 ha (8,74 km²) soit 2,4 % de la ville d'Abidjan. La commune de Koumassi compte quatorze (14) quartiers (Grand Marché, RDA, Progrès, Cité Houphouët Boigny, Sicogi 1, 2 et 3, Zoé Bruno, Sicogi Nord-Est, Prodomo, Sogefia, EMCC, Remblai, Cité SIR et Zone Industrielle) où l'habitat est implanté sur 65% de sa surface. Selon le Recensement Général de la Population et de l'Habitat (RGPH) de 1998, la commune de Koumassi comptait 317 562 hab. soit une densité moyenne de 58 habitants à l'hectare (INS, 1998). Elle compte aujourd'hui 433 139 hab. avec un taux accroissement moyen annuel (TAMA) de 2,0 % (INS, 2014). Sa proximité avec le port d'Abidjan et l'aéroport Félix Houphouët Boigny lui offre des atouts géo-économiques. En effet, la commune de Koumassi présente de réelles opportunités d'investissement sécurisés et des facilités de partenariats institutionnels ou privés dans les domaines du social, des grands travaux, de la culture et de l'éducation, du tourisme, des sports et loisirs, de l'industrie et du commerce.

De plus, Koumassi a été marquée par une forte urbanisation et a connu une croissance démographique sans précédent. En effet, c'est un vaste quartier qui a connu une expansion rapide malgré les difficultés d'urbanisation. C'est une zone marécageuse mal drainée et qui ne pourra l'être à un coût très élevé, reste très insalubre, même dans les quartiers les plus anciennement construits. À l'Est, une zone industrielle y est implantée, mais sa principale vocation est l'habitat populaire. Trois ensembles de taille semblable s'y côtoient : une bande d'habitats modernes, une bande d'habitats traditionnels, enfin une bande d'habitats précaires gagnée sur les marécages.

II-ORIGINE ET EVOLUTION DES IMPLANTATIONS SPONTANEES

Les quartiers précaires résultent d'une urbanisation rapide non maîtrisée. Cette urbanisation massive se fait sous le poids conjugué de deux phénomènes principaux : l'attractivité croissante des villes pour des populations rurales à la recherche d'opportunités d'emploi, de revenus, de facilités de déplacement, d'accès aux services et équipements (éducation, santé, loisirs) ou encore à la citoyenneté, et la croissance démographique des populations urbaines. Source de multiples potentialités, cette urbanisation est dans le même temps facteur de vulnérabilités, de risques et d'accroissement d'inégalités exacerbées, notamment par le développement de quartiers précaires et de bidonvilles.

Leur croissance est fortement liée à l'exode rural, la croissance démographique, l'arrivée de réfugiés, etc., conjugués aux difficultés pour les autorités publiques de planifier et maîtriser l'urbanisation, notamment au niveau de l'offre en logements accessibles aux plus défavorisés. Les immigrants ruraux et étrangers vont s'offrir des lieux d'adaptation au cadre urbain et à acquérir une urbanité qui hante leur imaginaire. En plus, avec le développement de l'industrie, du commerce et des autres secteurs d'activités ont favorisé les implantations spontanées des travailleurs à proximité de leur zone de travail.

L'apparition de zone d'habitat insalubre et sous équipées n'est pas un phénomène nouveau et son ampleur varie en fonction des différentes phases du développement de la métropole. Le problème des zones d'habitat de fortune en Côte d'Ivoire n'est pas récent. Ce mode d'habiter trouve son origine au moment de la colonisation française. C'est véritablement dans les années 1950 avec la création du Port Autonome d'Abidjan que son développement s'affirme à Koumassi. De plus, avec la destruction du bidonville de Port-Bouët, certaines aires d'habitat sommaire ont connu un développement anarchique à Koumassi. L'édification de la commune de Koumassi est le résultat d'un travail considérable de remblaiement effectué petit à petit par les habitants, soit pour améliorer leur environnement, soit pour gagner quelques mètres carré sur les bas-fonds inondés en vue de construire (ANTOINE et *al.* 1987).

La commune de Koumassi est un véritable pôle d'attraction géo économique à cause la présence d'une importante masse d'industrie. Avec 317 562 habitants en 1998 (INS, 1998), la commune de Koumassi compte environ 433 139 habitants en 2015 (INS, 2014). La forte croissance démographique ainsi que le taux d'urbanisation croissant de cette commune ont eu pour corollaire la formation de nombreux quartiers spontanés (***figure 2***).

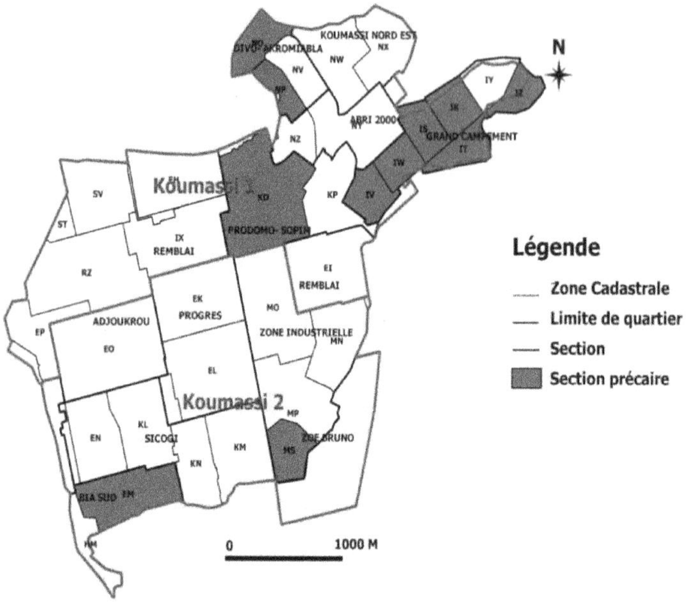

Source: Cadastre de Koumassi, 2015 *Conception et réalisation :DIEME Alida G., Août 2015.*

Figure 2: Localisation des quartiers précaires par section cadastrale à Koumassi

III-CARACTERISATION DE L'ESPACE ET DE L'HABITAT DES QUARTIERS PRECAIRES DE KOUMASSI

La plupart des zones d'habitats précaires sont localisées dans les zones non aedificandi.

3-1-ZONES NON AEDIFICANDI: LIEU D'IMPLANTATION DES QUARTIERS PRECAIRES

En effet, situées sur le cordon littoral et sur l'île de Petit Bassam, les communes de Koumassi et Port-Bouët connaissent des difficultés majeures d'urbanisation. Ces communes sont implantées sur des terrains bas et sablonneux souvent marécageux rendant tout drainage difficile et onéreux. Ces quartiers précaires sont situés dans les zones marginales, sur des terrains instables ou des marais comblés, dont la topographie est généralement défavorable et propice aux inondations. Koumassi comprend le plus grand bidonville d'Abidjan appelé poto- poto ou "Campement"(ANTOINE et *al*, 1987). Il est de création assez ancienne et situé à l'Est de l'île de Petit Bassam. Ce quartier est peu à peu repoussé par des constructions légales (économiques et de moyen standing). Son édification est le résultat d'un travail considérable de remblaiement effectué petit à petit par les habitants, soit pour améliorer leur environnement, soit pour gagner quelques mètres carrés sur les zones inondées en vue de construire. Ce « campement» comptait en 1979, 60.000 habitants environ et débordait sur la commune de Marcory (ANTOINE et *al*, 1987). Une autre zone d'habitat sommaire; "quartier vidange" naissante en 1978, s'est développé sur les emprises d'une ligne haute tension dans la zone industrielle. Leur localisation rend ces espaces fragiles au plan écologique et sanitaire. La gestion foncière dans ces quartiers précaires est l'affaire du premier occupant qui détient le droit de distribuer des lopins de terre. Ces zones où la spéculation foncière bat son plein sont interdites de construction et par conséquent ne sont pas pris en compte dans les programmes d'aménagement urbain de la commune.

3-2-ARCHITECTURE DE FORTUNE

Le bidonville ou taudis n'est souvent pas reconnu ou pris en compte par les autorités comme une partie intégrante et équivalente de la ville.

Il se caractérise par quatre composantes principales :

- un accès insuffisant à l'eau ;
- un accès insuffisant à l'assainissement et autres infrastructures de base ;
- une qualité de la structure du logement insuffisante;
- un surpeuplement.

Les quartiers précaires présentent un archétype rudimentaire. En effet, la plupart des habitations sont réalisés le plus souvent avec des matériels de mauvaise qualité, des matériaux de récupération (bois, tôles, bâches) compte tenu de la facilité d'accès à ces matériaux, des coûts peu élevés et de la capacité d'assemblages pour la construction. La toiture et les murs sont faits avec les mêmes matériaux notamment des tôles rouillées agencées dans une architecture touffue et selon des technologies rudimentaires. Celles-ci présentent également des problèmes d'étanchéité. Sur le plan d'assainissement, les habitations ne possèdent pas parfois d'équipements domestiques (des latrines, des WC, des cuisines...) (***Photo 1 & 2***).

Photo 1: Habitation de type précaire au quartier Grand Campement
(Source : Mission terrain, 2015)

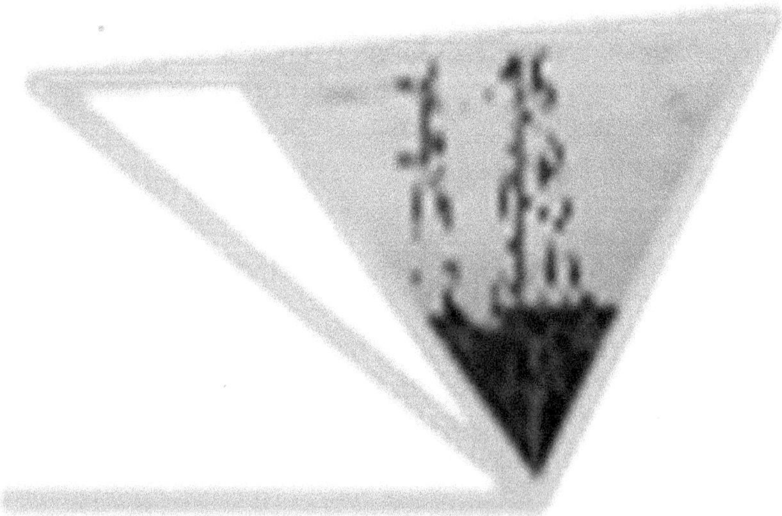

Photo 2: Habitation sous haute tension à Koumassi Grand Campement
(Source : DIÉMÉ Alida G., 2015)

IV-INCIDENCES DU CADRE SPATIAL SUR LA POPULATION

A Koumassi, le cadre de vie dans les quartiers précaires a des répercussion sur le milieu physique par manque d'infrastructures et d'équipements ce qui est à la cause de vecteurs de nombreuses pathologies.

4-1-REPERCUSSIONS DU MILIEU PHYSIQUE

Le développement spatial de Koumassi est loin d'être maîtrisé avec des risques de toutes sortes. Il s'agit de risques d'inondation, d'érosion côtière et de mouvements de terrain (éboulement, effondrement, glissement de terrain) dont la variation spatiale est fonction des caractéristiques du relief et du niveau d'aménagement de l'espace urbain. Ainsi, quel que soit le risque naturel considéré, en cas de forte pluie, les communes d'Attécoubé, de Cocody, Port-Bouët, Abobo et surtout Koumassi restent les plus menacées par les inondations (figure 3).

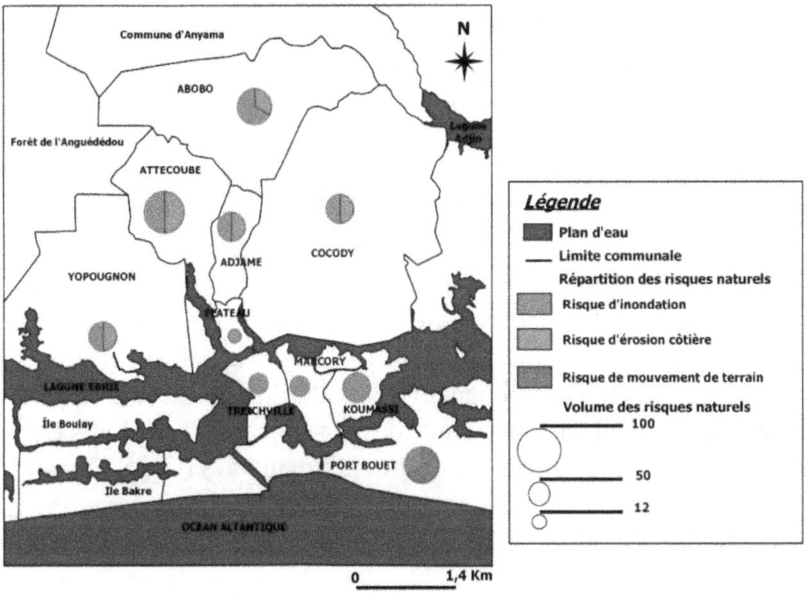

Source: BNETD/ CCT, 1989 *Conception & Réalisation : DIEME Alida G., Août 2015*

Figure 3: Niveau d'exposition des communes d'Abidjan aux risques naturels

A Koumassi, la quasi-totalité des quartiers précaires est installée dans de grandes fosses dont la profondeur varie de 15 à 25 mètres, une largeur de 10 à 15 mètres avec des pentes très abruptes de 55 % à 70 % (VILLEAUBRIEUL, 1962; DIARRA, 2013). Également des analyses géotechniques ont montré que la nature lithologique des sols abritant les quartiers précaires (bidonvilles) est constituée de formations allant des sables latéritiques aux sables grossiers (VILLEAUBRIEUL, 1962; DONGO et *al.* 2008). De nombreux phénomènes de géo-risque (érosion, éboulement, inondation…) sont observés dans ces quartiers surtout en saison pluvieuse. Plus de 75 % des habitationsde ces endroits sont fortement menacées par ces phénomènes. Cela cause de graves préjudices aux populations et aux habitations. Chaque année lors de la saison des pluies, la Côte d'Ivoire fait face à des inondations et glissement de terrain. Depuis 2009, 13 personnes en moyenne perdent la vie chaque année dans la ville d'Abidjan à cause de ces intempéries. Malgré les mesures du gouvernement, plusieurs ménages habitent toujours les zones à risques. Les causes seraient, la proximité du lieu de travail, la pauvreté, les coûts élevés du logement ou l'attente d'une aide conséquente du gouvernement pour leur relocalisation.

De même dans la commune de Yopougon, des pertes en vie humaine ont été enregistrées dans les sous-quartiers de Yaoséhi, Gbinta et Niangon continu à la suite d'éboulements de terrain et d'inondations en 2000 (5 morts) et en 2002 (3 morts). Les quartiers précaires des autres communes de l'agglomération d'Abidjan, a l'instar de Koumassi sont sujets également à ces phénomènes en saison pluvieuse. À Koumassi des populations sont en danger pendant la saison pluvieuse car la plupart des maisons s'affaissent. En effet, dans les quartiers Kankankoura, Adjoukrou, Mosquée, la majorité des habitations sont inondées et s'affaissent pendant la saison pluvieuse. Des cas de choléra ont eu à être déplorés pendant les saisons de pluie. Les zones les plus affectées sont principalement la ville d'Abidjan, le District des Lagunes et la Région du Sud-Comoé. Cependant la tendance des cas de choléra déplorés est à la baisse depuis quelques années sur l'ensemble du pays (OMS, 2014).

4-2-MANQUE D'INFRASTRUCTURES ET D'EQUIPEMENTS

En matière d'infrastructures et d'équipements, les quartiers précaires de Koumassi zones restent généralement sous équipées. Il n'y a pas de système d'approvisionnement en eau potable, ni de réseaux d'évacuations des eaux usées. L'accès à l'eau potable est réalisé à l'aide de raccordements informels. Concernant l'accès à l'électricité, presque tous les quartiers précaires bénéficient de l'électricité publique même si la situation demeure assez complexe. Ces quartiers sont, en effet, touchés par les vols d'électricité. En conséquence, la Compagnie ivoirienne d'électricité refuse de procéder aux investissements nécessaires à un meilleur accès à l'électricité. Les habitants de ce type de quartier ont également recours à des modes informels d'approvisionnement, ce qui augmente le risque d'accident et d'incendie.

Les zones précaires de Koumassi ne possèdent pas parfois d'équipements d'assainissement (des latrines, des WC, des cuisines, des fosses septiques…), d'équipements scolaires et sanitaires. Dans ces quartiers spontanés, un vaste système complexe de ruelles relie les habitations. Ces ruelles sont tortueuses et étroites, leur largeur n'excède généralement pas deux mètres. L'étroitesse des voiries associée à l'occupation anarchique du sol par les habitations, décline toute possibilité d'installation d'ouvrages de drainage et de collecte de déchets urbains. C'est la raison pour laquelle, on constate la prolifération dans les rues de ces quartiers, des déversoirs d'eaux usées, des dépôts sauvages d'ordures ménagères, la stagnation des eaux associées aux sources insalubres d'approvisionnement en eau, au difficile accès aux centres de santé communautaire.

L'absence d'équipements de base, notamment l'assainissement de l'espace communal en égout et caniveau pose d'énormes difficultés au plan environnemental à la population. Par exemple, tout comme Koumassi, 90% du territoire communal d'Abobo est très mal assaini (DIBY, 2013). Ces facteurs ont des conséquences tant sur les habitants que sur leur cadre de vie. Les impacts concernent la précarité des logements, le niveau de promiscuité (nombre de personnes par pièce), la destruction de l'environnement et l'exclusion sociale. Selon l'OMS, près de la moitié des citadins d'Afrique, d'Asie et d'Amérique latine sont atteints d'une ou plusieurs maladies associées à un approvisionnement en eau ou bien à un assainissement inadéquat (WHO, in DONGO et al. 2008).

4-3-PROLIFERATION DE PLUSIEURS MALADIES

La précarité des logements, de l'hygiène et le sous-équipement semblent avoir des effets négatifs sur la santé des populations dans les quartiers précaires de Koumassi. Ainsi, la rareté des services de ramassage d'ordures, l'absence de réseau d'assainissement et d'électricité, favorisent la prolifération d'insectes tels que les mouches, agents vecteurs de plusieurs maladies bactériennes ou virales. Les amas d'ordures ménagères constituent les lieux de prédilection des rongeurs et des reptiles. Tout ceci favorisent la propagation des infections parasitaires : typhoïdes, ascarides, etc. Aussi, les déchets solides sont-ils, en période pluvieuse, sources de colmatage des canaux d'évacuation des eaux usées, ce qui entraîne des inondations de la voie publique, posant ainsi des problèmes d'hygiène. Les enquêtes réalisées dans le cadre de cette étude ont révélé deux maladies hydriques récurrentes que sont le paludisme et la diarrhée. Selon les rapports du Programme National de Lutte contre la Paludisme, la prévalence palustre à Koumassi est estimée à 40 %. Le taux d'infection palustre chez les enfants de moins de 5 ans représente 42,7% des causes de consultations et 62,4% des causes d'hospitalisation à l'échelle nationale (PNLP, 2003 cité par DONGO et al. 2008).

Comme solution, nous recommandons la restructuration de ces quartiers. Régie par l'Ordonnance N° 77-615 du 24 Août 1977, la restructuration urbaine est une opération d'urbanisme ou d'aménagement urbain qui vise à transformer un secteur urbain ou un quartier habité dans le but de l'adapter ou de l'améliorer. Il s'agit donc de moderniser ou d'équiper ce secteur ou ce quartier. Elle est initiée et réalisée par la puissance publique. La restructuration urbaine consiste en d'autres termes, à reconsidérer la structure d'un quartier existant, la modifier au besoin, mais surtout à y apporter les équipements et les infrastructures nécessaires à son bon fonctionnement et à l'agrément des populations. Ainsi la restructuration maintient l'essentiel du patrimoine bâti. Mais elle apporte au quartier ou au secteur concerné des améliorations en voirie et réseau divers et en équipements.

CONCLUSION

À l'analyse de cette étude, nous pouvons retenir que la commune de Koumassi enregistre plusieurs quartiers précaires dont les origines et évolutions sont tributaires de plusieurs facteurs. Ces facteurs sont entre outre l'urbanisation rapide non maitrisée, la croissance démographique de Koumassi, la création et le développement du Port Autonome d'Abidjan et la destruction du bidonville de Port-Bouët en 1950. L'archétype des quartiers précaires est archaïque et leur espace géographique a des incidences sur la vie des résidents de Koumassi. Caractérisés généralement par trois formes de précarité urbaine, sociale et foncière, ces quartiers défavorisés représentent un défi majeur, d'ordre politique, social, économique, environnemental et sanitaire pour les autorités publiques.

REFERENCES BIBLIOGRAPHIQUES

ALLA D. A., (2012) : *Cartographie des zones á risque d'inondation, d'érosion côtière et de mouvements de terrain dans la ville d'Abidjan*, PNUD, Abidjan, 33 p.

ANTOINE P., DUBRESSON A., MANOU-SAVINA A., 1(987) : *Abidjan cité cours*, Karthala-ORSTOM, 274 p.

COMBY J., (2007) : *Sécuriser la propriété foncière sans cadastre*, ADEF, 20 p.

DIABAGATE S., (2009) : Dynamique urbaine et gestion des déchets ménagers dans la région de la vallée du Bandama: cas des communes de Dabakala et Boniérédougou, Projet de Doctorat, Université de Cocody, IGT, Abidjan, www.memoireonline.com, document consulté le 03 novembre 2014.

DIAGABATE S., (2010) : *Profil environnemental de la ville de Bouaké : quelles inégalités spatiales ?*, Mémoire online, Projet de thèse en Géographie humaine et régionale. www.memoireonline.com, document consulté le 03 novembre 2014.

DIARRA S., (2013) : *Le cadastre dans le processus de l'aménagement du territoire : cas de la commune de Cocody*, Mémoire de Master, Université de Bouaké, 167 p.

DIBY K. M., (2013) : L'impact de la politique de développement urbain sur l'environnement à Abidjan, *Ahoho*, Revue de Géographie du LARDYMES, N11- 7 année, pp. 187-208.

DIBY K.M., (2009) : Dynamique d'urbanisation de l'espace périphérique Nord de la ville d'Abidjan: le cas de la commune d'Abobo, Thèse unique en géographie, Université de Cocody, IGT, Abidjan, 511 p.

DONGO K., KOUAME K. F., KONE B., BIEM J., TANNER M., CISSE G., décembre (2008) : « Analyse de la situation de l'environnement sanitaire des quartiers défavorisés dans le tissu urbain de Yopougon à Abidjan, Côte d'Ivoire », *VertigO - la revue électronique en sciences de l'environnement*, Volume 8, Numéro 3, http://vertigo.revues.org/6252, consulté le 25 septembre 2015.

ELONG J. G., PRISO D. D., (2011) : *Initiation à la géographie rurale et urbaine*, Éditions Clé Yaoundé, Cameroun, 237 p.

INSTITUT NATIONALE DE LA STATISTIQUE (INS), (1998) : Données démographiques de la Côte d'Ivoire. Abidjan, 75 p.

INSTITUT NATIONALE DE LA STATISTIQUE (INS), (1998) : Recensement Général de la Population et de l'Habitation de 1998, 217 p.

INSTITUT NATIONALE DE LA STATISTIQUE (INS), (2014) : *Recensement Général de la Population et de l'Habitat (RGPH)*, Résultats Globaux, 24 p.

KOUASSI K., (2012) : Insalubrité, gestion des déchets ménagers et risque sanitaire infanto-juvénile à Adjamé, Thèse de Doctorat unique en Géographie, Université de Cocody d'Abidjan, Côte d'Ivoire, 597 p.

LAVIGNE-DELVILLE P., DURAND-LASSERVE A., (2009) : *Gouvernance foncière et sécurisation des droits dans les pays du Sud : livre blanc des acteurs français de la Coopération,* Comité technique Foncier et développement, 127 p.

MINISTÈRE D'ÉTAT : MINISTÈRE DU PLAN ET DU DÉVELOPPEMENT, (2010) : *Urbanisation et développement: défis et perspectives pour de la Côte d'Ivoire*, Rapport national sur l'État et le devenir de la population de la Côte d'Ivoire, République de Côte d'Ivoire, 264 p.

OLAHAN A., (2007) : Urbanisation et dynamique des transports collectifs urbains : cas des wôrô-wôrô, *Revue de Géographie Tropicale et d'Environnement,* n° 1, EDUCI, pp 73- 88.

ONU-HABITAT, (2012) : Côte d'ivoire : profil urbain de Port-Bouët, Programme des Nations unies pour les établissements humains, Nairobi, Kenya, 30 p.

VILLEAUBREUIL G., (1962) : Hydrologie en Côte d'Ivoire, Mémoires du Bureau de Recherches Géologiques et Minières, Editions techniques, 20, 43 p.

DECENTRALISATION ET GESTION DES POINTS D'EAU ET DES AEV DANS LA COMMUNE DE NATITINGOU : EVALUATION DES TAUX D'ACCES A L'EAU POTABLE ET ANALYSE DE LA DURABILITE (BENIN, AFRIQUE DE L'OUEST)

ASSABA H. M.
martinassaba@gmail.com
Université d'Abomey-Calavi (Bénin)
OYENIRAN R
rosoyes85@yahoo.fr
Université d'Abomey-Calavi (Bénin)
VISSIN E. W.
exlaure@yahoo.fr
Université d'Abomey-Calavi (Bénin)
HOUSSOU C. S.
chrispass@yahoo.fr
Université d'Abomey-Calavi (Bénin)

RESUME

L'un des défis majeurs de l'humanité demeure la problématique de l'eau surtout pour le mieux-être des communautés à faibles revenus. L'objectif de la présente recherche est de diagnostiquer les résultats de la mise en œuvre de la décentralisation sur la gestion des points d'eau et des AEV dans la Commune de Natitingou au Bénin. L'approche méthodologique adoptée pour conduire l'étude a consisté à la collecte de données dans un premier temps. Ces données sont constituées des données socioéconomiques issues des enquêtes de terrain, démographiques obtenues à l'INSAE, climatiques et des statistiques liées aux différents points d'eau et AEV réalisés dans la commune. Ces données ont été collectées grâce à la recherche documentaire et aux investigations en milieu réel. A l'issue de cette étude, il ressort qu'au total, 125 ouvrages hydrauliques ont été réalisés dans la commune de Natitingou par les autorités au niveau central de l'Etat. Ces efforts se sont poursuivis par les autorités locales après l'avènement de la décentralisation en 2003 à travers la réalisation de plus de 110 ouvrages hydrauliques.

Mots clés : Natitingou, décentralisation, gestion, eau potable

ABSTRACT

One of the major challenges of humanity especially remains the problems of water for the greater comfort of the communities with low incomes. The objective of this research is to diagnose the results of the setting in oe uvre of decentralization on the management of the water points and the AEV in the Commune of Natitingou to the Benign one. The methodological approach adopted to lead the study consisted with the data acquisition initially. These data are made up of the socio-economic data resulting from the investigations of ground, demographic obtained with the INSAE, climatic and of the statistics related to the various points of water and AEV carried out in the commune. These data were collected thanks to the information retrieval and to the investigations in real medium. With the exit of this study, it arises that on the whole, 125 hydraulic works were carried out in the commune of Natitingou by the authorities on the central level of the State. These efforts continued with the local authorities after the advent of decentralization in 2003 through the realization of more than 110 hydraulic works.

Key words: Natitingou, decentralization, management, drinking water

INTRODUCTION

L'un des défis majeurs de l'humanité demeure la problématique de l'eau surtout pour le mieux-être des communautés à faibles revenus. L'accès à cette ressource et sa bonne gouvernance sont des facteurs déterminants du développement économique, social et local (CARE International, 2007). Au Benin, les textes de loi sur la décentralisation confèrent aux collectivités territoriales décentralisées, la responsabilité de réaliser les infrastructures hydrauliques (article 83 de la loi 97-029). Ainsi, depuis 2003 c'est au niveau local que s'organisent la mise en œuvre et la gouvernance des ressources en eau. Selon Protos (2015), dans le but d'améliorer la gouvernance locale de cette ressource vitale, le Benin a procédé en 2005 à la relecture de la Stratégie Nationale d'Approvisionnement en Eau Potable réalisée en 1992.

En effet, plusieurs amendements y ont été introduits à savoir la délégation par la commune de la gestion d'ouvrage d'eau à une personne physique choisie par la communauté ou à un opérateur privé en lieu et place d'un Comité de gestion des Points d'Eau qui a montré ses limites. De même, la mise en place d'un cadre communale pour la maintenance et le suivi des ouvrages simples a été adoptée. Par ailleurs, depuis les années 1990, la communauté internationale a reconnu le fait que la bonne gouvernance joue un rôle important dans l'amélioration des conditions de vie des peuples (Vissin, 2007). Des problèmes persistants de développement, ainsi que les crises d'eaux actuelles et prévues traduisent des défaillances de gouvernance en termes de gestion de l'eau (PNUD, 2002).

Les OMD adoptés par l'Assemblée Générale des Nations Unies recommandent entre autres, d'assurer un environnement durable en intégrant les principes du développement durable dans les politiques nationales et en inversant la tendance actuelle à la déperdition des ressources environnementales face à l'augmentation des populations et leurs multiples besoins (UN, 2005).

La Commune de Natitingou n'est pas restée en marge de cette disposition légale. Après l'installation du conseil communal en 2003, la commune s'est investie à la satisfaction des besoins en eau des populations à travers diverses actions. Alors, le mode de gestion des ouvrages hydrauliques adopté par la collectivité territoriale améliore-t-elle le taux d'accès à l'eau potable et assure-t-elle la durabilité des acquis?

I-MILIEU D'ETUDE

Située au nord-ouest du Bénin dans le département de l'Atacora entre 1°03'22'' et 10°29'14'' de latitude nord et entre 1°25'29'' et 1°29'22'' de longitude est, la Commune de Natitingou couvre une superficie de 3045 km2 soit 12,8 % de la superficie totale du département. Elle est limitée au nord par la Commune de Toucountouna, à l'ouest par la Commune de Boukoumbé, au sud et à l'est par la Commune de Kouandé (figure 1). Equidistante et épicentre de la majorité des Communes de l'Atacora (Tanguiéta, Copargo, Kouandé et Boukoumbé), la Commune de Natitingou est à 111 Km de Porga, une localité faisant frontière avec la république du Burkina Faso par la Pendjari et à 515Km de Ouagadougou, capitale du Burkina-Faso.

La position géographique de la Commune de Natitingou fait d'elle une ville de transit vers les pays de l'inter-land dont le Burkina-Faso, le Niger et le Mali. Grâce au bitumage de la Route Nationale Inter-Etat (RNIE 4), le transit connait un accroissement considérable. Aussi la praticabilité de cette route est un véritable atout pour le développement de tous les secteurs (primaire, secondaire et tertiaire).

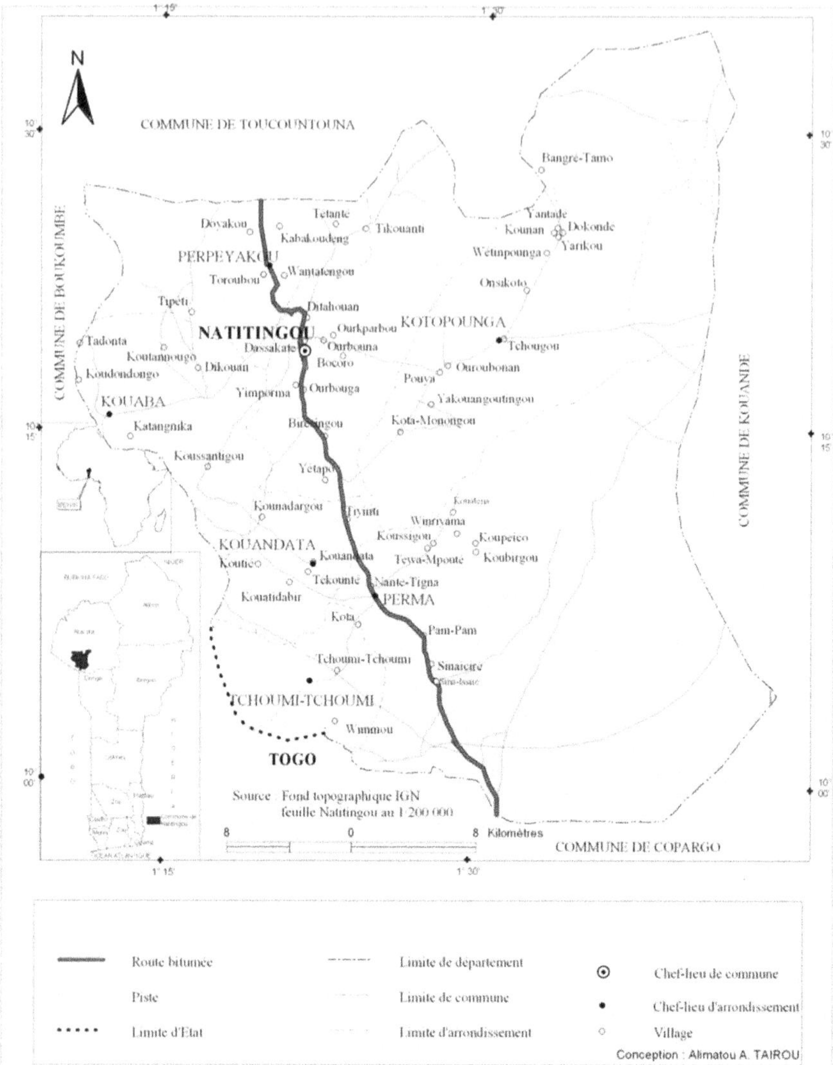

Figure 1 : Situation géographique de la commune de Natitingou

Du point de vue climatique, la Commune de Natitingou bénéficie d'un climat local de type atacorien. Les températures sont donc plus fraîches à cause de l'altitude. A Natitingou, la température moyenne est d'environ 27°C avec des variations de 17°C à 35°C pendant l'harmattan. Selon le Rapport de base sur l'élaboration du plan stratégique de développement durable de l'Atacora, les précipitations, liées à la fois à l'arrivée du front de mousson et aux influences orographiques situent la région parmi les plus arrosées du Bénin. L'année se partage en deux saisons bien tranchées :

- Une saison de pluie qui débute en avril pour prendre fin en octobre.
- Une saison sèche qui commence en octobre pour prendre fin avec l'harmattan en avril.

En effet, la pluviométrie varie entre 1000 mm et 1400 mm avec les plus fortes quantités d'eau enregistrées au cours des mois d'août et de septembre. La figure 2 présente la courbe ombrothermique de la commune de Natitingou.

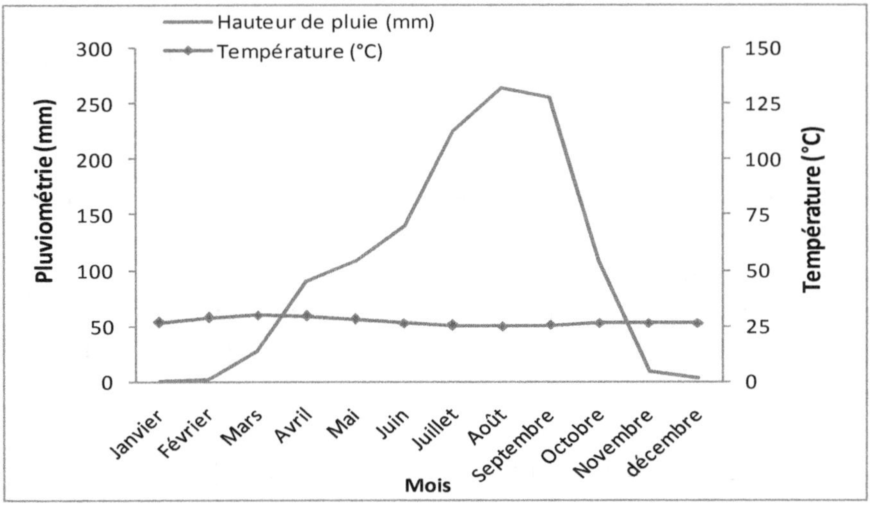

Figure 2 : Courbe ombrothermique de Natitingou sur la période de 1965 à 2015

II-MATERIEL ET METHODES

2-1-DONNEES COLLECTEES

Les données des séries pluviométriques mensuelles et Interannuelles recueillies à l'Agence pour la Sécurité de la Navigation Aérienne en Afrique et à Madagascar (ASECNA) de Natitingou. Egalement, des données de températures maximum et (mensuelle). Toutes ces données proviennent de la station synoptique de Natitingou sur la période 1965-2015.

Les données démographiques, elles concernent les effectifs de population de 1979, 1992, 2002 et 2012 (RGPH 1, 2, 3 et 4). De même, les données de projection de la population produites par la même structure sont utilisées pour la présente étude. Elles permettent d'apprécier l'évolution de la population et de mettre en relation ces informations avec celles des ressources en eau de la commune.

Les données socio-économiques, elles sont relatives aux informations qui sont issues des enquêtes de terrain. A elles, s'ajoutent les photos prises ainsi que les coordonnées géographiques des différents points d'eau et des AEV de la commune.

2-2-OUTILS DE COLLECTE DES DONNÉES

Plusieurs outils ont servi à la collecte des données. Il s'agit notamment :

- des questionnaires qui sont adressés aux élus locaux, à la population et aux acteurs à la base intervenant dans le secteur de l'eau et ayant permis de collecter des informations relatives à l'évaluation du taux d'accès des populations à l'eau potable dans la commune ;
- d'une grille d'observation pour apprécier sur le terrain, les ressources en eau de surface. C'est une technique d'appréciation visuelle qui permet, grâce à la présence de certains éléments prédéfinis dans le milieu de porter un jugement sur certains aspects liés aux travaux de recherche.
- un appareil photographique numérique pour la prise des vues lors des travaux de terrain ;

2-3-TECHNIQUE DE COLLECTE DES DONNÉES

L'observation directe sur le terrain pour constater l'état des ressources en eau de surface ; une recherche documentaire a été effectuée dans le but de mieux cerner les contours du sujet. A cet effet, des ouvrages généraux et spécifiques existant ayant rapport avec le sujet ont été recensés et lus. Cette étape a permis ainsi de faire le point des connaissances et d'élucider les concepts relatifs au sujet.

La technique d'enquête utilisée dans le cadre de la présente étude est le sondage. Ces enquêtes qui font suites aux travaux d'échange et d'observation sur le terrain a permis de rechercher des informations complémentaires pour mieux comprendre la gestion faite des points d'eau et des AEV dans la Commune de Natitingou.

Par ailleurs, il faut signaler que l'échantillonnage est fait de façon aléatoire en vue de déterminer les groupes cibles identifiés.

Dans le souci de recueillir le maximum d'informations, plusieurs ménages sont interviewés dans les différents arrondissements la commune. Ces arrondissements sont composés aussi bien d'Arrondissement urbains que ruraux.

Pour la collecte des données socio-économiques, la cible visée est constituée des ménages. L'unité statistique concernée ici est la Commune de Natitingou. À cet effet, la taille de l'échantillon a été déterminée suivant la méthode de Schwartz (1995). Cette méthode se traduit par la le protocole ci-après.

Calcul de la taille de l'échantillon : $\boldsymbol{X} = (\boldsymbol{Z}_{\propto})^2 \times \boldsymbol{p}(\boldsymbol{1} - \boldsymbol{p})/\boldsymbol{i}^2$;

Avec **:** **X** = la Taille de l'échantillon **;**$\boldsymbol{Z}_{\propto}$= écart réduit correspondant à un taux de sondage **95 % (**$\boldsymbol{Z}_{\propto}$**=1,96) ;** $\boldsymbol{p} = \boldsymbol{n}/\boldsymbol{N}$ **; avec p** = proportion des ménages dans les localités retenues (n) par rapport au nombre total de ménages dans la commune **(N).**

Ainsi : $\boldsymbol{p} = \frac{n}{N} = \frac{9412}{13057} = \mathbf{0,7208}$, soit 72,08 % ; $\boldsymbol{i}$ = précision désirée égale à 5 % et $\mathbf{1} - \boldsymbol{p} = \mathbf{27,92}$ %, Donc, $\boldsymbol{X} = \mathbf{1,96}^2 * \frac{0,72(1-0,72)}{0,05^2} \approx$ **310 ménages**.

La taille de l'échantillon qui sera soumise à l'enquête est égale à 310 ménages. Ce nombre a été réparti de façon aléatoire dans les arrondissements toujours selon la méthode de Schwartz.

Le tableau I présente la répartition des ménages par arrondissement dans la Commune de Natitingou.

Tableau I : Echantillonnage

	Arrondissements	Ménages	Echantillonnage
1	Kotopounga	1685	56
2	Koundata	710	23
3	Tchoumi-Tchoumi	731	24
4	Natitingou I	1830	60
5	Natitingou II	1841	61
6	Natitingou III	2615	85
Total		**9412**	**310**

Source des données : INSAE, 2012

3-2-1-Méthode de traitement des données

Un dépouillement manuel et minutieux des fiches d'enquête est fait. Les résultats issus de ce dépouillement constituent une partie de base de données. Les données statistiques recueillies à l'INSAE, au service hydraulique et à la Mairie sont complétées dans la base de données. C'est à partir de cette base que le traitement et l'analyse sont faits.

Ainsi, à l'aide du logiciel Excel, des figures et des tableaux relatifs à la population de la commune et sa répartition, aux infrastructures hydraulique, au mode de gestion de ces infrastructures sont réalisés. Les différentes cartes sont réalisées avec Arc view, Word est utilisé pour la saisie des textes.

Après l'élaboration des graphiques, des tableaux, il a été procédé à leur analyse et aux divers commentaires.

3-2-2-Traitement des données démographiques

Elles sont introduites dans des formules pour l'estimation des effectifs des populations de n 2025 de même que l'évaluation des besoins en eau de la population en tenant compte des données démographiques de la population de 2012.

Sur la base du taux d'accroissement de la population, celle des autres années a été déterminée. Ainsi, la formule suivante a permis de déterminer le nombre de la population en 2015.

$Pt = P_o(1 + r)^t$ avec

P_o= Population à l'instant de départ considéré, soit en 2002 et $P_o = P_{2002}$

r =Taux d'accroissement de la population

1= constante

3-2-3-TRAITEMENT DES PARAMETRES CLIMATIQUES

Il a été étudié la variabilité des hauteurs de pluie pour apprécier le régime pluviométrique inter annuel et mensuel dans ladite Commune au moyen de la formule ci-après :

$\overline{X} = \frac{1}{n}\sum X_i$ avec,

$\overline{X}$: Moyenne,

Xi : la moyenne des pluies au niveau de chaque mois,

n : nombre d'années sur la période d'étude.

2-4-MÉTHODE D'ANALYSE DES RÉSULTATS

Le modèle SWOT (Strengths Weakness Opportunities, Threat-Forces, Faiblesses, opportunités et menaces) a été exploité dans le but de dégager les atouts qui participent à la mise en place de la gestion délégataire privés et des fermiers par l'affermage et les délégataires communautaires promu à cet effet depuis 2009 (figure 3). Par ailleurs, les contraintes qui influent cette gestion ont été également mis en exergue. Ceci a permis de maximiser les atouts et de minimiser les obstacles liés à ces deux grandes stratégies sur l'accès à l'eau potable pour permettre une durabilité à l'accès à la ressource en eau potable en faveur des populations de la Commune de Natitingou.

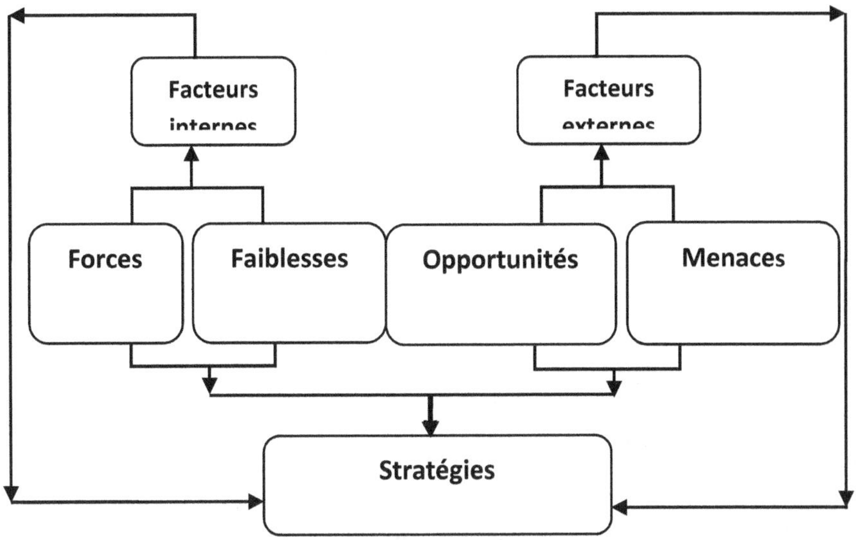

Figure 3 : Modèle d'analyse SWOT *(Source : Learned, Christensen, Andrews et Guth, 1965)*

III-RESULTATS ET DISCUSSION

3-1-ROLE DE LA DECENTRALISATION DANS L'ACCESSIBILITE A L'EAU POTABLE

La décentralisation a pour rôle de rendre effective et visible la participation des citoyens à la gestion des affaires locales et de pouvoir, dans le meilleur des cas, impulser le développement local. Pour y parvenir, la loi de décentralisation 97-029 de janvier 1999 confère à la commune toute la responsabilité sur la gestion des ressources de sa localité.

Ainsi, la Commune Natitingou est responsable du service public de l'eau à partir des ouvrages d'alimentation en eau potable. La loi de décentralisation et la stratégie sectorielle précise qu'elle est propriétaire des ouvrages d'alimentation en eau potable. De même, la pérennisation et le contrôle régulier de ces ouvrages découlent de la commune.

3-1-1-Taux d'accessibilité à l'eau potable avant la décentralisation

Avant l'avènement de la décentralisation en 2003, la commune de Natitingou disposait déjà des ouvrages hydrauliques permettant aux populations d'accéder à l'eau potable. Cependant, ces infrastructures ne sont pas équitablement reparties dans tous les arrondissements (figure 4).

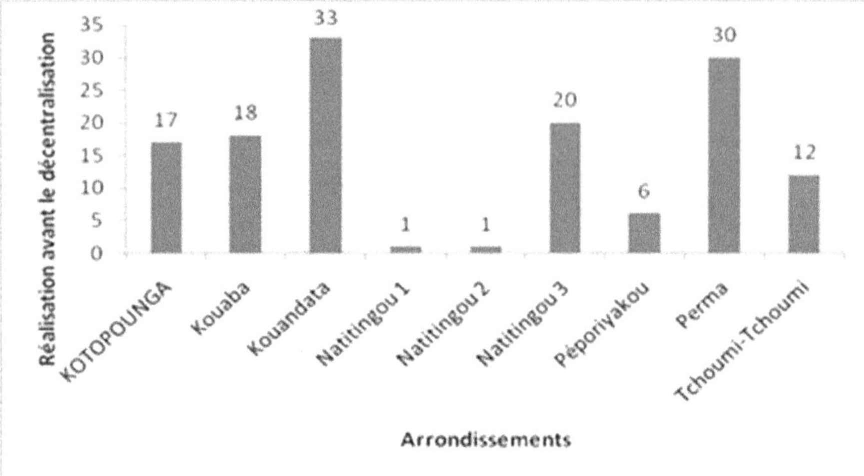

Figure 4 : Accessibilité à l'eau potable avant la décentralisation

De l'analyse de la figure 4, il ressort de façon générale que tous les arrondissements disposaient d'ouvrages hydrauliques avant 2003. Ainsi, au total, 125 ouvrages hydrauliques ont été réalisés dans la commune de Natitingou par l'Etat central. Par exemple kouandata dispose de 33points d'eau, Perma 30, kouaba 18 etc. Ces efforts se sont poursuivis par les autorités locales après l'avènement de la décentralisation en 2003 à travers la réalisation des ouvrages hydrauliques.

3-1-2-Accès à l'eau potable à l'ère de la décentralisation

Après l'avènement de la décentralisation en 2003, les autorités locales ont continué dans la même logique de celles du niveau central. Cela a permis d'augmenter le nombre d'ouvrages existant par arrondissement. La figure 5 présente le nombre d'ouvrage réalisés par arrondissement à partir de 2003.

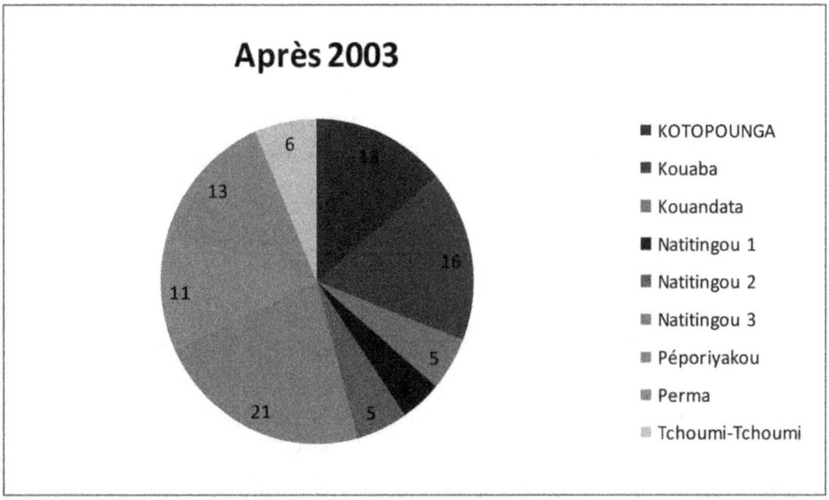

Figure 5 : Accessibilité à l'eau potable à l'ère de la décentralisation

De la figure 5, il ressort que les efforts de réalisation des ouvrages hydrauliques ont permis de forer 110 depuis 2003. Ainsi, à Kotopounga, 13 ouvrages ont été réalisés, 16 à Kouaba, 5 à Kouandata, 30 à Natitingou 1,2 et 3. Dans l'arrondissement de Péporiyakou, 11 ouvrages ont été réalisés, 13 à Perma et 6 à Tchoumi-tchoumi. La figure 6, présente l'évolution comparée des ouvrages réalisés avant et après 2003 dans la commune de Natitingou.

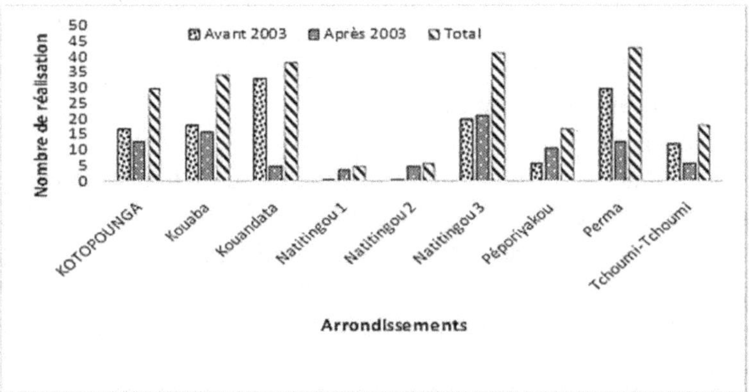

3-2-MODE DE GESTION DES FORAGES ET DES AEV

Dans la commune de Natitingou, deux modes de gestion sont mis en exergue. Il s'agit de la gestion par délégation privée et celle par affermage.

3-2-1-Gestion par délégation privée

Vu les limites de la gestion communautaire (taux de pannes élevé, mauvaise gestion des ouvrages, etc.) le mode de délégation privée a été adopté par toutes les communes du Benin. Ainsi, ce mode de gestion consiste à confier la gestion des forages à motricité humaine à une personne physique choisie par la communauté ou à un opérateur privé. La commune de Natitingou n'est pas resté en marge de cette décision d'autant plus qu'elle a entamé le processus et a atteint un taux de délégation de 65 % en Aout 2015. En effet, malgré que l'état central et toutes les communes aient convenu à atteindre un taux de délégation de 100 % en mars 2015, il existe toujours dans la commune de Natitingou des forages qui sont gérés de façon communautaire. Cependant les pompes qui sont gérées par des délégataires privées versent une somme de 5000 f Cfa à la mairie tous les mois. Ainsi, seules les pompes qui sont à jour dans le payement des redevances sont réparées par la collectivité territoriale en cas de grosse panne. Quant aux petites pannes ils sont à la charge du délégataire. Mais, dans la commune de Natitingou le délégataire et deux suppléants sont généralement choisi au sein de la communauté pour signer avec la mairie un contrat de délégation de gestion comportant un cahier des charges précis qui décrit les responsabilités des deux parties. Il appartient au délégataire de bien appréhendé les tâches qui lui incombent.

Dans le but d'améliorer la qualité du service de l'eau potable, l'Etat béninois a mis en place les Associations de Consommateurs d'Eau Potable (ACEP) dans les différentes communes. Les ACEP existent déjà dans certaines communes de l'Atacora telle que Boukoumbé et Cobly cependant, Natitingou, commune qui fait l'objet de cette étude n'en dispose pas encore. Dans la majorité des localités la vente de l'eau aux usagers se fait de façon mensuelle à raison de 300F Cfa par ménage. L'un des problèmes majeur auquel sont confrontés les délégataires est le non payement des redevances par certains ménages. Plus de 70 % des ménages enquêtés reconnaissent que ce nouveau mode de gestion des FPM permet une continuité dans le service de la fourniture de l'eau potable.

Dans le cadre de la maintenance des équipements il existe dans la commune des artisans réparateurs qui se plaignent de l'inorganisation de leur secteur par la mairie et lanon disponibilité du stock communal des pièces de rechange d'usure courante des ouvrages.

3-2-2-Gestion par affermage

Ce mode de gestion concerne les AEV. Dans ce mode de gestion, La commune signe un contrat d'affermage directement avec un opérateur privé (fermier). Le fermier a plusieurs rôles qui sont entre autre :

- exploiter les ouvrages et vendre l'eau aux consommateurs à un tarif fixé par le contrat ;
- assurer le fonctionnement, l'entretien courant et la maintenance du système ;
- verser au démarrage du contrat une caution sur le compte « Eau » de la commune ;

Suivant ce mode de gestion, c'est la commune qui a la charge du renouvellement du système de pompage et de réalisation des extensions éventuelles. Le fermier est une personne physique ou morale ayant une existence légale dont la compétence lui permet d'assurer la gestion de l'AEV (PADEAR, 2008). Le fermier recrute un exploitant qui est chargé de mettre en marche le groupe, de s'assurer que le château est plein et que tous les BF sont desservies et ensuite de collecter les fonds d'eau chez les fontainiers. Il est le représentant du fermier sur le terrain. Aussi son rôle est de parcourir les BF et les branchements privés pour relever leur consommation en m3, collecter les fonds d'eau et rendre ensuite compte au fermier. le fontainier comme l'indique son nom, s'occupe de l'entretien et la vente d'eau de la BF dont il a la charge. Sur les six BF dont dispose la collectivité territoriale de Natitingou deux ne fonctionne pas (celle de Peporiyakou depuis plus d'un an faute rentabilité et celle de Sinaiciré dans l'Arrondissement de Perma dont le disjoncteur a pris feu quelque jours seulement après sa mise en service provisoire).

Le prix de cession pratiqué varie peu suivant les localités. A titre indicatif, l'eau est livrée par le fermier de Kotopounga à 550 F le m^3 aux bornes fontaines et à 580 F aux branchements privés.

3-3-TAUX D'ACCÈS À L'EAU POTABLE DES POPULATIONS DE LACOMMUNE

3-3-1-Evolution de la population de Natitingou

Selon le dernier recensement général de la population et de l'habitation, la commune de Natitingou dispose de 99 656 habitants. Cette population se repartie ainsi que suit par arrondissement (figure 7).

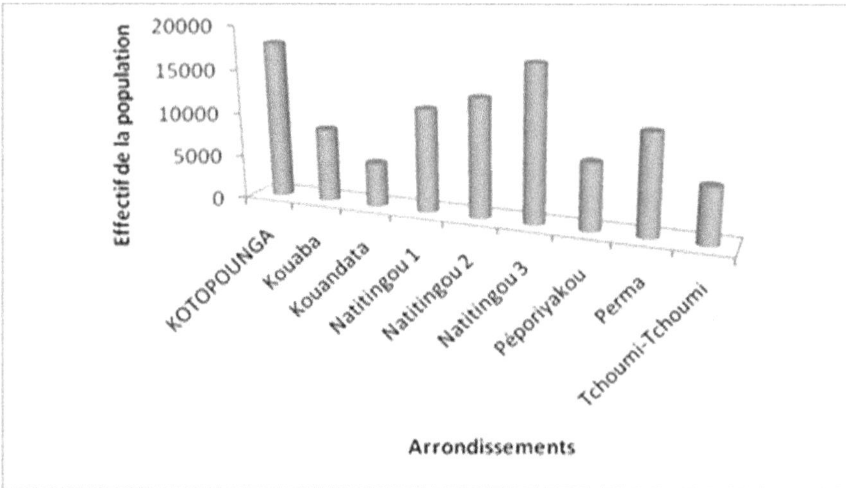

Figure 7 : Population de la commune de Natitingou

De l'analyse de cette figure, il ressort que l'arrondissement de Kotopounga compte plus d'habitants (18 0003) que tous les autres arrondissements de la commune. Ensuite viennent les trois arrondissements urbains notamment Natitingou 1, 2 et 3 avec respectivement, 11 782, 13 489 et 17 584 habitants. Enfin, l'arrondissement de Perma avec 11 419 habitants. Après ces arrondissements à grand effectif, viennent ceux dont les populations sont relativement moins important notamment Kouaba (5 024), Tchoumi-Tchoumi (6 322), Péporiyakou (7 576).

3-3-2-Taux d'accès à l'eau potable par arrondissement

Selon la norme internationale en matière d'accessibilité aux points d'eau, il faut une population de 250 habitants pour un point d'eau. Ainsi selon cette norme, il est à retenir ce qui suit (figure 8).

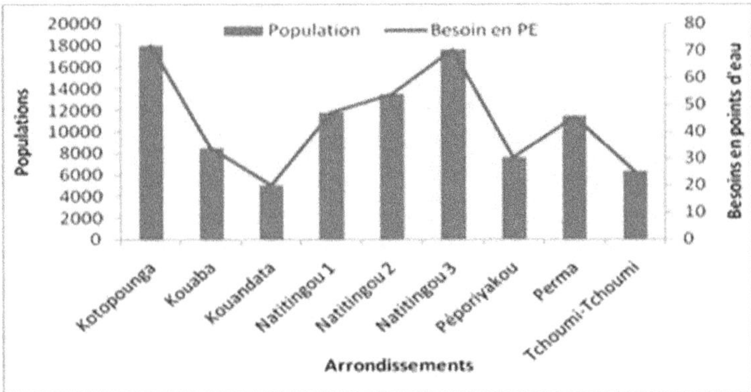

Figure 8 : Besoins en eau des populations de la commune de Natitingou

De l'analyse de la figure 16, il ressort qu'en fonction des prévisions, il faut pour une population estimé à 99656 habitants, 399 points d'eau repartis ainsi que suit par arrondissement. Ainsi, il faut 72 points d'eau pour l'arrondissement de Kotopounga, 34 pour celui de Kouaba, 20 pour Kouadata, 171 points d'eau pour la trois arrondissements urbains de Natitingou, 30 pour Péporiyakou, 46 pour Perma et enfin 25 pour Tchoumi-Tchoumi. Le tableau II présente la synthèse des informations relatives au taux de desserte et l'équivalent de point d'eau dans la commune.

Tableau II : Synthèse des points d'eau de la commune de Natitingou

Arrondis sements	Popul ation	Besoin en PE	Taux de desserte (%)	Total EPE équipés	EPE fonctionn el	Taux de panne (%)
Kotopoung a	18003	72	109,7	91	79	11,24
Kouaba	8457	34	139,9	53	47	11,32
Kouandata	5024	20	263,7	58	53	5,36
Natitingou 1	11782	47	14,9	8	7	12,5
Natitingou 2	13489	54	18,5	11	10	0
Natitingou 3	17584	70	41,2	32	29	3,33
Péporiyako u	7576	30	118,8	39	36	7,69
Perma	11419	46	153,3	77	70	2,78
Tchoumi-Tchoumi	6322	25	102,8	27	26	3,7

De l'observation du tableau II, il ressort que le taux de desserte des populations en points d'eau est au-delà de 100 % pour tous les ruraux de la commune. Par contre, dans les arrondissements urbains, le taux de desserte est en deçà des attentes. Cette situation se justifie par le fait que les arrondissements urbains sont alimentés par les eaux de la Société Nationale des Eaux du Bénin (SONEB) contrairement aux arrondissements ruraux.

Par ailleurs, cette statistique remarquable cache des réalités observées sur le terrain. En effet, plusieurs points d'eau sont délaissés du fait des pannes répétitives observés. Les taux de pannes varient de 0 à 13 % en fonction des arrondissements.

3-4-STRATEGIES DE GESTION DURABLE DES FORAGES ET DES AEV DANS LA COMMUNE

Pour une gestion durable des forages et AEV dans la commune de Natitingou, des stratégies ont été proposées en tenant compte des différents acteurs intervenant dans le secteur de l'eau dans le milieu.

- **Etat, Direction Départementale de l'Eau et les Services Déconcentrés**

☞ Assurer une répartition équitable des ouvrages hydrauliques en fonction des arrondissements en tenant compte de la norme stipulant 250 habitant pour un point d'eau;

☞ procéder aux contrôles périodiques de la qualité de l'eau et l'état des forages du fait des pannes répétées observées sur le terrain;

☞ appuyer la commune dans la réalisation de sa mission de maître d'ouvrage.

- **Commune**

☞ vérification périodique des ouvrages hydrauliques pour éviter les pannes;

☞ vérification périodique de l'état des groupes électrogènes alimentant les AEV.

- **Partenaires Techniques et Financiers (PTF)**

☞ faire un suivi post-réalisation pour la pérennisation des acquis ;

☞ aider à la réalisation des ouvrages hydrauliques dans les milieux faiblement desservis.

- **ONG**

☞ intensifier les activités d'informations, d'éducation et de communication en matière d'hygiène et d'assainissement en vue d'un changement de comportement en ce qui concerne l'entretien des ouvrages;

☞ créer un cadre de concertation entre les gestionnaires des points d'eau pour leur permettre des échanges d'expériences;

- **Intermédiation Sociale (ImS)**
  - ☞ promouvoir une collaboration entre les autorités locales de la commune, les services déconcentrés, les exploitants et les usagers;
  - ☞ faire comprendre aux populations les obligations des acteurs et les amener à s'adapter au mode de gestion retenu;
  - ☞ accepter et faire venir le secteur privé pour faire face aux sollicitations de la commune en matière de construction d'infrastructures hydrauliques.
- **Fermier et délégataire privé**
  - ☞ mieux organiser les gestionnaires d'eau à travers les formations et les conseils;
  - ☞ faire des contrôles périodiques des exploitants et des fontainiers ;
  - ☞ assurer l'entretien périodique et la réparation des ouvrages**;**
  - ☞ balayer régulièrement les abords immédiats des points d'eau et éloigner toutes sources de pollution des points d'eau.
- **Collectivité Locale**
  - ☞ mise en place des Associations de Consommateurs d'Eau Potable (ACEP)
  - ☞ respecter les règles d'hygiène et d'assainissement autour des ouvrages hydrauliques ;
  - ☞ participer activement aux travaux de réhabilitation et de nettoyage des ouvrages hydrauliques et des sources d'eau superficielles ;

3-4-DISCUSSION DES RÉSULTATS

Avant la décentralisation, le pouvoir central était celui qui réalisait ou faisait réaliser les points d'eau et AEV dans la commune de Natitingou. Depuis 2003, cette tâche a été confiée aux autorités locales. Ainsi, le mode de gestion par délégataire privé et le contrat fermier sont actuellement en vogue et permettent la gestion des infrastructures hydrauliques dans la commune. Mais la population a du mal à concevoir que l'eau soit payante. Elles trouvent inconcevables de prévoir des dépenses pour s'approvisionner en eau. Ce mode gestion des points d'eau et AEV se pratique dans toutes les communes du Bénin. Mais ce qui est plus en exergue dans la commune de Houeyogbé est la gestion par délégation (Zankpo, 2015) du fait du nombre réduit des AEV et important des points d'eau. Dans toutes les localités, des comités de gestion ou des associations d'usagers ont été créées pour susciter la gestion, l'appropriation et la pérennisation des infrastructures par les populations bénéficiaires. Ces comités de gestion ont été créés autour des différents ouvrages et sont composés des différentes couches sociales des localités donc il n'y existe pas également de ACEP.

Au niveau technique, les pièces de rechange ne sont pas accessibles aux artisans réparateurs en charge de la maintenance des ouvrages hydrauliques. En effet, ils doivent se déplacer dans les grandes villes et les pays frontaliers pour chercher les pièces de rechange. Ces déplacements éloignés entraînent des charges supplémentaires pour les populations. Pire, parfois les pièces pas disponible. Ce problème n'est pas uniquement constaté dans la commune de Natitingou mais également à Kétou (Zinsou, 2015) et à Houéyogbé (Zankpo, 2015) où cette situation amène les populations à faire recours aux anciennes sources impropres à la cosommation notamment les eaux de surface (marigot, mares, digues, de fortune, etc. (Adomou, 2008).

CONCLUSION

Au terme de cette étude, il ressort en ce qui concerne le rôle de la décentralisation dans l'accessibilité à l'eau potable, qu'avant l'avènement de la décentralisation en 2003, la commune de Natitingou disposait déjà des infrastructures hydrauliques permettant aux populations d'accéder à l'eau potable. Ainsi, au total, 125 ouvrages hydrauliques ont été réalisés dans la commune de Natitingou par les autorités au niveau central de l'Etat et environ 110 ouvrages hydrauliques réalisés à partir de 2003. S'agissant du mode de gestion des forages et des AEV, deux modes principaux sont en vogue notamment la gestion par délégation et celle confié à des fermiers. Quant à l'évaluation du taux d'accès, il ressort qu'en fonction des prévisions, il faut pour une population totale de la commune de Natitingou estimé à 99656 habitants, 399 points d'eau sont nécessaires. Ainsi, il faut 72 points d'eau pour l'arrondissement de Kotopounga, 34 pour celui de Kouaba, 20 pour Kouadata, 171 points d'eau pour la trois arrondissements urbains de Natitingou, 30 pour Péporiyakou, 46 pour Perma et enfin 25 pour Tchoumi-Tchoumi.

RÉFÉRENCES BIBLIOGRAPHIQUES

BARON C., BONNASSIEUX A., (2008) : Accessibilité aux ressources en eau et participation des acteurs locaux : quelles réponses face aux enjeux de durabilité. Cas des associations d'Usagers de l'Eau au Sud-ouest du Burkina-Faso. Journées du développement du GRES, Burkina-faso, 23p

BOKO S.Y.W., (2009) : Gestion communautaire des ressources en eau et conflits d'usage dans basse vallée de l'Ouémé, 63p.

CAE, (2010) : Approvisionnement en eau potable au Bénin : problèmes et perspectives. Rapport, 68p

CARE International, (2007) : la bonne gestion de l'eau facteur du développement. Article, Maroc. 16p.

Dictionnaire Universel, (1995): Hachette/Edifice Paris, 1498p

DJIHOUN M. C., (2007) : Développement local participatif dans un contexte de décentralisation : bilan de l'expérience SNV-Bénin dans le cadre de l'appui au renforcement de capacité des communes de Cobly et de Boukoumbé dans l'Atacora-Ouest. DESS en géographie, Institut Universitaire du Bénin, 86p

EGOUNLETY B., AMEGANKPOE A., ARAYE R. C., (2008): L'approche GIRE appliquée à la gestion des ouvrages d'eau potable à l'échelle communale dans la commune de Zè. Rapport de formation, Niaouli, 37p.

GBESSO F. K., (2013) : Décentralisation et gouvernance de l'eau potable dans la commune de Zè. Mémoire de maîtrise en géographie, UAC, Abomey-Calavi, Bénin, 90p

GWP/AO, (2009) : Evaluation de la gouvernance de l'eau au Bénin : analyse de la situation et actions prioritaires, 52p

IDIETI M. E., (2004) : Les ressources en eau et leur gestion par les communautés rurales de la commune de Boukoumbé (Nord-Ouest du Bénin). Mémoire de maîtrise, FLASH/UAC, 161p.

INSAE, (2013) : résultats provisoire du RGPH4, Juin 2013

KANHONOU R. A., (2012) : Gouvernance locale de ressources en eau dans la commune de Zè. Mémoire de maîtrise en géographie, UAC, Bénin, 80p

KORA A., (2007) : Evaluation des ressources hydrique et problème d'approvisionnement en eau potable dans la commune de Ouassa-Pehunco. Mémoire de maîtrise, FLASF/UAC, 101p.

KOUTINHOUIN E., (2006) : l'eau dans le monde, 210p.

LAMY M., (1995) : L'eau de la terre et des hommes, PUF Paris, 231p.

LUTZ G., (2004) : Structures traditionnelles dans la gouvernance locale pour le développement local. Rapport, Université de Berne, Suisse, 62p

MBAYE D., (2011) : L'eau en Afrique, les paradoxes d'une ressource très convoitée. Article, sur internet, site http//www.leadinafrica.org/sigp, 3p

MDGLAAT, (2010) : Recueil de lois sur la décentralisation au Bénin. Sur internet, site http//baseafrique-gouvernance.net/fr/conf htm

MILOHIN D. B., (2012) : Gouvernance locale. Rapport, 56p

PNUD., (2007) : Rapport annuel, 49p.

TOTIN M. K., (2012) : Matériaux pour une réflexion sur les enjeux de la décentralisation et son évaluation au Bénin. « Annales de la FLASH » UAC vol1 N°18 pp276 – 290

VISSIN E. W., (2007) : Impact de la variabilité climatique et de la dynamique des états de surfaces sur les écoulements du bassin Béninois du fleuve Niger, Bourgogne. thèse de doctorat, 286p.

LES DETERMINANTS SPATIAUX DE L'INSECURITE DANS LA COMMUNE DE TREICHVILLE (ABIDJAN)

Agnès GNAMMON-ADIKO
Enseignant-Chercheur, Institut de Géographie Tropicale (IGT)
agnes.gnammonadiko@yahoo.fr

RESUME

L'insécurité et les violences constituent des menaces pour la croissance des territoires et le développement harmonieux des villes. Dans la multitude des facteurs déterminant les faits d'insécurité, le cadre de vie est considéré comme important. A partir de l'exemple de la commune de Treichville, l'étude a analysé l'influence qu'exerce cette variable dans la détermination du profil sécuritaire de la commune. Commune historique avec une identité spécifique, due à son site de presqu'île, à son urbanisme moderne, à sa position nationale de pôle industriel et commercial, à sa population diverse aux plans culturel et social, Treichville présente un tableau sécuritaire forgé par cet ensemble de caractéristiques. Le cordon littoral offre un plan d'eau où les activités de transport cachent des trafics illicites de marchandises sur le territoire et hors du pays ; la commune a une trame urbaine qui facilite les stratégies des délinquants ; les activités industrielles et commerciales liées au port d'Abidjan et aux multiples marchés et rues commerçantes au cœur de la cité rendent la commune attractive pour des populations de toute provenances, dont celles habitées d'intentions malveillantes axées sur les infractions économiques ; l'habitat dégradé, la précarité des conditions de vie d'une population cosmopolite et multiculturelle ainsi que la promiscuité quotidienne font des habitants les responsables d'une insécurité liée à l'ordre public.Les implications sont au plan de la gestion du cadre de vie, qui doit concilier le besoin de développement de la commune et les attentes de sécurité des populations.

Mots-clés: Côte d'Ivoire, commune, insécurité, déterminants spatiaux, effets sur l'insécurité

SUMMARY

Urban Violence is a hindrance to the growth of territories and the balanced development of cities. People's living environment comes on the top of the list of the numerous factors causing situations of Urban Violence. Through the example of the municipality of Treichville, our study is aiming at measuring the impact of this variable on establishing the security profile of that municipality. Treichville presents the security data reflecting the features of a historical municipality with a specific identity inherent to its location as a peninsula, its modern planning, and its position as a national industrial and commercial hub, with a population which is culturally and socially varied. The offshore bar presents a stretch of smooth water where transport activities cover a smuggling ring in and out of the country with an urban network which favors the thieves' strategies. Moreover, the industrial and commercial activities generated by the Abidjan Harbor operations and the numerous small market places and selling streets at the center of the municipality make it attractive for people coming from everywhere including ill-intentioned people who commit economic offences. Broadly speaking, Urban Violence is a consequence of poor housing conditions of a cosmopolitan and multicultural population living in very close quarters

Such a situation results from the way the living environment is addressed. There is a necessity to match the natural development needs of the municipality with the legitimate aspiration of the populations for security.

Key words : Côte d'Ivoire, Municipality, insecurity, establishing the security profile, effects on insecurity

INTRODUCTION

L'insécurité, la délinquance, la criminalité et les violences se sont accrues dans la vie quotidienne des citoyens de tous les pays. Elles se manifestent sous de nombreuses formes et sont surtout à un niveau que ne cessent de rappeler au quotidien différents acteurs sociaux fréquemment relayés par les médias. A ce propos, Cusson (2016, p 9) écrit : « *le crime impose à tous les esprits son encombrante présence. Se passe-t-il un seul jour sans que les journaux écrits ou parlés ne rapportent une escroquerie, un hold-up, un assassinat ou un attentat terroriste*?». L'impact de l'insécurité sur la croissance se perçoit à travers les risques qu'elle provoque sur les territoires affectés : tensions, migrations, précarité, peurs et fragilités en sont. Comprendre ces faits de société et leurs évolutions, c'est pour les institutions s'assurer de trouver les stratégies les plus appropriées pour réduire les peurs des citoyens et améliorer la qualité de leur vie[2].

Dans ce besoin d'analyse et de connaissance des phénomènes de violences et d'insécurité, les sociologues et les criminologues ont trouvé leur objet. Néanmoins, l'on observe que leurs analyses sur la marginalisation, en Afrique comme ailleurs, fixent la détermination presque totale des actes délictueux et des déviances par des facteurs macrosociaux[3] et microsociaux[4] (Sissoko, 1997). Besson (2004) fait le même constat de la primauté de l'individu et de son parcours, en relevant en outre la faible évocation de l'impact de l'environnement physique dans ces études d'ailleurs assez générales à son sens, puisque qu'elles ne *« suggèrent pas de prolongement opérationnel »* c'est-à-dire *« des solutions »*. Cusson (2016) remarque aussi la négligence de l'espace comme facteur d'explication des réalités criminelles. En référence à l'Ecole de Chicago et à l'écologie criminelle, qui *«s'intéresse(nt) à l'acte criminel, lui-même envisagé dans ses dimensions temporelle et spatiale*[5], l'idée d'accorder une meilleure attention au marqueur espace est entrée dans les discours et les écrits des criminologues et sociologues[6].

Dans le champ de réflexion des géographes, la question du milieu ne se pose pas puisque la géographie se définit comme la discipline spécialisée dans l'analyse de la dimension spatiale des sociétés (UMR

---

[2] De nombreux organismes dont le Centre de Recherche et de Développement International (CRDI, 2013) justifient leurs programmes de recherches sur la sécurité par l'absence ou l'insuffisance d'informations et études pour caractériser, surtout en Afrique, ces défis et évaluer les politiques les visant.

[3] La pression de la crise économique et de la pauvreté urbaine sur les individus, la sélection scolaire, le chômage, les dysfonctionnements de la société, etc.

[4] Pathologie de l'individu, troubles de comportement et l'affectivité chez l'enfant ou le jeune, liés aux déséquilibres familiaux ou à l'irresponsabilité des parents, la responsabilité propre du délinquant.

[5] CUSSON, idem, p.25. L'école de Chicago est une école de pensée qui s'intéresse à la routine de la criminalité qui prend place dans la vie quotidienne des gens et cible les petits territoires, les relations entre la distribution spatiale des faits et le cadre physique.

[6] Lors de trois ateliers multidisciplinaires sur les questions de sécurité et du développement en Afrique qui se sont tenus, pour les premiers en 2014 et 2015 à l'Université de Montréal, et pour le dernier en 2016 à l'Université Félix Houphouët-Boigny à Abidjan, le Professeur Maurice Cusson, Criminologue, a, études de cas à l'appui, fait un plaidoyer en faveur de la prise en compte effective de la dimension spatiale des faits de délinquance et de criminalité dans les observations et analyses des chercheurs, toutes disciplines confondues.

ESO, Espaces et sociétés). L'investissement des géographes et aussi des urbanistes sur le terrain de la sécurité quotidienne est récent et se développe, dans le cadre de la géographie sociale[7] et pour certains, en rejoignant les thèses de l'Ecole de Chicago (Loudier-Malgouyres, 2010).

Les géographes, français en particulier, ont abordé cette question de la sécurité des biens et des personnes principalement au niveau des villes et par 3 entrées : l'habitat, l'urbanisme et l'exclusion ou les inégalités (Madoré, 2002)[8]. Dans la position qu'ils affichent en faveur de l'intégration de la dimension spatiale des faits d'insécurité dans les observations et les aménagements, deux problématiques cohabitent. La première est que l'environnement urbain, dans sa dynamique, participe de la situation et du niveau de l'insécurité, des vulnérabilités et des ségrégations socio-spatiales (Thouez, 1983). La seconde postule que l'insécurité, la violence et les pratiques sécuritaires sont à l'origine d'une transformation significative de l'espace urbain et des usages qui en sont faits par ses habitants (Boisteau, 2006). Ce que les écrits de ces scientifiques traduisent, c'est que quel que soit l'angle d'appréciation-causes ou conséquences de l'insécurité- le cadre urbain apparait comme une donnée inéluctable en matière de sécurité des personnes et des communautés. Cette évidence ouvre la voie à des perspectives de politiques de réduction de l'insécurité plus adaptées aux contextes locaux et à des implications au plan de l'aménagement urbain.

En Côte d'Ivoire, les études géographiques réfléchissant le lien entre la dynamique urbaine, les peurs des populations et la sécurité sont rares et relativement récentes. Certains chercheurs ont décrit les crises urbaines dont l'insécurité et leur impact sur l'espace de l'agglomération abidjanaise (Djéguema et *al.*, 2006 et Atta, 2010.), d'autres ont effectué « une lecture de l'insécurité dans l'espace qui la suscite et des hommes qui la subissent » (Dembélé, 2003). Tous ont permis d'aller au-delà des habituelles focalisations sur les causes toujours reliées à la pauvreté et autres dysfonctionnements de la société ainsi qu'aux limites des institutions en charge de la sécurité[9]. Mais dans l'ensemble, le questionnement sur la sécurité des personnes et des biens n'est pas encore

---

[7] Branche de la géographie qui met l'accent sur l'inscription spatiale des inégalités sociales. Elle s'entend comme la géographie des sociétés.

[8]Echanges avec François MADORE et Patrick POTTIER, tous deux géographes à l'Université de Nantes (2010, 2017). Voir aussi les études des laboratoires Espaces et Sociétés (ESO) de Nantes, Lyon, Rennes, Pau …et celles de François MADORE.

[9] C'est le cas des enquêtes d'opinions d'ONG et d'organismes divers et des études des institutions de sécurité elles-mêmes.

à la dimension de la menace que représente l'insécurité, tant pour les sociétés urbaines que rurales. Au regard des tendances de la sécurité depuis plusieurs décennies, de l'environnement national marqué par les effets de la crise militaire, des priorités accordées à ce secteur dans les actions gouvernementales et de l'amplification des responsabilités des collectivités locales face aux défis de l'insécurité et des violences [10][11], le développement de travaux sur la sécurité s'inscrivant dans l'approche territoriale ne peut que faire sens.

Nous nous proposons, à travers le présent article, d'analyser l'influence des composantes de l'environnement urbain sur la situation de l'insécurité des personnes et des communautés. Cette étude sera illustrée par des données recueillies sur la commune de Treichville, une des 13 circonscriptions de l'agglomération abidjanaise. Quels sont les effets des différentes dimensions du cadre urbain de Treichville sur le profil de l'insécurité dans la commune? Les indicateurs urbains locaux interrogés sont le site et l'urbanisme, les activités économiques et la population de la commune. Une fois les spécificités sécuritaires décrites, nous examinerons les implications des résultats au plan des politiques locales de sécurité.

I-METHODOLOGIE

Vieille «ville» située au centre d'Abidjan, la capitale de la Côte d'Ivoire, la commune de Treichville est l'espace retenu pour l'observation des interactions entre les caractéristiques du cadre urbain et les faits d'insécurité qui s'y développent. Le choix de cette commune a été déterminé par le fait qu'aux yeux des abidjanais, Treichville a la réputation d'être une commune à risque (Koffi B., 2003).; Ensuite, elle fait partie des quelques communes de Côte d'Ivoire à avoir élaboré un diagnostic participatif de l'insécurité et disposant par, conséquent, d'informations spécifiques et fiables sur la sécurité[12]. Après cette sélection, nos travaux ont été guidés par trois démarches :

---

[10] Selon PEROUSE DE MONTCLOS (2004), d'une façon générale, la recherche sur la violence urbaine et criminelle en Afrique Noire est récente parce que les villes y sont à peine centenaires et qu'au vu du phénomène grandissant, il n'y a eu une prise de conscience principalement des décideurs qu'avec la conférence d'Habitat II en 1996.

[11] Cette priorité est inscrite dans le Plan National de Développement de la Côte d'Ivoire (PND) - 2016-2020.

[12]Le diagnostic de l'insécurité a été élaboré sous la direction de l'auteur. Il renseigne sur le cadre urbain et caractérise l'insécurité à travers notamment ses formes, ses

- Une recherche bibliographique d'abord en géographie sociale tant sur les aspects théoriques que sur les études de cas dans la problématique de la spatialisation des phénomènes, ensuite en criminologie pour préciser les notions ou concepts (crimes, délinquance, déviance, transgressions, violences, criminologie environnementale,...) et déterminer les liens avec la géographie et notre thème. Cette étude étant à visée descriptive, la recherche documentaire a également porté sur les outils de la géographie descriptive et analytique ;

- Une approche plus empirique sur le territoire de la commune, d'une part, par des rencontres de témoins privilégiés que sont la dizaine de membres du comité communal de sécurité et de l'administration municipale a eu pour objet de revisiter ensemble le diagnostic, la permanence de certains faits et l'évolutions d'autres ; et d'autre part, par des observations de terrain au niveau de l'ensemble du territoire communal afin d'apprécier « l'ambiance de la commune» à travers ses usagers et ses «points chauds» ou non, et ainsi être soi même témoin de la réalité des faits rapportés dans les documents par les habitants et leurs autorités.

La loi ivoirienne classe les délits et crimes selon la nomenclature suivante : les atteintes aux biens et à la propriété dont les vols sont l'exemple caractéristique, les atteintes aux personnes lorsque coups, blessures ou mort sont perpétrés, et les incivilités qui sont en général de l'ordre des transgressions et comportements gênants ou dérangeants[13]. L'éventail des formes de délits, crimes et transgressions est large à l'intérieur de chaque catégorie. Ces faits ont été décrits et analysés à la lumière des prédicteurs constitués par le site et la morphologie de la commune, les activités économiques et la population.

II-RESULTATS

2-1-L'effet du site et de la morphologie locale sur l'insécurité de Treichville

La Commune de Treichville est située à la pointe de l'île de Petit-Bassam, dans la partie Sud d'Abidjan. Avec une superficie de 12 km² (1200 ha) soit 0,57 % de la surface de la métropole Abidjanaise, Treichville est l'une des plus petites communes du District.

---

auteurs, ses causes sociales, institutionnelles, etc.Il évoque l'environnement physique de la ville parmi les nombreux facteurs de l'insécurité. La présente étude s'est attachée à élargir la question à et approfondir ces aspects territoriaux, en se servant des résultats de base collectés et actualisés avec les acteurs locaux.

[13] Les incivilités sont des atteintes aux mœurs ou à la morale ne relevant pas du pénal.

Localisée sur un cordon marin de sable, la commune dispose d'un plan d'eau, la lagune ébrié, occupant 40% de la surface totale de la commune et s'étalant sur environ 85% du périmètre de la commune. La seule limite communale sur terre ferme est celle qu'elle a en commun avec sa voisine de Marcory, à l'Est. La commune présente donc une situation de presqu'île, avec une avantageuse ouverture sur ses voisines et sur le monde, grâce aux possibilités de navigation qu'offrent ses plans d'eau. Le reste du territoire constitué par la terre ferme couvre 722hectares (7,22 km^2) et est totalement urbanisé depuis 1975.

Dans le District Autonome d'Abidjan, Treichville, occupe une position centrale dont l'accès est facilité par la voie ferroviaire, la voie terrestre via les deux ponts « Charles De Gaulle » et «Félix Houphouët Boigny » en venant du Nord de la ville, et via les communes de Port-Bouët et de Marcory situées au Sud de la ville ; enfin par la voie lagunaire ou maritime via le canal de Vridi. Du fait de sa connexion avec les deux ponts (Houphouët Boigny et De Gaulle) d'une part, et de la concentration sur son territoire de plus de 25% des emplois modernes d'Abidjan d'autre part, la commune de Treichville constitue un carrefour où s'effectue un important trafic routier[14].

Au plan de la structure, la commune est entièrement aménagée suivant des opérations de lotissements datant de la période coloniale. La voirie est bien tramée. Les lots à usage d'habitation, forment des îlots de formes géométriques régulières (carrées ou rectangulaires), séparés par des rues et des avenues (Cf. photo 1). Le tableau I et la figure 1 montrent un territoire urbain partagé entre une modeste zone résidentielle où habitations et commerces s'entremêlent (19% de la superficie totale), une zone d'activités modernes à dominante industrielle (38%) et un ensemble d'équipements urbains (41%, de type éducatif, sanitaire, sportif, culturel, etc). La faible importance des terrains urbains et des espaces naturels (2%) sont le signe évident d'une saturation foncière. A cause de son site, la commune n'offre plus de possibilités d'extension.

[14]Voir le Plan stratégique de développement de la commune de Treichville, 2016.

Photo 1 : Vue d'ensemble de Treichville de 1958 avec un plan en damier au 20x20

Tableau I : Occupation du sol de la commune de Treichville

Typologie de l'occupation	Superficie en Ha	Pourcentages (%)
Espaces naturels	7	1,0
Terrains urbains	6	0,8
Habitat	137	19,0
Activités	274	37,9
Equipements	298	41,3
Total	**722**	**100**

Source: BNETD, MOS d'Abidjan, 1989

Au plan de la sécurité, quelles sont les incidences de telles conditions naturelles et urbanistiques ? Sur le front lagunaire, il est loisible de constater l'absence d'une mise en valeur et d'une présence policière, qu'elle soit nationale ou municipale. De nombreuses portions du littoral lagunaire et maritime sont, soit vacantes, soit squattées par quelques habitats précaires ou des pratiquants de métiers de l'informel.

Là, à l'abri du regard et même sans le craindre, des personnes opèrent des trafics de toutes sortes d'objets (armes à feu, pneus, pièces détachées, lubrifiants et carburants en provenance des raffineries locales et des pays limitrophes, etc.). Des navettes régulières entre les berges traduisent souvent des agissements illicites sous le couvert d'activités de transports. En effet, les magasins et entrepôts de la zone industrielle disputant cet espace littoral, sont, de jour et de nuit, ravitaillés et évacués par des pinasses et pirogues privées.

Les deux grands ponts ne sont pas en reste, eux qui servent de lieux d'exercice d'activités répréhensibles. Nomans'land broussailleux, non entretenus ou surveillés, ces ouvrages offrent des souterrains, des aspérités, une obscurité et des échappatoires dont les délinquants font bon usage : fumoirs de drogues, cachette et aires de repos de marginaux, aire de rencontres de délinquants pour le partage de butin ou l'organisation de crimes, zones d'agressions de passants et automobilistes sont quelques-unes des fonctions « officieuses » des ponts. Si les parties souterraines sont particulièrement dangereuses, le sont aussi celles en surface destinées aux automobilistes, aux cyclistes et aux piétons surtout la nuit et en période d'embouteillages. Le caractère métropolitain de ces voies traversantes se retrouve dans la population des délinquants fréquentant ces lieux : ils viennent de tout Abidjan et des villes avoisinantes, parce que disent les résidents, « la police laisse les délinquants et les trafics s'installer ».

Les gares routières structurent aussi cet espace mais leur rôle sera analysé dans le cadre de la fonction économique de la commune. Au niveau de la zone d'habitat, le tracé de la commune en damier fait apparaître un dédale de ruelles et petites avenues se recoupant à angles droits formant d'innombrables carrefours. Cette trame donne un aspect compact au bâti. La perméabilité de cet espace ainsi aménagé est grande car il est aisé pour le délinquant d'en surgir, de surprendre la victime et de s'y engouffrer à nouveau pour se dissimuler une fois le forfait commis. Sur le plan sécuritaire, cet aménagement urbain qui confère à la commune une singularité, nuit à la visibilité et augmente le risque criminel ainsi que le sentiment de peur surtout des non-résidents de passage en ces lieux. De nombreux touristes, hommes d'affaires et passagers «qui n'ont rien vu venir », se sont retrouvés hagards et impuissants au milieu de la foule, après avoir été victimes des gangs des « jeunes ». rapportent des habitants de ce secteur qui ne s'émeuvent plus des forfaits.

Sur un territoire saturé n'offrant plus de terrains urbains, les habitants adoptent des comportements les mettant en conflit avec la règlementation urbaine. Pour tirer le maximum de profit de la demande, les propriétaires de logements procèdent à des modifications habituellement dans les cours et sur les façades donnant sur les rues. Ils augmentant ainsi le nombre de pièces supplémentaires destinées aux logements et aux commerces. Les modifications sont opérées le plus souvent sans autorisation et ne tiennent pas compte des normes urbanistiques. De ce fait, elles menacent les ouvrages publics, provoquent l'encombrement des quartiers et les nuisances. Si les propriétaires sont enclins à investir dans des extensions, ils sont moins prompts à procéder à des réhabilitations. En sorte qu'il existe dans les quartiers, des maisons et des immeubles à l'abandon ou délabrés, loués à vil prix ou squattés par des professionnels de la délinquance et du crime. Il est loisible de constater l'évolution de l'urbanisme et l'architecture du quartier dans un sens qui ne favorise pas la sécurité.

Enfin, nombre de jardins et espaces publics de même que les parkings d'établissements collectifs disséminés sur le territoire, constituent eux aussi des espaces à risque pour les adultes, surtout les femmes et les enfants qui les traversent. Ces espaces qui devaient contribuer à l'embellissement de la commune et faciliter l'accessibilité des quartiers, sont devenus un nœud gordien pour la municipalité. Faute d'entretien, d'éclairage public et de surveillance permanente (humaine ou matérielle), la plupart de ces sites sont devenus des poches d'insécurité. Ils servent de dépotoirs, de toilettes publiques, d'aires de repos pour diverses gens, et de lieux de positionnement de délinquants en attente d'opérer ou d'être ravitaillés en produits de trafics. Souventes fois, des garages informels s'y sont installés avec les désagréments qu'ils génèrent. Cette appropriation et détournement d'usage d'espaces publics s'est fait au détriment des populations riveraines. La résultante est qu'ils sont devenus répulsifs pour les riverains, provoquant des frustrations au sein de ces premiers demandeurs d'espaces de récréation à proximité des domiciles.

Au total, le site naturel de presqu'ile dépourvu d'aménagements laisse la porte ouverte à des actes délictueux ; de même dans la zone construite, les efforts d'aménagements, à travers des équipements urbains notamment, débouchent sur des effets criminogènes. Par ailleurs, la configuration de la zone construite, qui historiquement a donné une image de modernité à Treichville, crée des conditions de développement de l'insécurité. Le tissu urbain pose donc problème en termes de sécurité.

2-2-L'EFFET DES ACTIVITES ECONOMIQUES

La commune de Treichville concentre sur son territoire un grand nombre d'infrastructures et d'équipements, et ceux-ci sont d'envergure. Bien que les dispositifs éducationnels, culturels, de santé, de sports et loisirs aient un rayonnement national voire international, ce sont surtout les infrastructures économiques qui sont les marqueurs de la commune. Sur son territoire, elle accueille en effet de grandes gares routières, ferroviaire et lagunaire, le Port Autonome d'Abidjan assurant des trafics nationaux et internationaux de personnes et de marchandises, les 2 ponts de la ville d'Abidjan, de vastes artères et de nombreuses rues qui facilitent un transport collectif dense et 6 grands marchés que prolongent de nombreuses rues commerçantes et d'artisanat.

Cette armature donne lieu à des activités économiques importantes et diversifiées au sein des quartiers. C'est essentiellement une économie portuaire adossée à 60% des unités industrielles de la Côte d'Ivoire et offrant 11 000 emplois soit plus de 25% des emplois modernes d'Abidjan. Ce sont également des activités de commerces et d'artisanat, attirant une clientèle quotidienne nombreuse et diversifiée qui se bouscule au centre de la commune. De quelle manière cette position de plateforme de transport et de zone d'activités industrielles et commerciales à caractère national et international, agit-elle sur la sécurité dans la commune ?

La première remarque à faire est relative à la distribution spatiale des faits d'insécurité.

Considérons d'abord la zone portuaire et industrielle, poumon de la commune (Cf. Figure1). Les vols y sont fréquents au détriment des entreprises commerciales, des propriétaires d'usines, d'entrepôts et d'entreprises commerciales. Ils sont réalisés également dans le parc toujours impressionnant de véhicules poids lourds en stationnement au port d'Abidjan et effectuant le transport transfrontalier de marchandises. Les délits portent sur tout ce que le port importe et exporte (sacs de denrées alimentaires, effets vestimentaires, appareils électroménagers, produits pétroliers, pièces détachées, matériaux de construction, etc). Les mouvements des groupes et individus squattant les abords des murs d'enceinte du port et des usines, ne connaissent pas d'interruption : trafiquants et receleurs de marchandises sont en état de veille, en attente de la moindre occasion « pour faire affaires». Dans cet environnement, les agents de sécurité privée et des employés des entreprises souvent indexés par les « patrons », sont régulièrement mis en cause pour vols ou complicité de vols dans les registres des commissariats de police de la commune.

Le second problème majeur de cette zone est le désordre crée par le stationnement anarchique des véhicules sur le domaine public et le développement accompagné de débordement sur les voies des petits métiers comme les garages, restaurants de rues et marchés spontanés. Ces services de proximité dont profitent les travailleurs et autres usagers de ces zones de grande fréquentation, créent des désagréments et risques notables : rétrécissement des voies de circulation, embouteillages et difficultés d'accès, vols à la tire et insalubrité.

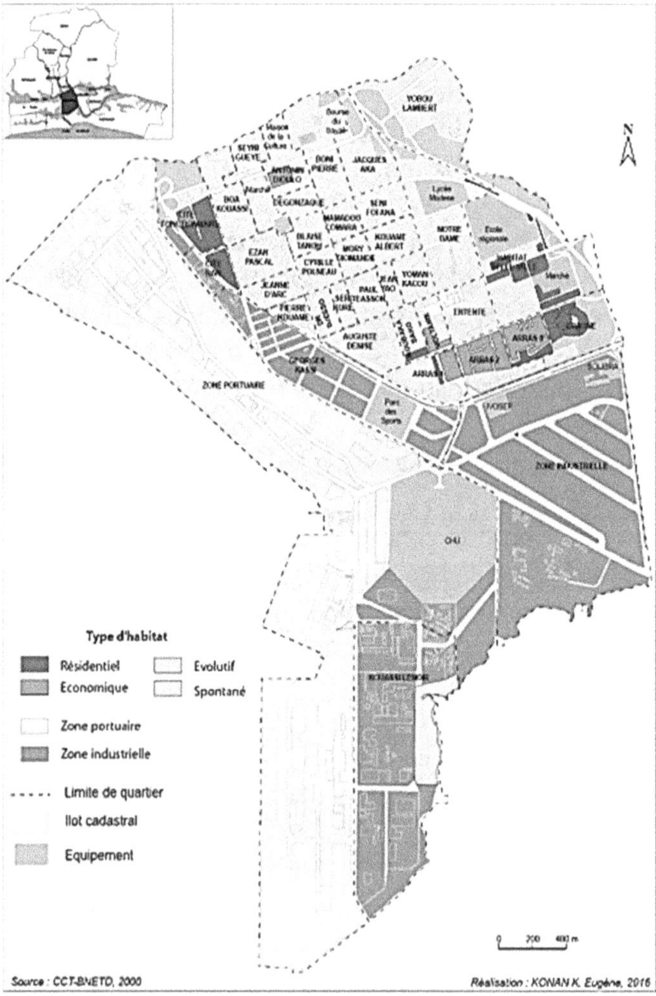

Figure 1 : Les zones d'activités économiques et zone d'habitat de Treichville

Cette question du désordre urbain prend une ampleur particulière dans la seconde zone « chaude » de la commune, celle des marchés, des commerces et des zones de convivialité où s'alignent bars, maquis, restaurants, cinémas, vidéoclubs, etc. Dans ce noyau historique de la commune, habitat et commerces s'entremêlent, attirant le tout Abidjan. Les activités délictueuses qui y ont cours sont les trafics de stupéfiants, la prostitution, le recel, l'hébergement de criminels, les agressions et les violences et voies de fait. De jour comme de nuit, la zone est fébrile donnant le sentiment que chaque maison est un lieu de commerce, et un commerce qui empiète sur le domaine public.

Enfin, l'activité des gares routières et des transports collectifs dans les nombreuses rues quadrillant la commune, facilite certes la mobilité des personnes dans la commune et hors du territoire, mais est aussi source d'insécurité. Filouterie perpétrée dans les taxis communaux prolonge la délinquance et la violence organisées et entretenues dans les gares par les syndicats des transporteurs. L'alignement interminable des camions et autres véhicules de transports, relevé au niveau de la zone portuaire, s'observe ici aussi, avec les mêmes conséquences sur l'insécurité des usagers des gares et des riverains.

L'autre grande observation se situe au niveau des formes de l'insécurité : les activités économiques font se déployer sur le territoire communal une gamme étendue d'actes délictueux, plus ou moins graves. Les infractions vont du délit au crime, des atteintes aux biens aux atteintes aux personnes. Terrain de prédilection des maraudeurs à l'affût de d'objets faciles à revendre, Treichville est également le lieu de commission de vols portant sur de grosses transactions, d'importantes quantités de marchandises ou des marchandises de valeur. Les infractions économiques sont nombreuses, comprenant le recel de marchandises, l'escroquerie et abus de confiance, les émissions de chèques sans provisions, la filouterie, etc. Enfin au chapitre de la criminalité et du grand banditisme, on ne compte pas les braquages de véhicules; attaques de bijouteries, pressing, stations d'essence, institutions financières, dépôts de boissons, restaurants, commerces, etc. Les coups et blessures volontaires sont fréquents lors de règlements de comptes entre partenaires, rivaux et associés, entre gangs, entre groupes de jeunes dans les gares et les parkings, entre usagers des zones de concentration des débits de boisson.

Que retenir du lien entre les activités économiques et la sécurité ? C'est que l'espace économique conditionne l'insécurité à plusieurs niveaux. Les activités économiques débordent des zones qui leur sont dédiées pour s'étendre à d'autres secteurs de la commune comme la zone de résidence et toutes les voies de circulation. L'insécurité s'y déploie d'autant. Au niveau des formes et de la gravité de l'insécurité, notons qu'elles sont à la hauteur de l'importance des activités économiques d'envergure nationale et internationale c'est-à-dire importantes et diversifiées. S'agissant des auteurs et des victimes, l'attractivité de la commune fait de cette commune un point de convergence que l'on ne retrouve dans aucune autre commune d'Abidjan. L'organisation des activités économiques sur le territoire est ici un enjeu d'importance.

2-3-L'EFFET DE LA DIVERSITE SOCIALE ET CULTURELLE DE LAPOPULATION LOCALE

La commune de Treichville fait partie, avec celles du Plateau et d'Adjamé, du noyau historique de la ville d'Abidjan. A la faveur du développement de la métropole et des grands travaux urbains d'avant l'indépendance, Treichville, longtemps porte sud de la capitale, a été la principale zone d'affluence des populations ivoiriennes et africaines. Depuis, sa population est demeurée cosmopolite et d'inégale répartition sur le territoire communal (Cf. figure 2). La majorité de la population est étrangère d'origine africaine et les Akan, originaires du Sud de la Côte d'Ivoire, sont dominants parmi les ivoiriens. Près de la moitié des habitants est analphabète (47%). Faiblement active (43%), 60% de la population est de confession musulmane et 46% a moins de 20 ans. Cette population est occupée essentiellement à des activités de commerce généralement informelles et précaires (41% des travailleurs). Plateforme de transport, pôle économique et bassin d'emplois et de services, la commune accueille de ce fait une importante population non résidente. Par conséquent, la commune est riche de ses résidents et des usagers de passage, et doit quotidiennement gérer sur un espace central et peu étendu, cette forte pression humaine ainsi que la cohabitation de ces populations diverses.

Du point de vue de l'habitat, l'observation montre que les populations s'entassent dans un habitat évolutif sur cours communes15. (Cf. Tableau II). Peu cher, cet habitat représente 67% du parc et s'étale sur la moitié de la superficie de la zone d'habitat. Datant des années 20, cet habitat se

[15] Ce type d'habitat est constitué de constructions formées par un ensemble de maisons donnant généralement sur une cour centrale, chaque famille possédant son appartement mais partageant la cuisine et les sanitaires avec les autres.

situe au cœur même de la commune, là où les densités sont supérieures à 1000 habitants à l'hectare (Cf. figure 3). D'une façon générale, à Treichville prédomine un l'habitat dense, vieux et délabré. D'un point de vue socio-spatial, la commune a l'image d'un quartier en difficulté et où règne la promiscuité.

Cet ensemble d'éléments donnent à Treichville son identité. D'où le surnom revendiqué par ses habitants et leurs autorités : «commune n'zassa» c'est-à-dire commune patchwork ou kaléidoscope. Quel en est le prix au plan de la sécurité ? Comment les caractéristiques du tissu social du territoire et les particularités résidentielles de la commune de Treichville interfèrent-elles dans le profil de l'insécurité de la commune ?

Tableau II : Typologie de l'habitat dans la commune de Treichville*

Type d'habitat	Proportion par rapport au parc des logements (%)	Proportion par rapport à la superficie de la zone résidentielle(%)
Habitat de type évolutif ou sur cour commune	67	48
Habitat de type collectif	23	17
Habitat de type Individuel ou villa	6	33
Habitat de type précaire ou spontané	4	2
Total	**100**	**100**

Source : BNETD, Aperçu sur la Commune de Treichville, 1996 d'après le RGPH de 1988

Aperçu sur la Commune de Treichville, 1996 d'après le RGPH de 1988

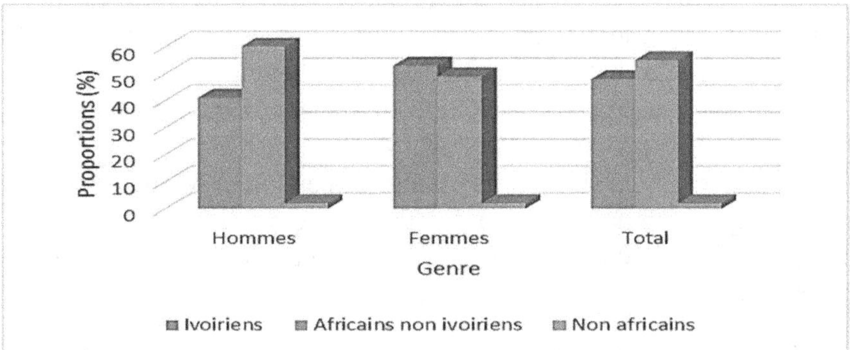

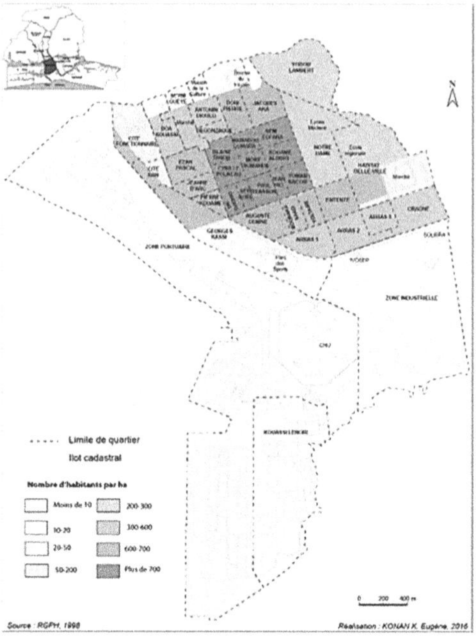

Figure 2 : Structure de la population de Treichville **Figure 3** : Densité de la population en 1998

Le fait remarquable dans cette zone de résidence est le développement des atteintes à la propriété et des incivilités. En effet, si des vols sont commis, ceux-ci sont principalement liés aux activités commerciales dans ce secteur où espace économique et espace résidentiel se confondent. Rarement, des cas de vols dans les domiciles ont été signalés : selon les habitants interrogés, cela tient au fait que *«presque tout le monde se connait ici, y a longtemps on vit ici ensemble »* ou encore *«les jeunes n'attaquent pas leurs parents du quartier»*. Les résidents indiquent en outre que les jeunes préfèrent opérer dans des quartiers dont ils ne sont pas originaires pour éviter de se faire reconnaître par des amis et voisins. Ceci amène à penser que l'ancienneté de la vie commune et des relations est un facteur de protection contre certaines menaces urbaines.

En revanche, les atteintes aux personnes sont légion : elles causent des traumatismes, des blessures physiques et parfois la mort. La plupart du temps, les coups et blessures volontaires résultent d'une tension entre individus amenés à se côtoyer pour diverses raisons. Le secteur des cours communes est réputé pour générer de façon permanente des conflits de voisinage. La cohabitation entre des personnes d'origines différentes n'est pas toujours aisée et le climat se dégrade à partir d'un rien. Notons par exemple les violences entre mères de familles à propos des enfants, entre voisins au sujet de l'usage des parties communes ou les conséquences désastreuses d'un tapage nocturne, entre personnes sous l'effet de l'alcool dans les zones de concentration des débits de boissons[16]. Dans cet environnement, certaines communautés sont stigmatisées car créditées de commettre des activités répréhensibles affectant les relations sociales et l'image du quartier (proxénétisme et trafic de stupéfiants entre autres). Promiscuité, oisiveté, attroupement permanent et alcoolisme pèsent donc dans la genèse, la progression et la localisation des agressions et conflits interpersonnels.

Que dire enfin des incivilités qui trouvent en zone résidentielle un lieu de développement remarquable? Les incivilités accroissent les tensions dans la commune. Agressions verbales, nuisances diverses, prostitution, squats, et occupations récurrentes des espaces publics notamment pour les cérémonies familiales et religieuses, culture de l'alcool avec ses effets nocifs, dégradation et vols du mobilier urbain[17], aménagements illicites ou dangereux sur les réseaux ou ouvrages publics comme les bouches d'incendies et les espaces de circulation, branchements frauduleux sur les réseaux électrique et téléphonique, forage de puits dans les cours, densification du bâti sans autorisation, etc., sont autant d'agissements ayant pour conséquences de dégrader la qualité de vie, d'altérer la cohésion des populations et de provoquer un sentiment d'insécurité.

Les éléments perturbateurs de la vie sociale foisonnent en ce secteur résidentiel considéré comme un vaste domaine des incivilités urbaines : circonstances et attitudes font le lit de l'insécurité. On y a là une source d'insécurité et de violence éloignée des représentations criminelles usuelles. Dans ce vieux quartier, le rassemblement dans une même cour d'un nombre impressionnant d'unités domestiques, la cohabitation parfois inachevée de familles d'origines diverses, la concentration à proximité d'activités commerciales, le développement des désagréments de toutes natures liées à la cohabitation sont des causes de tensions entre adultes et des facteurs favorisant les comportements délictueux et déviants. Les notions de paix, de cohésion sociale et de qualité de vie trouvent leur sens ici, en lien avec la règlementation urbaine et la

---

[16] Il s'agit souvent de jeunes et adultes soit sans emploi, soit à la retraite, et trainant à longueur de journée et de nuit dans les débits d'alcool aménagés dans les cours d'habitation ou sur les façades avant des concessions.

[17]Vol ou casse des ampoules des couloirs d'immeubles et des lampadaires en vue de créer la pénombre propices aux délits ou infractions.

responsabilité des habitants eux-mêmes dans la construction de la sécurité et du sentiment de sécurité.

III-DISCUSSIONS ET CONCLUSION

Pour comprendre le risque que constitue l'insécurité et identifier les actions d'atténuation, auteurs, praticiens de la sécurité et professionnels des politiques urbaines recommandent de s'intéresser à la relation étroite existant entre les conditions du milieu urbain et l'insécurité qui s'y déploie. Dans ce cadre, et en partant de l'exemple d'une commune considérée à risque, nous nous sommes attachées à décrire certains éléments du contexte urbain de Treichville en montrant comment ils intervenaient dans la mise en place et le développement de l'insécurité sur le territoire communal.

De l'analyse, il est ressortit que le site de presqu'ile, l'organisation de l'espace en zone d'habitat, zone économique et de circulation, la situation de plateforme de transport et de pôle économique d'envergure nationale, la diversité sociale et culturelle de la population sont autant de facteurs locaux, caractéristiques de l'environnement de Treichville, qui déterminent le tableau de l'insécurité de la commune. Les aspects qu'ils conditionnent sont les formes d'insécurité et leur niveau de gravité (atteintes aux biens, aux personnes et incivilités), la localisation des faits et leur extension (les lieux vont des sites tels la ruelle, le pont, le jardins public, le quartier etc. à des zones comme les berges lagunaires, la zone industrielle, la zone d'habitat, les espaces publics et espaces privés….), les auteurs de l'insécurité et leurs modes opératoires (des résidents et des non-résidents, des propriétaires ou locataires de logements et de bars, des personnes désœuvrées ou sous l'emprise de l'alcool et de stupéfiants, etc), les victimes (individus et populations locales et non résidentes, des agents économiques et des visiteurs, les services urbains et municipaux, des automobilistes, des piétons, etc). D'une façon générale, tous les segments du territoire de Treichville, participent du profil de l'insécurité de la commune.

Ce constat de la force des éléments spatiaux dans la manifestation des faits d'insécurité rejoint celui de Besson (2004) qui considère que *« la géographie du crime est une des clés les plus importantes pour comprendre l'organisation du crime, identifier les lieux chauds, prévenir les passages à l'acte et analyser les problèmes criminels* »[18]. Il en va de même de Dubois-Maury et Chaline, (2004) qui écrivent: « *Elaborer une géographie qui traduirait les risques provoqués par les diverses pathologies sociales, en localiser les acteurs est apparu dès les années 1980, comme une démarche nécessaire, préalable à toute politique de prévention....Toute tentative pour territorialiser les divers indicateurs d'insécurité urbaine implique de croiser ses diverses formes, rapportées à une échelle de gravité avec la connaissance des personnes qui en sont les victimes ou craignent de le devenir* »[19].

Les résultats de l'étude que confortent les affirmations des auteurs cités, font d'emblée émerger des questions : comment réduire le caractère criminogène de l'environnement urbain, comment atténuer les effets perturbants du cadre de vie de Treichville afin d'améliorer la sécurité et la qualité de vie des populations? Les politiques de sécurité sont là interrogées, elles qui ont vocation à créer les conditions d'une vie et d'un milieu dépourvus de menaces et de peurs pour l'ensemble des citoyens. Nous pensons que, pour être adaptée au contexte local de Treichville, la gestion de l'insécurité doit intégrer 3 données essentielles.

Le premier élément à prendre en compte est la responsabilité de l'autorité de proximité. Représentant de l'Etat et élu des populations, le Maire est sous la pression de ses administrés qui attendent de lui des solutions. Il a la maitrise du territoire, est proche des citoyens et doit assurer la sûreté sur son territoire en réduisant les aléas. Et disposer des informations de détails sur sa commune lui permet de prendre des initiatives, sans attendre que la politique de sécurité ne repose que sur les seules forces de la police nationale et de la gendarmerie, c'est-à-dire sur l'Etat. Ce qui est le cas dans toutes les communes de Côte d'Ivoire (FISU, Efus, 2014). Nombreux sont les faits d'insécurité, en l'occurrence les conflits de voisinage et les désordres urbanistiques, que la police et la gendarmerie ne gèrent pas. Et pourtant, l'étude a montré leur diversité, leur ampleur et leur incidence au quotidien. A l'échelle de la commune, l'engagement du Maire est essentiel dans la prise en charge efficace de la sécurité.

Le deuxième élément à prendre en compte est la nature des politiques qui doivent être mises en œuvre. L'étude montre que Treichville est un territoire d'insécurité. Même s'il n'est pas possible d'effectuer un zonage strict en fonction des formes d'insécurité, les stratégies doivent tenir

[18] Besson JL., 2004, les cartes du crime, p.23.

compte des différents secteurs de la commune et des formes qui se dégagent en priorité pour perturber les activités et la vie quotidienne des populations. Cibler les espaces d'insécurité de même que les personnes auteurs et victimes de la criminalité et de la délinquance doit être un des aspects des interventions. L'option doit être faite en faveur de la prévention et en faveur d'investissements dans la rénovation urbaine, la réorganisation des espaces économiques, l'application de la règlementation urbaine et la sensibilisation sur le «vivre ensemble » et les pratiques sociales non menaçantes pour la sécurité des lieux. Ceci permettra à la commune d'aller au-delà des actions habituelles de prévention visant les groupes vulnérables et de fournir un cadre urbain plus vivable aux communautés et plus profitable, aux résidents, aux professionnels et aux visiteurs. Dans cette optique de sécurité pour le développement économique et la promotion humaine, la participation de tous les acteurs de la vie sociale et économique de Treichville dont l'étude montre qu'ils sont partie prenante de la problématique de l'insécurité, sera un atout pour discuter des problèmes, des solutions et des engagements en faveur de la construction d'une sécurité vue comme un bien commun. Du fait de sa situation de carrefour, le partenariat avec les communes voisines et toutes celles d'Abidjan doit être développé.

Enfin, un dernier élément: quels types d'outils peuvent faciliter les interventions de sécurisation des milieux de vie? L'étude a montré la capacité de l'analyse descriptive à fournir, à l'échelle des quartiers, des informations déterminantes et fiables sur la sécurité dans la commune de Treichville. Dans un contexte où les informations pour mener l'action manquent ou sont insuffisantes ou peu fiables, il est nécessaire pour chaque commune de développer un système d'information sur les risques (Boisteau, 2006). Les données peuvent être collectées à l'échelle d'un quartier ou d'une rue afin de d'organiser des réponses ciblées et adaptées. Il est reconnu que les diagnostics locaux de l'insécurité sont le meilleur moyen d'avoir une photographie de la commune au plan de la sécurité. Mais cette méthodologie demande des investissements en temps et coûts ainsi qu'une technicité qui ne sont pas toujours à la portée des communes qui, d'ailleurs, ont besoin d'aller au plus vite à l'action[20]. Quand bien même certaines collectivités locales disposent d'un diagnostic de base, elles éprouvent des difficultés à les actualiser dans les mêmes conditions

[20] En côte d'Ivoire les diagnostics ont été élaborés dans le cadre de projets soutenus par des partenaires au développement.

de rigueur scientifique[21]. Quel que soit le cas de figure, les marches exploratoires et autres démarches thématiques de connaissance de proximité réalisées avec les agents municipaux et l'habitant, permettent à la commune de se constituer une base de données, actualisable certes qualitative, mais pouvant affiner les connaissances et améliorer le ciblage de sa politique[22]. De plus, ces outils sont supportables par le budget de la commune car peu couteux. C'est d'ailleurs une recommandation des guides sur les audits locaux (Efus, 2007). Faute de pouvoir actualiser son diagnostic de base, des recherches segmentées sont une alternative pour Treichville.

En définitive, caractériser la sécurité à partir des éléments du milieu local permet d'identifier les spécificités de la commune dans ce domaine et ajoute aux possibilités de trouver les moyens pertinents pour résoudre nombre des préoccupations des citadins en matière de sécurité des personnes et des communautés. Si c'est une priorité pour Treichville de maintenir son attractivité et son identité notamment par rapport aux nouvelles zones d'activités économiques et de convivialité qui ne cessent d'être crées dans d'autres communes ces dernières années, la commune doit accompagner ses initiatives actuelles de sécurité, en investissant dans l'amélioration du cadre de vie et de travail de ses citoyens.

---

[21] Les guides sur les Audits de sécurité recommandent une actualisation du diagnostic tous les 5 ans, pour tenir compte des évolutions de la situation.

[22] Les statistiques policières ne sont pas accessibles et ne rendent d'ailleurs pas compte de l'ensemble des problèmes d'insécurité vécus par les populations dans leur quotidien.

BIBLIOGRAPHIE

ATTA KOFFI, (2010) : l'insécurité dans l'agglomération abidjanaise et son impact sur les cadres de vie et de travail, in Les cahiers d'Outre-Mer, 2010, n°251, p.419-438

BAILLY A et al, (Sous dir.), (1995) : Encyclopédie de la géographie, Economica, Paris, 1167p.

BAVOUS J-J, (2009) : La Géographie : objet, méthodes, Débats, Armand Colin, Paris, 309p.

BESSON J-L., (2004) : Les cartes du crime, PUF, Paris, 290p.

BOISTEAU C. (Sous dir.), (2006) : Construire le vivre ensemble : Aménagement urbain et politiques de sécurité, in Cahier du Lasur 9, Cahier de la Coopération3, Lausanne, 152p.

BRUNET R. ; FERRAS R., THERY H., (2009) : Les mots de la Géographie : dictionnaire critique, Reclus- la documentation française, 518p. pp.154-156

CIPC, (2016) : Prévention de la criminalité et sécurité quotidienne : les villes et le Nouvel Agenda Urbain, Résumé analytique du 5ème rapport international, 10p, Accessible à: wwww.cipc-icpc.org

COMBY (Sous dir.), (2015) : Peurs dans la ville, Presses Universitaires de Rennes, 269p.

COULIBALY Y., (2015) : la dynamique urbaine et la sécurité dans la commune de Cocody, Mémoire de Master, Institut de Géographie Tropicale, Université Félix Houphouët Boigny, 121p.

COUTARD O., LEVY J-P, (2011) : Ecologies urbaines, Economica, Paris, 371p.

CUSSON M., (2016) : La criminologie, Hachette, Paris, 166p.

CRDI, (2013) : Phénoménologie de la violence criminelle et défis pour la gouvernance locale en Côte d'Ivoire, Profil de projet, Ottawa, 2p

CRDI, (2012) : Etude du dilemme urbain : urbanisation, pauvreté et violence, Document de synthèse, Canada-Ottawa, 20p.

DEMBELE O., (2003) : Abidjan : de la territorialisation de la sécurité à la fragmentation de la société urbaine ? in Afrique des citadins : Sociétés civiles en chantier (Abidjan, Dakar), Ed Karthala, Paris, 402p, pp 155-194

DJEGUEMA A. (Sous dir.), (2006) : et recompositions sociales dans les modes d'habiter et les pratiques sociales à Abidjan, 19p.

DUBOIS-MAURY J., CHALINE C., (2004) : Les risques urbains, Arman Colin, Paris, 185p

DUMONT M., 2008, La géographie : Lire et comprendre les espaces habités, Armand Colin, France, 125p.

ESPACES ET SOCIETES- UMR 6590, (2004) : Espaces et sociétés aujourd'hui, Note d'appel à communications pour le colloque « Espaces géographiques et sociétés aujourd'hui ». Accessible à : http://assos.univ-lemans.fr/LABO/eso/spip.php?article232.

Efus, (2014) : Guide sur les audits locaux de sécurité, Sécurit publique du Canada, Forum Européen pour la Sécurité Urbaine (Efus-FESU), 2007, 140p. Accessible à :http://www.fesu.org

FISU, Efus, (2014) : Sécurité Urbaine en Côte d'Ivoire : Guide pratique et méthodologique du Maire, Abidjan, Version intégrale : 107p.

GNAMMON-ADIKO A., (2016) : Coopératives de jeunes vigiles actives dans les marchés d'Abidjan : un exemple de prévention sociale et situationnelle de l'insécurité, in *Revue de Géographie du LARDYMES*, n°16 de juin 2016, pp.50-57, Université de Lomé.

GNAMMON-ADIKO, (2003) : Espace urbain et prévention de la délinquance à Abidjan, Communication au sommet Africités 2003, Session thématique sur la sécurité urbaine, Yaoundé- Cameroun.

GNAMMON-ADIKO, (1999) : Le diagnostic local de l'insécurité de la commune de Treichville, Mairie de Treichville, Programme d'Appui à la Sécurité Urbaine, 55p.

GROSJEAN M. et THIBAUD J-P. (Sous dir.), (2008) : L'espace urbain en méthodes, Ed. Parenthèses, France, 214p.

INDIGO COTE D'IVOIRE, (2015) : Obstacles à la cohésion sociale et dynamiques de violence impliquant les jeunes dans l'espace urbain: les voix des populations des communes d'Abobo, Treichville et Yopougon dans le District d'Abidjan (Côte d'Ivoire), 113p.

KOFFI B. E., A., (2003) : Adjamé, Treichville, des communes à risque, in *Revue de Géographie de Saint-Louis*, n° 3 Oct. 2003, Dakar, pp.25-38.

LANDAUER P., (2006) : Intégrer la sécurité dans la conception de la ville, In *Revue économie et Humanisme*, décembre 2006, Paris, pp 30-33.

LOUDIER-MALGOUYRES, (2010) : L'étude de sécurité publique dans les projets urbains, in : *Note rapide de l'IAU*, n°529 novembre 2010, Accessible à : www.iau-idf.fr

MADORE F., (2002) : Nouveaux territoires de l'habiter en France : les enclaves résidentielles fermées, *Géoconfluences,* 2002.

Accessible à : http://geoconfluences.ensIsh.fr/doc/territ/FranceMut/FranceMutScient.htm.

MAIRIE DE TREICHVILLE, ONUHABITAT, (2015) : Analyse de la situation des bidonvilles de la commune de Treichville : Kouassi Lenoir et YobouLlambert, Programme Participatif d'Amélioration des bidonvilles (PPAB) en Côte d'Ivoire, 74p.

MAIRIE DE TREICHVILLE NOTRE CITE, (2014) : Treichville, la cité aux grands espaces commerciaux, article publié le 3/11/ 2014, http://news.abidjan.net/h/514019.html

MAIRIE DE TREICHVILLE, (2014) : Plan stratégique de développement de la commune de Treichville 2014-2029, Abidjan, 3 tomes, 118p.

ONUHABITAT, (2013) : Déterminants sociaux et urbanistiques des désordres et de la criminalité urbaine : situation et mesures de prévention, Nairobi, 87p.

ONUHABITAT, (2012) : Côte d'Ivoire : le profil urbain de Treichville, 30p.

PNUD, PASU, (2006) : Etude sur le sentiment d'insécurité dans le District d'Abidjan, Abidjan, 106p.

PEROUSE DE MONTCLOS, (2004) : Violence urbaine et criminalité en Afrique subsaharienne : un état des lieux, IRD, *Déviance et Société,* 2004, Vol.28, N°1, pp 81-95.

RONCAYOLO M., (2005) : La ville et ses territoires, Ed. Folio essais, Paris, 285p.

SISSOKO A., (1997) : Abidjan: une situation relativement maitrisée? in *Jeunes, culture de la rue et violence urbaine en Afrique*, IFRA-Ibadan, 419p, pp. 247-277

THOUEZ JP., (1983) : les dimensions géographiques de l'insécurité chez les personnes âgées : applications à deux quartiers de Montréal, in *Santé mentale au Québec*, vol.8, n°1, 1983, p.56-66 accessible à : URI : http://id.erudit.org/iderudit/030164ar

TOURE I., KOUAME N., La violence urbaine en Côte d'Ivoire : le cas de la ville d'Abidjan, in : Urban violence in Africa, South Africa, Côte d'Ivoire, Nigéria, IFRA-Ibadan, Nigéria, pp.59-108.

TOURE M., les territoires de la violence criminelle à Abobo : cas du quartier Agbékoi, Mémoire de Master 1, Institut de Géographie Tropicale, Université Félix Houphouët Boigny, 30 p.

TROTTA M., KASPRZY J-P, DONNAY J-P., (2013) : Editorial:Crime Mapping et Modelling, *BSGLg* En ligne,: 60 (2013/1)-

Crime mapping et modelling, URL: http//popups.ulg.ac.be/0770-7576/index.php ?id=418

YAO D. B., DAKOURI F. D.; TOURE M., (2017) : Le stationnement des véhicules poids lourds dans la zone portuaire d'Abidjan : un problème pour la ville et son port, in *Le port dans la ville*, éd. EMS, Caen, 415p. pp. 327-339.

L'ETAT, UN ACTEUR DU DESORDRE DANS LA GOUVERNANCE DES AIRES PROTEGEES IVOIRIENNES : L'EXEMPLE DU PARC NATIONAL DE LA MARAHOUE

KOUASSI Kouamé Sylvestre
Maître-assistant, Département de Géographie de l'Université Alassane Ouattara-Bouaké
kouamsylvestre@yahoo.fr
KOBY Assa Théophile
Maître de Conférences, Institut de géographie Tropicale, Université Félix Houphouët Boigny
koby.theophile@gmail.com

RESUME

L'Etat de Côte d'Ivoire a toujours affiché sa volonté de protéger son patrimoine naturel sur lequel repose son économie agricole. Ainsi, de nombreuses dispositions institutionnelles et réglementaires ont été prises dans le temps pour y parvenir. Cependant, la mise en œuvre de ces décisions s'est généralement soldée par un échec au regard de l'écart important entre la réalité du terrain et l'avenir souhaité par les gouvernants. L'audit territorial réalisé par de nombreuses études indexe de plus en plus l'Etat comme un agent structurant de cet écocide qui se dessine sous nos yeux. Cette contribution qui analyse le jeu des acteurs du parc national de la Marahoué à partir de la méthode prospective MACTOR confirme cette tendance en montrant le fort niveau d'ambivalence des acteurs porteurs des intérêts de l'Etat. Ainsi, en lieu et place de la régulation qui est leur mission originelle, la duplicité de ces acteurs étatiques participe depuis la création du parc au désordre qui y règne. L'OIPR, esseulé dans sa position de conservation du parc ne peut ainsi espérer bâtir une stratégie solide de reprise de l'aire protégée avec ses "alliés" encore peu mobilisés autour de l'objectif de restauration de l'intégrité de cet espace.

Mots-clés : Parc de la Marahoué, Etat, gouvernance, désordre, prospective.

ABSTRACT

The State of Ivory Coast always showed its interest to protect its natural heritage on which its agricultural economics bases. So, numerous institutional and statutory measures were taken in the time to reach there. However, the implementation of these decisions generally failed with regard to the gap mattering between the reality of the ground and the future wished by the government. The territorial audit realized by numerous studies indexes more and more the State as a structuring agent of this ecocide which takes shape under our eyes. This contribution which analyzes the game of the actors of the national park of Marahoue from the forecasting method MACTOR confirms this trend by showing the strong level of ambivalence of the actors who carry the interests of the State. So, instead of the regulation which is their original mission, the duplicity of these actors participates, since the creation of the park, in the disorder which reigns there. So, OIPR, forsaken in its position of preservation of the park cannot hope to build a solid strategy of resumption of the area protected with his "allies" still little mobilized around the objective of restoration of the integrity of this space.

Key-words: Park of Marahoue, state, governance, disorder, forecasting.

INTRODUCTION

A l'instar de la plupart des pays africains qui accédaient à l'indépendance, la Côte d'Ivoire est rentrée dans sa phase nationale avec une importante couverture forestière de 12 millions d'hectares et un beau réseau d'aires protégées qui se mettait en place (Lauginie, 2007). Mais, au regard de l'élan de saccage des écosystèmes notamment forestiers, lié à la dynamique agricole, l'Etat va prendre un train de mesures institutionnelles et juridiques dès la moitié de la première décennie d'après-indépendance. Ainsi, au niveau juridique, il s'agit de la loi n°65-425 du 20 décembre 1965 portant code forestier et, plus tard, de l'arrêté n° 003/SEPN/CAB du 20 février 1974 portant interdiction de la chasse. Quant aux mesures institutionnelles, elles portent sur la création de la Société de Développement des Forêts (SODEFOR) dès 1966, du Secrétariat aux parcs nationaux en 1972, d'une Commission nationale de l'Environnement en 1973 puis d'un Ministère chargé de l'Environnement en 1976. Toutes ces dispositions qui témoignaient de la volonté de l'Etat d'infléchir très rapidement la tendance de dégradation du milieu naturel se sont aussi traduites par la création entre 1968 et 1981 de 11 des 14 aires protégées que compte l'actuel réseau des parcs nationaux et réserves de Côte d'Ivoire. S'agissant de ces derniers témoins des écosystèmes originels du territoire ivoirien, l'Etat va compléter les dispositions plus-haut citées par la loi n° 2002-102 du 12 février 2002 portant création et organisation des parcs nationaux et réserves et de l'Office ivoirien des parcs et réserves (OIPR). Malgré cette volonté constamment réaffirmée de la volonté de l'Etat ivoirien pour la conservation de ses aires protégées, ce dernier est paradoxalement cité par de nombreux auteurs comme un acteur majeur du désordre observé dans ces espaces (Leonard et Ibo, 1994 ; Koné et *al*, 2012, Kouassi, 2012; Kaba et N'Gouan-Anoh, 2015).

Dans le parc national de la Marahoué, situé au centre-ouest de la Côte d'Ivoire entre les écosystèmes forestier et savanicole, les manifestations de l'action publique contredisent nettement les objectifs de conservation de cet espace. Depuis sa création en 1968 où les pouvoirs publics ont toléré l'installation de 111 chefs d'exploitation, cette population allant crescendo a mis en place un certain nombre d'infrastructures et d'équipements pour améliorer son cadre et ses conditions de vie à l'intérieur du parc avec l'aval des autorités publiques nationales voire internationales (Akoué et Ibo, 2009 ; Kouassi, 2012). Ainsi, on y observe, entre autres, la présence de nombreuses écoles primaires qui sont reconnues par les autorités publiques compétentes qui y affectent d'ailleurs des instituteurs. Des pompes hydrauliques y sont installées avec l'aval des pouvoirs publics. Quand dans un sursaut d'orgueil, l'Etat a tenté de reprendre la main à travers des opérations d'apurement du parc de ses occupants illégaux, il s'est aussitôt rétracté devant la rébellion des populations du parc installées dans la zone de Bonon. Le laxisme des pouvoirs publics a donc encouragé l'invasion quasi-totale du parc qui est occupée aujourd'hui, à plus du tiers de sa superficie par plus de 30.000 personnes, faisant de cet espace, l'aire protégée la plus humanisée du réseau ivoirien. Ainsi, ces nombreux services publics offerts par l'Etat pour encadrer les populations vivant à l'intérieur du parc sont autant d'éléments qui amènent ces dernières d'une part, à revendiquer une légitimation de leur installation dans ce lieu qui contraste en tout point à une aire protégée et, les observateurs d'autre part, à qualifier les interventions de l'Etat comme participant à la dégradation du milieu naturel qu'il est pourtant censé protéger. Ainsi, le problème de la faiblesse de l'Etat dans l'exercice de son rôle « régalien » de protection de son patrimoine naturel conduit à la question principale de cette contribution : comment l'Etat se positionne t-il comme un acteur clé du désordre observé dans la gouvernance du parc national de la Marahoué en Côte d'Ivoire ? De cette préoccupation majeure, découlent les questionnements subsidiaires suivants : quels sont les différents acteurs porteurs des intérêts de l'Etat dans le système Marahoué et leurs niveaux d'influence dans le jeu ? Comment ces acteurs étatiques se comportent t-ils sur les principaux champs de bataille du parc national de la Marahoué ? Quels sont les signes au sol du désordre lié à la crise de gouvernance de l'Etat dans cette aire protégée ? Partant de ces questions de recherche, l'objectif de cet article est d'analyser le niveau d'implication de l'Etat dans les pratiques de désordre observées dans le parc national de la Marahoué depuis sa création en 1968.

I-METHODOLOGIE

La méthodologie de cette contribution s'articule autour du cadre conceptuel, le modèle d'analyse et les données de base.

1-1-LE CADRE CONCEPTUEL

Deux concepts sont mobilisés dans cette étude. Il s'agit de l'Etat qui est au centre de cette analyse et la gouvernance qui s'identifie aux processus d'actions de ce dernier sur le territoire qui fait l'objet de la présente recherche.

1-1-1-L'Etat

Brunet et *al.*(1994) définissent l'Etat comme le titulaire abstrait et permanent du pouvoir. Cette nature de l'Etat constitue le fait des juristes, politologues, philosophes et même poètes. Quant aux géographes, leur attention a été davantage portée sur l'action de l'Etat et ses manifestations touchant au territoire. Il s'agit entre autres de la défense du territoire, le maintien de son intégrité, son aménagement, ses grands équipements où les décisions prises par l'Etat ont un fort écho spatial. Sous le concept de l'Etat, cohabitent différentes acceptions. Ainsi, l'Etat a une connotation spatiale car il est souvent employé pour désigner un « pays », tantôt pour un territoire ou une maille de l'espace.

L'Etat s'identifie aussi au pouvoir qui gère cette entité territoriale. En effet, si l'Etat est étymologiquement défini comme étant abstrait, il est dirigé par des individus réels ou des groupes qui sont porteurs de certains intérêts. Le concept de bureaucratie est de plus en plus utilisé pour faire face à ce caractère englobant et multifonctionnel de l'Etat (De Sardan, 2004 ; Lavigne, 2011). C'est cette approche de l'Etat qui est utilisée dans le cadre de ce papier qui analyse le jeu des acteurs qui interviennent sous la coupole de l'Etat dans l'arène sociale du parc national de la Marahoué. A travers l'Etat, ici entendu comme le pouvoir, ces acteurs assument un certain nombre de fonctions héritées de la puissance régalienne dont celles de police, de justice, de défense extérieure qui en sont le noyau. En d'autres mots, ces fonctions de régulation sont essentielles à la stabilité de l'Etat, ici vu comme pays ou territoire. Mais quand l'Etat est faible et fait face à une crise de gouvernance, ses missions sont aussi accaparées par des individus ou d'autres groupes qui s'en servent pour assouvir leurs intérêts propres voire égoïstes.

1-1-2-La gouvernance

La gouvernance est un concept qui tire ses origines des mondes économique et politique (Godet, 2006 ; Drucker, 1957, 1973 cité par Kouassi, 2012) où les concepts « Gouvernement », « Gouvernabilité » et « Gouvernance » cohabitent. Godet (2006) tente de les distinguer même si cet essai est loin d'éviter les confusions liées à leurs rapprochements sémantiques : « *le gouvernement, c'est l'exercice opérationnel de ce pouvoir ; la gouvernabilité, c'est la mesure de ce pouvoir sur les systèmes concernés. La gouvernance, c'est une relation de pouvoir*». S'agissant de la gouvernance, Lacroix et St Arnaud (2012) la définissent comme « *l'ensemble des règles et des processus collectifs, formalisés ou non, par lequel les acteurs concernés participent à la décision et à la mise en œuvre des actions publiques. Ces règles et ces processus, comme les décisions qui en découlent, sont le résultat d'une négociation constante entre les multiples acteurs impliqués. Cette négociation, en plus d'orienter les décisions et les actions, facilite le partage de la responsabilité entre l'ensemble des acteurs impliqués, possédant chacun une certaine forme de pouvoir.* ». Aujourd'hui, la gouvernance s'applique à de nombreux domaines dont le social et l'environnement. Dans le domaine environnemental, l'attention a été prioritairement portée sur le secteur forestier depuis la fin des années 1990 avant d'atteindre précisément celui des aires protégées (Smouts, 1998 ; Ribot, 1999,2001; N'Guinguiri, 2004). Dans le cadre de cette recherche qui porte sur la gouvernance d'une aire protégée-le parc national de la Marahoué- qui est à la confrontation de plusieurs enjeux, nous adhérons à l'avis qu'en donne Ribot (1999). Pour ce dernier, la gouvernance ne peut être réduite aux préoccupations de gestion de l'aire protégée en soi : « *la gouvernance renvoie au contraire à l'environnement politique, administratif et légal qui facilite ou qui entrave la bonne gestion de l'aire protégée. Les reformes politiques, législatives et institutionnelles sont certes indispensables, mais les changements de gouvernance sont surtout redevables d'une confrontation entre acteurs aux intérêts divergents* » (Ribot, 1999). C'est pourquoi, N'Guinguiri (2004) souligne que « *La gouvernance ne se décrète pas. Mais, elle est plutôt la manifestation de la capacité personnelle des leaders à construire des normes pratiques dans un environnement incertain et fluctuant qui caractérise l'avenir* ».

1-2-LE MODELE D'ANALYSE

La présente recherche tire profit du modèle de production des espaces *via* les cinq actions majeures d'une société dans l'espace (Brunet, 1990 cité par Schoumaker, 2002). Ces cinq actes fondamentaux construisent et déconstruisent les territoires en permanence. Il s'agit de l'appropriation, l'exploitation, l'Habitation, la Communication et la Gestion ou Gouvernance.

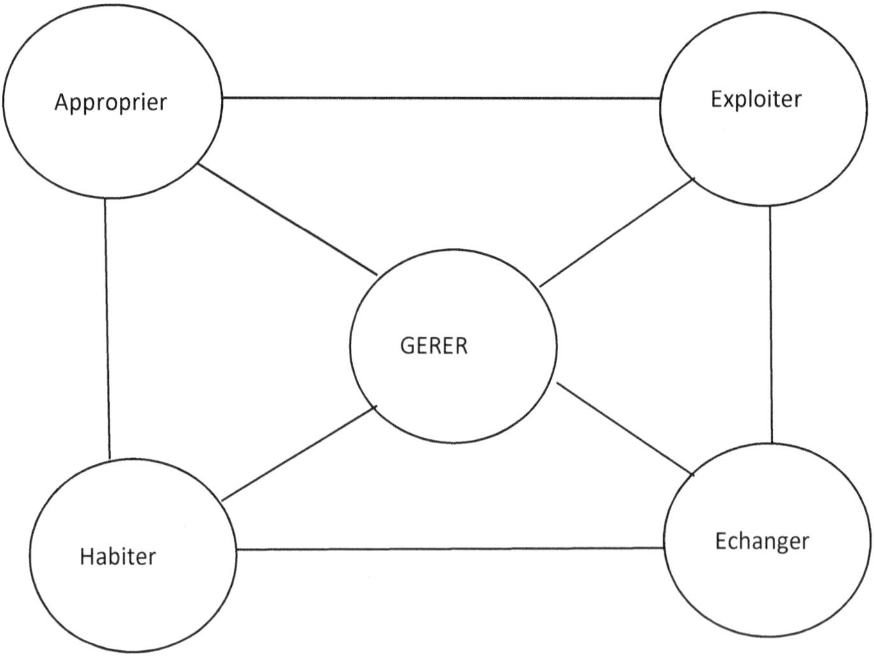

Figure 1 : Les cinq fonctions de la société dans l'espace (Schoumaker, 2002)

- S'approprier ou approprier permet de disposer d'un espace à travers une action qui n'implique pas nécessairement la propriété, mais plutôt l'attribution ou l'usage.

- Exploiter l'espace est lié à sa mise en valeur au profit de la satisfaction des besoins des acteurs qui sont à l'origine de cette action.

- Habiter est une forme d'appropriation et une manière particulière d'exploiter un espace et d'en produire de nouveaux. Dans ce sens, Habiter revêt une fonction consommatrice d'espace et un signe de territorialité.

- Communiquer et échanger est l'ensemble des transactions entre lieux. Cette fonction est liée à la spécialisation des espaces qui crée un potentiel de flux, imposant du coup des réseaux ainsi que des lieux d'échanges. Ce flux de transactions par les différents moyens des acteurs en présence exige sa régulation pour éviter la rupture du système.

- Gérer ou Gouverner est l'action qui coordonne toutes les autres. Elle est à la confluence de toutes les autres fonctions. La Gestion permet le bon fonctionnement de l'espace en assurant l'intégration des acteurs et des fonctions. Cette fonction de

- Gestion est dotée de moyens juridiques et institutionnels pour l'atteinte de ses objectifs.

Cependant, en l'absence d'une utilisation judicieuse de ces instruments de régulation, une crise s'observe au niveau de cette dernière fonction induisant des conflits qui sont les résultats de la confrontation des intérêts des acteurs en présence, étatiques et non-étatiques. Cette crise de Gouvernance est à la base de toutes les pratiques de désordre observées au niveau de l'espace notamment le parc national de la Marahoué, objet de cette étude.

1-3-CADRE SPATIAL ET METHODE D'ANALYSE DES DONNEES

Le parc national de la Marahoué constitue le cadre spatial de cette recherche. Il fait partie du réseau des aires protégées de Côte d'Ivoire constitué de huit parcs nationaux et de six réserves qui sont représentatifs des écosystèmes originels et originaux du pays. Dans ce système écologique, le parc de la Marahoué tire sa spécificité de son positionnement à l'interface des écosystèmes de savane et de forêt. Au niveau administratif, le parc national de la Marahoué est situé au centre-ouest du pays dans la région administrative du même nom dont le chef-lieu est Bouaflé.

Pour la collecte des données, nous avons procédé d'abord à une large revue documentaire sur la thématique de la Gouvernance de la biodiversité notamment des aires protégées et, ensuite, à un recueil de données secondaires. Ces dernières sont constituées principalement de celles collectées dans notre recherche doctorale. L'approche est davantage qualitative avec les entretiens réalisés avec trente-deux acteurs institutionnels publics et privés nationaux et internationaux ainsi que des représentants des populations riveraines et/ou des populations installées à l'intérieur du parc. Les items abordés ont porté sur l'histoire de la création du parc, les stratégies passées et présentes de la conservation du parc, la dynamique de conservation du parc et l'avenir de cette aire protégée. Une visite effectuée récemment entre août et septembre 2016 a permis d'actualiser certaines données notamment celles relatives aux équipements, infrastructures et autres services collectifs présents dans le parc précisément dans la zone dite de Bonon sur la rive sud du parc (Fig. 2).

Pour le traitement de ces données, la présente recherche s'appuyant sur une méthodologie d'inspiration prospective, c'est la méthode du jeu des acteurs ou MACTOR qui a été utilisée (Kouassi, 2012, 2013, 2014). Elle permet d'analyser le comportement des acteurs dans le système afin de comprendre et expliquer l'action de ceux-ci dans la dynamique spatiale observée. Ainsi, les poids des acteurs, leurs stratégies, les conflits et alliances possibles entre eux et les ambivalences sont mis en évidence par le biais de cette approche.

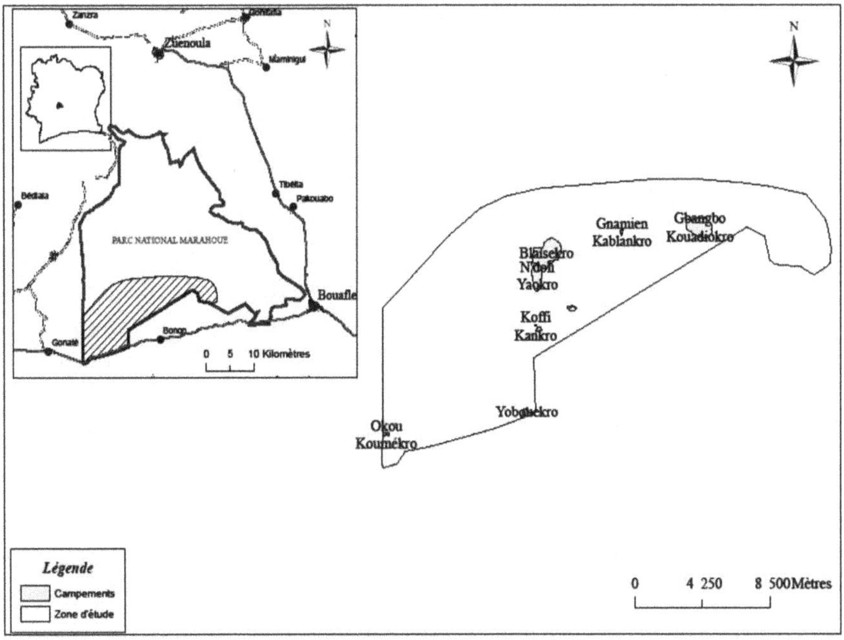

Figure 2 : Situation géographique du parc national de la Marahoué et de la zone d'étude

. Cette méthode s'organise principalement autour de la construction de la base du jeu qui comprend les étapes suivantes :

- identification des acteurs du système étudié en s'assurant qu'ils sont représentatifs des différents environnements explicatifs du système (micro, intermédiaire et macro) ;
- identification des objectifs poursuivis par ces-dits acteurs ;
- construction des deux matrices de base : la matrice Acteur/Acteur qui est le croisement des acteurs entre eux et la matrice Acteur/Objectifs qui est celui de la description des relations entre les acteurs et les différents objectifs qu'ils poursuivent ;
- interprétation des résultats sur la base du traitement des données par le logiciel MACTOR.

La rigueur de la démarche MACTOR impose le respect de ces étapes car de la qualité des données d'entrée dépendra la pertinence des résultats à la sortie qui ont des vertus tant exploratoires que stratégiques.

1-4-DONNEES DE BASE

Il s'agit de dresser la liste des acteurs, leurs objectifs et les matrices qui sont le produit de leurs croisements.

- Les acteurs

Au cœur de cette démarche, il y'a l'Acteur, dénommé l'agent géographique dans notre discipline au regard de sa place dans la structuration de l'espace. Sur la base des différents enjeux du parc de la Marahoué, nous avons identifié une liste de douze acteurs représentatifs de tous les intérêts en cours dans ladite aire protégée avec leurs intitulés courts qui seront utilisés plus loin dans la présentation des résultats :

1. Ministères techniques et autres structures de régulation (Min_tech)
2. OIPR (OIPR)
3. Autorités politiques et administratives (Aut_po_ad)
4. Autorités judiciaires (Aut_jud)
5. Associations de paysans (Paysans)
6. Braconniers et autres délinquants (Brac_delin)
7. Structures de recherche (Struc_rech)
8. Populations riveraines autochtones (Pop_autoch)
9. Collectivités territoriales (Coll_terr)
10. Coopératives agricoles et autres opérateurs économiques (Coop_éco)
11. Partenaires internationaux (Part_inter)
12. CEDEAO (CEDEAO)

Comme on peut l'observer, l'acteur Etat a été désagrégé en des acteurs portant ses intérêts. Ces différents acteurs qui interviennent dans ce jeu sous le vocable de l'Etat feront d'ailleurs, plus loin, l'objet d'une section.

- Les objectifs

Ces acteurs plus haut identifiés ont des intérêts dans le parc national de la Marahoué qui peuvent être convergents ou divergents entre eux. Ce sont ces objectifs qui fondent leurs stratégies qui conditionnent la dynamique du parc. Ainsi, une liste de treize objectifs exprimant le mieux les intérêts des douze acteurs du système Marahoué a été dressée.

Ce sont :

1. Restaurer l'autorité de l'Etat (Aut_Etat)
2. Apurer le parc de ses occupants (Apur_parc)
3. Préserver les zones encore intactes du parc (Preserv)
4. Faire un lobbying auprès des partenaires internationaux (Lobbying)
5. Sanctionner tous les délinquants saisis dans le parc (Sanction)
6. Exploiter le parc à des fins économiques (Expl_parc)
7. Développer la recherche (Dev_rech)
8. Assurer le bien-être des populations installées dans le parc (Bien_être)
9. Sensibiliser les populations à l'apurement du parc (Sensb_pop)
10. Bénéficier des retombées économiques du parc (Benef_parc)
11. Garantir le respect des droits des paysans (DD_paysans)
12. Apporter un soutien financier à l'apurement du parc (Stien_fin)
13. Veiller au respect des droits de ses ressortissants (CEDEAO)

Loin d'être exhaustive, ces deux listes d'acteurs et d'objectifs se rapprochent le mieux possible de la réalité observée dans le parc national de la Marahoué. Leurs différents croisements donnent les matrices de base de l'analyse du jeu des acteurs.

- Les matrices d'entrée

Ces matrices de base de l'analyse MACTOR sont au nombre de deux. La première, la matrice Acteurs/Acteurs ou matrice des influences directes entre acteurs (MID), est celle qui porte sur la description des relations entre les acteurs sur la base d'une échelle de notation. Dans une approche systémique et stratégique, les acteurs entretiennent des relations entre eux et s'influencent réciproquement sur la base de leurs rapports de force dans le jeu. Il s'agit du poids relatif de chaque acteur dans le jeu, étant entendu que tous les acteurs n'ont pas le même poids dans le système. La seconde matrice ou matrice Acteurs /Objectifs s'intéresse au croisement des acteurs sur les objectifs car les acteurs ne sont pas intéressés ou mobilisés au même titre par tous les objectifs.

Tableau 1 : Matrice Acteurs/Acteurs **Tableau 2** : Matrice Acteurs/Objectifs

MID	Min_tech	OIPR	Aut_po_ad	Aut_jud	Paysans	Brac_delin	Struc_rech	Pop_autoch	Coll_terr	Coop_éco	Part_inter	CEDEAO
Min_tech	0	4	4	4	0	0	3	0	3	0	3	3
OIPR	3	0	0	0	0	0	3	0	0	0	0	0
Aut_po_ad	3	3	0	3	1	0	0	1	3	0	2	0
Aut_jud	3	3	3	0	0	0	0	0	0	0	0	0
Paysans	3	3	3	0	0	0	3	1	0	2	2	0
Brac_delin	3	3	3	3	0	0	2	1	0	0	3	0
Struc_rech	2	3	0	0	1	2	0	2	0	0	3	0
Pop_autoch	3	3	3	1	2	0	2	0	0	0	0	0
Coll_terr	3	3	3	0	2	0	2	0	0	2	0	0
Coop_éco	2	3	1	0	3	3	0	0	2	0	0	0
Part_inter	2	3	1	0	0	0	3	0	0	0	0	0
CEDEAO	3	3	1	0	2	0	0	0	0	0	0	0

©LIPSOR-EPITA-MACTOR

2MAO	Aut_Etat	Apur_parc	Preserv	Lobbying	Sanction	Expl_parc	Dev_rech	Bien_être	Sensb_pop	Benef_parc	DD_paysans	Stien_fin	CEDEAO
Min_tech	3	2	2	2	1	1	1	3	2	3	3	3	3
OIPR	3	3	3	2	3	-3	2	-2	1	-3	-2	3	-2
Aut_po_ad	3	1	1	1	1	1	1	3	2	3	3	2	3
Aut_jud	3	1	0	0	-2	-3	0	1	1	1	3	1	3
Paysans	-4	-4	-3	-3	-3	4	0	4	-3	3	4	-4	4
Brac_delin	-3	-3	-3	-2	-4	4	0	4	-3	4	0	-3	0
Struc_rech	3	2	2	2	2	-2	4	1	2	1	0	3	0
Pop_autoch	2	1	1	0	1	2	0	-1	2	2	0	0	0
Coll_terr	2	-2	2	2	2	3	2	3	2	3	3	2	3
Coop_éco	-2	-3	-2	-3	-1	4	0	3	-2	4	2	-3	2
Part_inter	2	2	2	2	2	-2	2	3	2	-2	3	2	3
CEDEAO	2	-2	0	2	-2	0	0	3	2	2	3	0	3

©LIPSOR-EPITA-MACTOR

Pour la matrice Acteur/Acteur ou MID, les influences sont notées de 0 à 4 suivant l'importance de la remise en cause possible pour l'acteur :

0 : Pas d'influence
1 : Processus opératoires
2 : Projets
3 : Missions
4 : Existence

Au niveau de la matrice Acteur/Objectif ou 2MAO, le signe indique si l'acteur est favorable ou opposé à l'objectif.

0 : l'objectif est peu conséquent

1 : L'objectif met en cause les processus opératoires (gestion, etc ...) de l'acteur / est indispensable à ses processus opératoires

2 : L'objectif met en cause la réussite des projets de l'acteur / est indispensable à ses projets

3 : L'objectif met en cause l'accomplissement des missions de l'acteur / est indispensable à ses missions

4 : L'objectif met en cause l'acteur dans son existence / est indispensable à son existence

L'application du logiciel MACTOR à ces données d'entrée donne les résultats qui sont analysés dans la partie ci-après.

II-RESULTATS

L'Etat est certes le titulaire abstrait du pouvoir mais, dans le cadre de sa manifestation, il est porté par des acteurs qui se rejoignent majoritairement autour de la fonction de régulation. Ces derniers sont dotés d'une influence qui conditionne l'ordre ou le désordre dans le système du parc national de la Marahoué.

2-1-L'ETAT, UN GROUPE D'ACTEURS AUX MISSIONS ORIGINELLES DE REGULATION

L'action de l'Etat est entretenue par des structures qui sont porteuses de ses intérêts de régulation à travers les principes de déconcentration et de décentralisation. Ainsi, cinq acteurs ont été identifiés comme intervenant sous la tutelle de l'Etat dans la base du jeu. Il s'agit des Ministères techniques et autres pouvoirs de régulation, l'OIPR qui est chargée de la conservation du parc de la Marahoué, des autorités politiques et administratives de l'Etat qui sont des délégués de l'Etat *via* les principes de déconcentration et de décentralisation, les autorités judiciaires qui ont pour mission de faire appliquer les réglementations en vigueur et les collectivités territoriales dont les missions ont été définies plus haut. Le dénominateur commun à ces cinq acteurs est la fonction officielle de régulation et leur appartenance à l'environnement national. Le regroupement géographique de la plupart de ces acteurs dans le plan des distances nettes entre acteurs en est la parfaite illustration.

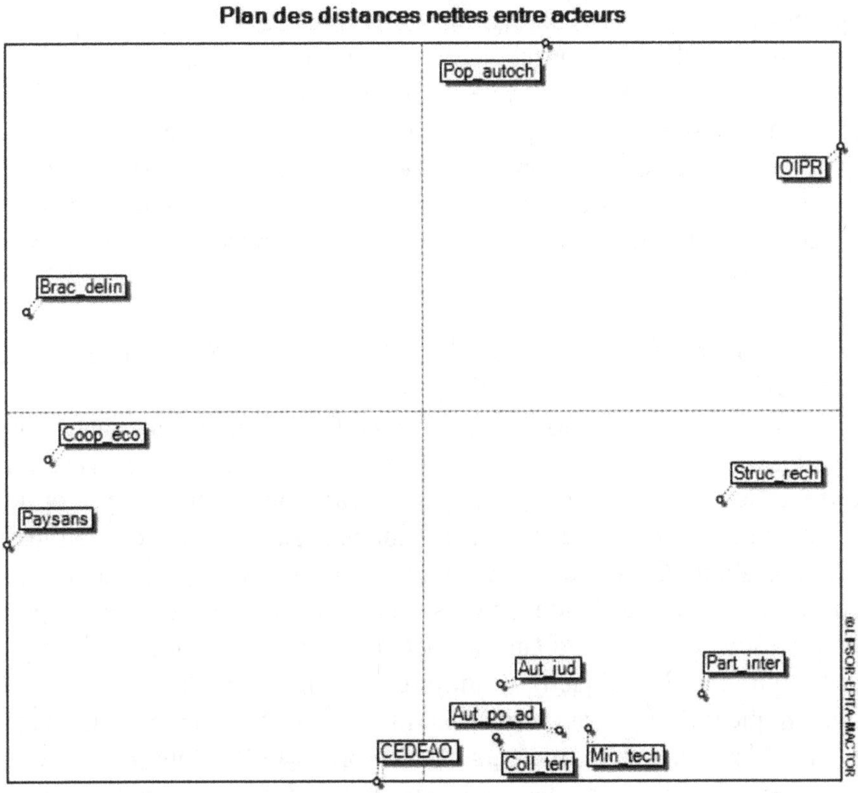

Figure 3 : Plan des distances nettes entre acteurs

Ce plan des distances nettes entre acteurs renseigne sur la proximité géographique des acteurs dans le plan. Ainsi, observe t-on deux groupes d'acteurs dans ce plan des distances nettes. Il s'agit des acteurs situés à l'ouest du plan constitués des braconniers et autres délinquants, des coopératives agricoles et autres opérateurs économiques intervenant dans le parc et enfin, des paysans exploitant le parc. Ces acteurs s'identifient par leurs objectifs d'exploitation illégale des ressources du parc à des fins économiques.

Le second regroupement est situé majoritairement au sud-est du plan. Ses membres sont les autorités judiciaires, les autorités politiques et administratives locales, les ministères techniques et autres structures de régulation, les collectivités territoriales, la CEDEAO et les partenaires internationaux qui n'en sont pas très éloignés. Ce groupe est constitué majoritairement des acteurs étatiques qui portent les intérêts de la puissance régalienne. Bien qu'étant des membres de l'environnement international, la CEDEAO et les partenaires internationaux notamment portent des enjeux de régulation à travers leurs réglementations et les appuis qu'ils apportent aux organisations étudiées.

Quant à l'OIPR, acteur régulateur chargé de la gestion quotidienne du parc, son positionnement semble contre-intuitif au regard de ses missions qui sont quasiment identiques à celles des acteurs concentrés dans le quadrant sud-est. Ce positionnement de l'OIPR dans le plan des distances nettes entre acteurs qui est à l'opposé de ses pairs est un indice de désaccord entre ce dernier et le reste du groupe des acteurs dits régulateurs.

2-2-DES ACTEURS DITS REGULATEURS POURTANT PEU INFLUENTS SUR LE SYSTEME

Dans toute organisation faisant l'objet d'une bonne gouvernance, les acteurs régulateurs sont des acteurs dominants, c'est-à-dire ayant une forte influence sur le jeu. C'est cette capacité à faire respecter les réglementations en vigueur qui conditionne la stabilité et la durabilité de l'organisation. C'est davantage vrai pour une aire protégée où les confrontations d'intérêts des acteurs sont manifestes, quelquefois au péril de l'espace en question quand les acteurs régulateurs sont dominés par ceux qui ont des objectifs contraires au maintien de son équilibre dynamique. C'est le cas du parc national de la Marahoué où la quasi-totalité des acteurs régulateurs, y compris l'OIPR, ont perdu toute influence sur le jeu avec des poids peu significatifs dans le jeu.

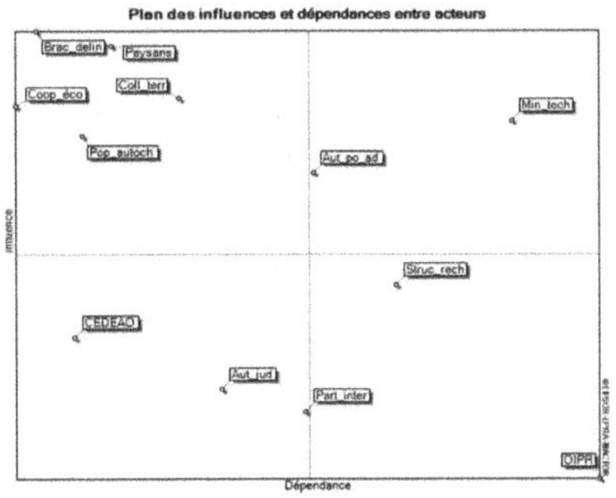

Figure 4 : Plan des influences et dépendances entre acteurs

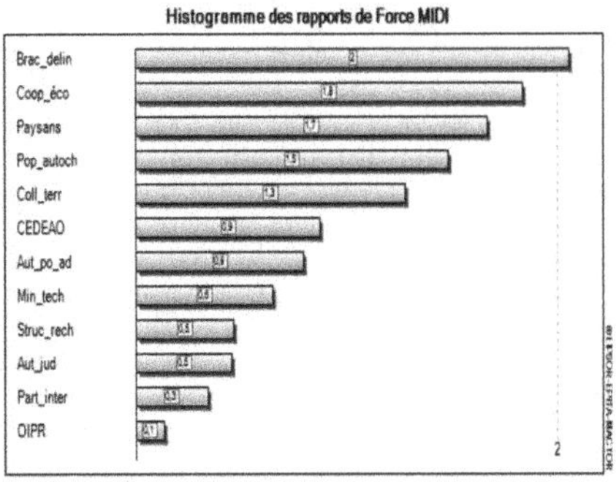

Figure 5 : Histogramme des rapports de force entre acteurs

Le quadrant nord-ouest qui est celui des acteurs dominants est constitué majoritairement des acteurs intéressés par l'exploitation illégale du parc. Il s'agit des braconniers et autres délinquants qui cumulent un poids maximum de 2, les coopératives et autres opérateurs économiques qui répondent à un poids de 1.8, les associations de paysans avec un poids de 1.7, les populations autochtones riveraines à 1.5 et enfin les collectivités territoriales, le seul acteur proche de l'Etat, qui pèse 1.3 dans le jeu. Les autres acteurs régulateurs sont en dessous de la moyenne avec notamment des autorités judiciaires qui ont un poids de 0.5 quand l'OIPR fait pratiquement office de figurant dans le jeu en ne pesant que 0.1 sur une échelle de 2. En somme, ces acteurs censés réguler le jeu ont une faible influence sur celui-ci, participant du coup à la dérégulation du système en question.

En outre, l'observation du comportement de ces acteurs régulateurs dans le plan est marquée par la dissémination de ces derniers dans tous les quadrants du plan : les collectivités territoriales dans celui des acteurs dominants, les Ministères techniques et les autorités politiques et administratives locales chez les acteurs relais, l'OIPR fortement dominé et les autorités judiciaires dans celui des acteurs autonomes. Cette attitude témoigne de l'absence de cohésion dans les actions de ces derniers malgré les discours officiels communs qu'ils tiennent sous le couvert de l'Etat régulateur du jeu.

2-3-L'AMBIVALENCE DES ACTEURS ETATIQUES A L'ORIGINE DU DESORDRE OBSERVE DANS LE PARC

En tant qu'agents de régulation, les acteurs étatiques devraient être caractérisés par un discours univoque de préservation des intérêts de conservation du parc. En d'autres termes, ces acteurs ne devraient pas encourager l'installation définitive des paysans. Or, l'analyse des résultats montre l'ambivalence des acteurs étatiques tant sur les objectifs de conservation que d'exploitation du parc pour servir leurs intérêts personnels. Ces acteurs étatiques sont donc autant favorables aux objectifs de restauration de l'intégrité du parc qu'aux objectifs qui concourent à l'écocide de l'aire protégée. Cette duplicité des acteurs étatiques n'est pas de nature à favoriser la reprise du parc national de la Marahoué.

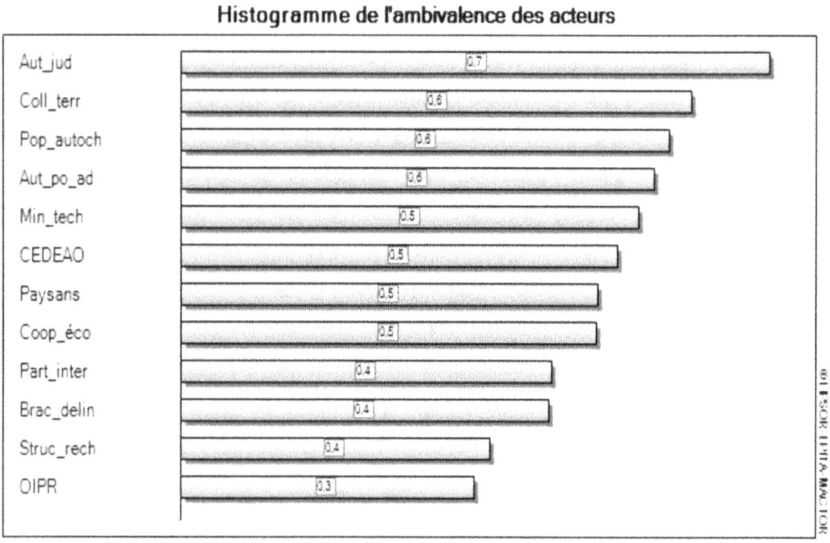

Figure 6 : Histogramme de l'ambivalence des acteurs

Parmi les cinq acteurs considérés dans le cadre de cette contribution comme des agents de la puissance régalienne, quatre ont des scores d'ambivalence assez élevés sur une échelle allant de 0 à 1. Il s'agit des autorités judiciaires qui ont un niveau d'ambivalence de 0.7, suivis des collectivités territoriales et des autorités politiques et administratives locales avec un score de 0.6 quand les ministères techniques et autres structures de régulation ont la moyenne de 0.5. Seul l'OIPR est non ambivalent avec une position tranchée, à savoir celle de la restauration du parc à travers l'apurement de cet espace de ses occupants illégaux.

Ce rapport de l'OIPR au reste du groupe des acteurs étatiques est corroboré par leurs positionnements dans le plan des distances nettes où l'OIPR est esseulé au nord-est quand les quatre autres acteurs se distinguent par leurs regroupements au sud-est (Cf fig. 3).

Dans un tel contexte marqué par la crise de gouvernance des acteurs chargés de veiller à l'application de la réglementation en vigueur, les pratiques de désordre s'enchaînent avec les nombreux anachronismes observés dans le parc de la Marahoué. Pour formaliser ces pratiques de désordre dans l'espace, des équipements et infrastructures ont été installés dans le parc avec la caution de certains ministères techniques et l'appui financier des partenaires internationaux, au motif d'améliorer les conditions de vie des populations qui y vivent (Cf. figure 7). Ainsi, des écoles, des pompes hydrauliques, des centres de santé, des marchés, des dépôts de pharmacie, etc. sont installés dans le parc national de la Marahoué. En outre, sous le prétexte de la sécurisation de ces populations, des gendarmes appuyés par des chasseurs traditionnels, communément appelés « dozos », effectuent des contrôles à certaines entrées du parc ; une mission qui revient normalement aux gestionnaires du parc qui sont des agents des Eaux et forêts.

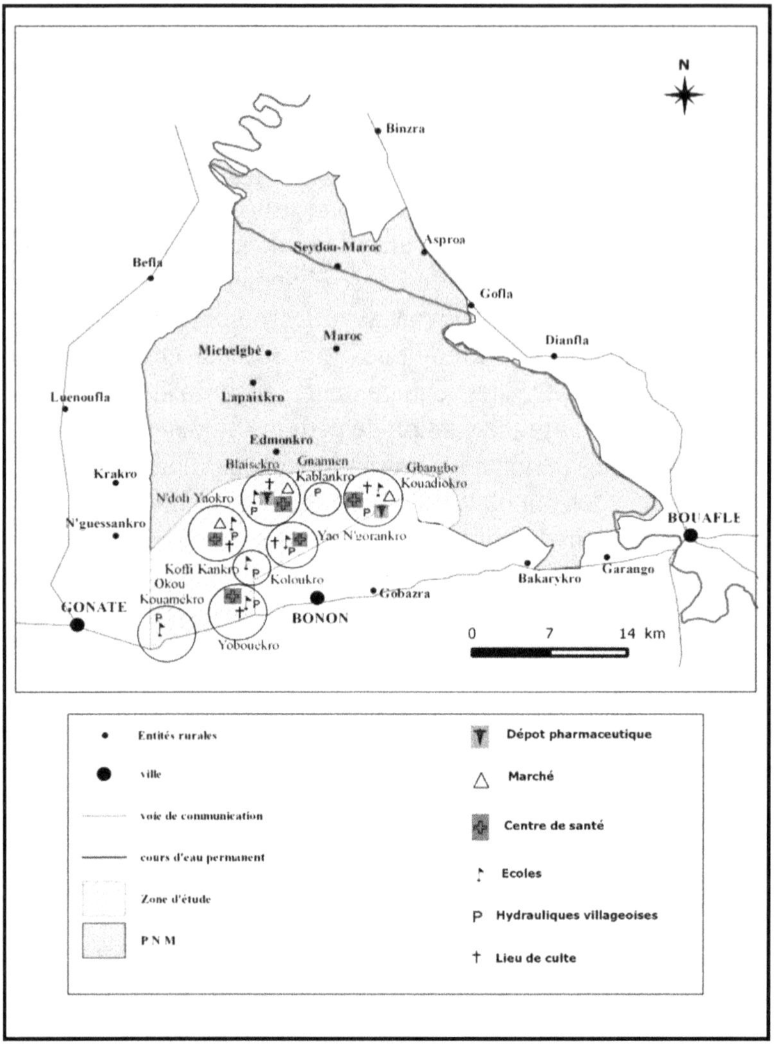

Figure 7 : Equipements et infrastructures dans le parc de Marahoué

Au regard du fort niveau d'ambivalence des acteurs étatiques chargés pourtant de protéger le parc, l'on comprend aisément le niveau de dégradation du parc à travers les nombreuses marques de désordre qu'on observe dans cet espace. Malgré la bonne volonté de l'OIPR, cet acteur est très affaibli et esseulé dans ce jeu car ne bénéficiant pas d'alliés sincères sur lesquels il pourrait compter pour bâtir une vraie stratégie en vue de la reprise du parc national de la Marahoué.

III-DISCUSSION

Dans l'espace, les acteurs sont multiples mais Brunet et *al.* (1993) cité par Shoumaker (2002) les regroupent en cinq grandes catégories: l'Individu ou ménage ; le Groupe, plus ou moins informel (association, lobby, etc) ; l'Entreprise ou les opérateurs économiques ; les Collectivités territoriales (communes et régions), l'Etat et les partenaires internationaux qui occupent, de plus en plus, une place de choix dans la gouvernance des organisations notamment des aires protégées. Au niveau des missions entre ces acteurs, on observe une proximité entre les missions de l'Etat et celles des collectivités territoriales ; la différence se situant principalement au niveau de l'échelle d'intervention. Ainsi, l'Etat gère le territoire national et les frontières, assure les grands travaux et les principales infrastructures, fait des réglementations et des lois qui ont des effets spatiaux, fixe les règles de la fiscalité, détient un domaine foncier et immobilier et il est parfois entrepreneur dans le sens de l'aménagement du territoire. Quant aux collectivités territoriales, elles gèrent une maille du territoire national et peuvent disposer d'un domaine foncier, assurent des équipements et installations spécifiques et ont une marge de réglementation et d'intervention fiscale et financière (Brunet et *al*, ibid).

Ces acteurs, bien qu'officiellement régulateurs, ne poursuivent pas toujours les mêmes intérêts. Ainsi, l'OIPR qui est chargée de la gestion quotidienne du parc national de la Marahoué est victime du faible appui des autres acteurs régulateurs. Les conflits observés en 2004 et 2005 entre l'OIPR et des structures étatiques comme le Ministère de l'Education nationale qui avait autorisé l'affectation d'enseignants à l'intérieur du parc en sont la parfaite illustration (OIPR, 2005). Les collectivités territoriales notamment la mairie de Bonon semblent stratégiquement réfractaires au projet d'apurement du parc à cause de leurs recettes qui proviennent en bonne partie des taxes collectées sur les nombreux magasins de vente de produits agricoles installés sur l'aire communale. Des autorités politiques et administratives locales rament à contre-courant à travers leurs ingérences dans les décisions de justice, bien que ce dernier acteur ne soit pas mobilisé par l'objectif de la reprise du parc. En effet, les autorités judiciaires qui ne se sont pas encore approprié la conservation du parc comprennent difficilement l'incarcération d'un paysan ou d'un braconnier pris dans le parc qui ne cherche que sa pitance journalière ; surtout que, selon elles, la prison de Bouaflé n'est pas déjà assez grande pour accueillir tous les délinquants civils. Ainsi, la transaction est privilégiée dans les contentieux du parc, encourageant de la sorte la récidive qui participe nettement à l'invasion de cette aire dite protégée (OIPR, *ibid* ; Kouassi, 2012).

Cette invasion humaine du parc s'accompagne de pratiques qui tranchent avec les normes de protection du parc de la Marahoué. Ainsi, au même titre que des entrées du parc de la Marahoué sont contrôlées par des gendarmes et des chasseurs traditionnels, Kouassi (2016) observe cette situation au parc national du Banco qui est aussi tenu par des gendarmes sous le prétexte de faits d'assassinat dans ledit parc. Kouamé (2016) met, quant à lui, en évidence les ambigüités dans les initiatives de l'Etat avec l'installation de bureaux de vote à l'intérieur du parc de la Marahoué et la construction d'infrastructures du Programme Présidentiel d'Urgence aux abords de cette aire protégée.

CONCLUSION

Depuis l'accession de la Côte d'Ivoire à l'indépendance, les pouvoirs publics ont toujours manifesté un intérêt particulier et constant pour la conservation de son patrimoine naturel, socle de l'économie nationale. Il suffit de voir l'arsenal juridique et institutionnel mis en place dans le temps pour s'en convaincre. Mais, là ou l'Etat ivoirien a le moins réussi, c'est celui du passage de la réflexion à l'action. L'échec de cette articulation trouve son explication dans la faible mobilisation des acteurs autour des objectifs de conservation d'une part, et dans la faiblesse de l'Etat à travers son incapacité à appliquer ou faire appliquer les textes qu'il s'est lui-même donnés d'autre part, rendant du coup ingouvernable des pans entiers de son patrimoine naturel. C'est aujourd'hui le cas du parc de la Marahoué où, depuis son érection en aire protégée, les travers des décisions ou postures des acteurs portant les intérêts de l'Etat ont énormément participé à son état actuel de dégradation. Bien qu'étant des acteurs chargés de réguler les actions dans le parc afin de maintenir son équilibre dynamique ou favoriser, du moins, sa reprise des mains des exploitants illégaux, les pouvoirs publics nationaux se sont plutôt signalés par leur attitude ambigüe sur les objectifs antinomiques de conservation et d'exploitation illégale du parc. Cette duplicité explique tout le désordre spatial observé dans le parc à travers les nombreux anachronismes qui tranchent avec le statut d'aire protégée de la Marahoué. L'avenir du parc est donc, de ce fait, lié aux mutations futures ou aux rigidités de l'Etat ivoirien dans le domaine de la conservation des aires protégées.

BIBLIOGRAPHIE

AKOUE. Y.C., IBO. G. J., (2009) : Conflits liés à la conservation du Parc National de la Marahoué (Côte d'Ivoire): la zone agro-forestière constitue-t-elle le nœud?, in le Journal des Sciences Sociales, Revue scientifique du Groupement Interdisciplinaire en Sciences Sociales (GIDIS), n°6, pp 55-66.

ASCHER. F., (*1995*) : Métapolis ou l'avenir des villes,Paris, Odile Jacob, 346 pages.

BRUNET. R, FERRAS. R, THERY. H., (1994) : Les mots de la géographie, Paris, Reclus-La documentation Française, 3ème édition, 520p.

DE SARDAN. J-P O., (2004) : État, bureaucratie et gouvernance en Afrique de l'Ouest francophone. Un diagnostic empirique, une perspective historique », in Politique africaine, n° 96, pp. 139-162. DOI 10.3917/polaf.096.0139

LAVIGNE D. P., (2011) : Du nouveau dans la "participation" ? : Populisme bureaucratique, participation cachée et impératif délibératif. Une anthropologie entre pouvoirs et histoire : conversations autour de l'œuvre de Jean-Pierre Chauveau, *Karthala* ; IRD, pp.161-188.

GODET. M., (2006) : Prospective stratégique : Problèmes et méthodes, Paris, Cahiers du LIPSOR n° 20, 92p.

KABA N., NGOUAN-ANOH. E., (2015) : Bonnes pratiques de gouvernance environnementales en Afrique, in Développement durable et émergence de l'Afrique sous la direction de Remy Allah-Kouadio, Babacar Cissé et Luc Joel-Grégroire, Editions Grandvaux, pp.91-112.

KONE. I., KOUADIO. A.S., ZADOU. D. A., GLEANOU K. E., IBO. G. J., (2012) : « Bouleversements réguliers des cadres juridique et institutionnel de la gestion des forêts en Côte d'Ivoire: quand il ne suffit pas de légiférer et mettre en place des institutions, In *Forêt et humains*: une communauté de destin Chapitre 5, pp 90-96.

KOUASSI.K.S., (2012) : La prospective territoriale au service de la conservation durable des aires protégées : les exemples comparés des parcs nationaux de Taï et de la Marahoué en Côte d'Ivoire, Université Félix Houphouët Boigny, Thèse de doctorat Unique, 459p.

KOUASSI. K. S., (2013) : Analyse du jeu d'acteurs de la filière Coton en Côte d'Ivoire : un cas appliqué de la méthode MACTOR, in *Variations ivoiriennes*, Revue des hautes terres, Edition IRESMA, n° 4, vol 1.

KOUASSI.K.S., (2014) :Analyse prospective des aspects conflictuels de la dynamique migratoire dans le parc national de la Marahoué en Côte d'Ivoire, in *le Journal des Sciences Sociales*, Revue scientifique du Groupement Interdisciplinaire en Sciences Sociales (GIDIS), n° 11, pp 139-155.

KOUASSI. K. S., (2016) : Le parc du Banco, un joyau écologique ignoré au profit de ses vertus magico-religieuses en Côte d'Ivoire, in *Revue Échanges*, vol. 2, n°006, pp 478-500.

KOUAME. K. N., (2016) : Migration humaine et dégradation du parc de la Marahoué dans la zone de Bonon, Université Alassane Ouattara, Mémoire de Master 2, 230 p.

LACROIX. I., et ST-ARNAUD. P-O., (2012) : La gouvernance : tenter une définition, *Cahiers de recherche en politique appliquée*, Vol. IV, n°3, pp 19-37.

LAUGINIE. F., (2007) : Conservation de la nature et aires protégées en Côte d'Ivoire, Abidjan, CEDA/NEI, 668 p.

LEONARD. E., IBO. J., (1994) : Appropriation et gestion de la rente forestière en Côte-d'Ivoire, in *La nature et l'homme en Afrique*, Politique Africaine, Vol. 53, pp. 25-36.

MERENNE-SHOUMAKER. B., (2002) : Analyser les territoires. Savoirs et outils. Rennes, PUR, 154p.

N'GUINGUIRI. J.C., (2004) : Gouvernance des aires protégées dans le bassin du Congo : principes et pratiques » Communication donnée au Symposium international des forêts tropicales dans un contexte de changement global, Bruxelles, 8-9 Novembre 2004.

OIPR, (2005) : Rapport annuel d'activités, Secteur Marahoué.

RIBOT. J. C., (2001) : L'Afrique centrale et la gouvernance de la forêt. Contrebalancer les pouvoirs des secteurs publics et privés, Programme régional de l'Afrique centrale pour l'environnement (CARPE-USAID), Bulletin d'Information n° 11.

RIBOT J. C., (1999): Framework for Environmental Governance, Washington DC, World

Resources Institute.

SMOUTS. M. C., (1998) : Du bon usage de la gouvernance en relations internationales,

UNESCO, *RISS*, 155: pp 85-93.

LES UNIVERSITES REGIONALES DE COTE D'IVOIRE, NOUVEAUX MOTEURS DU DEVELOPPEMENT URBAIN POLARISE ? L'EXEMPLE DE KORHOGO

KRA Kouadio Joseph
Département de Géographie, Université Peleforo Gon Coulibaly (Korhogo, Côte d'Ivoire)
krajoseph@yahoo.fr
KOFFI Yéboué Stéphane Koissy
Département de Géographie, Université Peleforo Gon Coulibaly (Korhogo, Côte d'Ivoire)
koyestekoi@yahoo.fr
KOUADIO Adou François
Instiut de Géographie Tropicale, Université Felix Houphouët-Boigny (Abidjan, Côte d'Ivoire)
adoufrancois@yahoo.fr

RESUME

Influencée par le modèle d'urbanisation occidentale selon laquelle la ville est fille de l'industrie, la Côte d'Ivoire a mis l'accent depuis les années 1970 sur l'agro-industrie pour l'émergence de pôles urbains comme suggérés par les études orstormiennes. Après plus d'un demi-siècle de pratique, l'expérience ivoirienne en matière de polarisation basée sur l'industrialisation reste encore atone. Les villes programmées comme pôles d'équilibre principaux ne sont pas devenues des forces motrices du développement urbain polarisé. Dans le cadre de la décentralisation des universités ivoiriennes débutée en 1992 à Bouaké et relancée en 2012 à Daloa et à Korhogo, l'Etat compte à nouveau revitaliser et impulser le développement de ces pôles urbains en léthargie. L'objectif de cet article est d'évaluer la capacité d'urbanisation et de polarisation régionale basée sur les nouvelles infrastructures universitaires reparties dans les villes de l'intérieur du pays. L'exemple choisi est la ville de Korhogo dans les savanes du Nord de la Côte d'Ivoire.L'approche méthodologique adoptée s'appuie sur les données secondaires et primaires collectées. Les résultats de cette étude révèlent que l'université renforce progressivement la dynamique urbaine de Korhogo et son pouvoir de polarisation des villes et régions du nord du pays.

Mots clés : Korhogo, agro-industrie, développement urbain, polarisation, université

ABSTRACT

Influenced by the model of Western urbanization according to which the city is girl of industry, the Côte.d'ivoire laid the stress since the years 1970 on agricultural processing industry for the emergence of urban poles as suggested by the studies orstormiennes. After more than one half-century of practice, the experiment of the Ivory Coast as regards polarization based on industrialization remains still dull. The programmed cities as principal poles of balance did not become driving forces of the polarized urban development. Within the framework of the decentralization of the universities of the Ivory Coast begun in 1992 in Bouaké and started again into 2012 in Daloa and Korhogo, the State again hopes to revitalize and impel the development of these urban poles in lethargy. The objective of this article is to evaluate the capacity of urbanization and regional polarization based on the new university infrastructures left again in the cities of the interior of the country. The selected example is the town of Korhogo in savannas of the North of the Côte d'Ivoire. The adopted methodological approach is based on the secondary and primary data collected. The results of this study reveal that the university gradually reinforces the urban dynamics of Korhogo and its capacity of polarization of the cities and areas of the north of the country.

Key words: Korhogo, agricultural processing industry, urban development, polarization, university

INTRODUCTION

Depuis les indépendances, l'industrialisation qui a façonné les villes d'Europe occidentale et d'Amérique du nord a influencé le modèle d'urbanisation des pays africains. Ainsi, certains pays comme l'Algérie ont mis l'accent sur l'industrie lourde tandis que d'autres ont choisi l'agro-industrie. Dans tous les cas, il est factuel que dans plusieurs Etats africains, l'idée selon laquelle la ville occidentale est fille de l'industrie est devenue comme un dogme dans la construction du modèle de société orienté vers l'urbanisation. C'est dans ce contexte que la Côte d'Ivoire a choisi un modèle fondé sur l'industrialisation pour impulser l'urbanisation et la polarisation de l'espace. Cette option naguère réaliste repose sur le leadership africain de la Côte d'Ivoire en matière de développement agricole. En effet, dans la compétition africaine pour le progrès, la Côte d'Ivoire est devenue l'une des championnes en matière de production agricole. Ce succès repose, non seulement sur une tradition agricole tenace mais aussi et surtout sur la vision du premier président du pays, Félix Houphouët-Boigny. Il a fait de l'agriculture la priorité nationale pour la création de richesses. Par conséquent, le pays dispose d'énormes possibilités de transformation de matières premières agricoles. Le choix de l'agro-industrie comme le levier du développement urbain s'explique par ces performances agricoles. C'est ainsi que plusieurs sociétés d'Etat (SODESUCRE, SODEFEL, CIDT, SODEPRA, etc.) sont créées autour des pôles urbains d'équilibre programmés pour traduire dans l'espace la volonté politique de faire de la trilogie industrialisation-urbanisation-polarisation le levier du développement. Des infrastructures de transport et de communication sont également prévues pour renforcer la capacité de développement de ces pôles. Ces pôles urbains programmés ont pour objectifs de promouvoir le développement régional et de réduire le poids excessif de la capitale économique, Abidjan, afin d'équilibrer l'armature urbaine du pays (Ministère du plan, 1980). Après plusieurs décennies de crédit accordé au pouvoir agro-industriel pour urbaniser et polariser l'espace, les résultats sont décevants. Aujourd'hui, les villes élues comme pôles d'équilibre, même mises ensemble, n'ont pas l'étoffe économique et démographique pour rivaliser avec la ville d'Abidjan qui concentre à elle seule environ 40% de la population urbaine du pays (INS, RGPH-2014).

Dans ce contexte, l'Etat a mis en œuvre une autre stratégie de développement urbain polarisé basée sur les universités dans les villes d'alors programmées. Une direction chargée de la décentralisation des universités a même été créée à cet effet au sein du ministère de l'enseignement supérieur et de la recherche scientifique pour traduire dans l'espace cette volonté de l'Etat. Jusqu'en 1991, Abidjan, était équipée de l'unique université du pays. Le mouvement de décentralisation commence en 1992 par la création de l'université de Bouaké au centre et des unités régionales d'enseignement supérieur (URES) de Korhogo au nord et de Daloa au centre-ouest du pays. Mais, cette décentralisation n'était pas très ambitieuse. Elle a même été contrariée par la création d'une deuxième université, l'université d'Abobo-Adjamé, dans la macrocéphale d'Abidjan. Après vingt ans d'atermoiements, l'Etat lance une véritable politique de décentralisation des universités. La carte universitaire du pays s'étoffe avec universités de Korhogo et de Daloa ouvertes en 2012, celle de Man en chantier prévue pour 2017, celles de Bondoukou au nord-est et de San Pedro au sud-ouest programmées pour 2018. A cet effet, le discours du président de la république est sans équivoque : « S'agissant de l'Enseignement supérieur, les universités d'Abidjan et de Bouaké ont été entièrement rénovées en 2012 ; les problèmes d'équipements sont à présent en voie de résolution. De plus, les infrastructures des universités de Korhogo et Daloa seront renforcées au cours de cette année 2015, en même temps que débuteront les travaux de construction de l'université de Man. Les universités de San Pedro, de Bondoukou et d'Abengourou suivront. ».[23]Les nouvelles universités de l'intérieur du pays devraient donc être le fer de lance de cette volonté de polarisation qui n'a pas été réussi à travers le développement agro-industriel. Sans faire le deuil d'une polarisation spatiale basée sur l'industrie - l'agro-industrie demeure toujours une priorité pour les autorités politiques - il faut admettre que ce choix que vient de faire l'Etat ivoirien, a fait ses preuves dans plusieurs pays d'Afrique et du monde. L'augmentation de la population étudiante et des lieux d'enseignement supérieur n'est pas sans conséquence aussi bien pour l'université que pour la ville (Merlin, 1995). Au gonflement des effectifs d'étudiants et aux nouvelles missions attribuées à l'université, s'ajoute le défi d'inscrire l'enseignement supérieur comme vecteur de l'aménagement du territoire (Dhaher, 2010). C'est sans doute pour l'ensemble de ces raisons que les villes, aujourd'hui, se préoccupentd'intégrer à leur propre stratégie urbaine une dimension universitaire (Bourgain, 1996). En Tunisie les recherches de Dhaher (2010) montrent que la répartition spatiale des universités hors de Tunis dans les villes hôtes comme Nabeul, Sidi Bouzid, Tozeur, Siliana ou Menzel Abderrahmen, a créé une dynamique spatiale et démographique. Dans certaines villes tunisiennes l'université est de plus en plus sollicitée non seulement comme infrastructure d'appui et d'accompagnement, mais également comme vecteur du développement urbain local (Dhaher, 2015). Ces nouvelles universités ont servi de relais territoriaux et ont conforté la fonction de commandement des villes d'accueil. L'université est en train de prendre un rôle important dans le processus d'urbanisation, non seulement comme élément de structuration de la ville, mais aussi comme élément polarisant (Dhaher, 2015). Il reprend l'idée de Bourdin (2010) selon laquelle les universités ne sont

[23] Extraits du Message à la nation du Mercredi 31 décembre 2014de SEM. Alassane Ouattara, Président de la République.

plus des prestataires de services, mais des acteurs stratégiques du développement urbain. D'autres études sont parvenues à des résultats similaires. L'université étant une force polarisante, elle ne doit plus être considérée comme un simple équipement de la ville mais plutôt comme une sorte de ville nouvelle (Lussault et Justet-Leber, 2009). Aujourd'hui, le monde universitaire de Rennes porte, pour une grande part, l'économie rennaise comme le faisait hier le monde administratif et politique (Rolland, 2001). C'est ainsi que les études sur l'agglomération rennaise aient montré que l'impact économique de l'enseignement supérieur et de la recherche publique se traduit par des dépenses annuelles d'environ deux (2) milliards de francs français et au minimum 6000 emplois indirects et induits associés à la présence des étudiants (Baslé et Le Boulch, 1999). Les recherches de Gagnol et Héraud (2001) confirment cette réalité. Ces auteurs révèlent qu'on peut estimer à 11300 le nombre d'emplois générés par la présence des universités et organismes de recherche strasbourgeois. L'une université est aussi une source d'animation forte car les étudiants fournissent une clientèle potentielle aux initiatives d'animation culturelle (Moreau et Tesson, 2001 ; Vernières, 2006). Les activités universitaires et scientifiques constituent des fonctions motrices et dynamisantes de l'environnement (Boumaza, 2005 cité par Moreau et Tesson, 2011). L'université n'est plus dès lors appréhendée uniquement commeun service de proximité à diffuser dans l'espace mais aussi comme un facteurclé du développement local (Mille, 2006). En effet, dit-il, l'université améliore le stock de connaissances disponibles localement à travers une série de liaisons université-entreprises. Les universités peuvent aussi favoriser l'attractivité d'une zone à travers la création d'externalités positives. Ces recherches ont montré le rôle majeur de l'université dans l'urbanisation et la polarisation de l'espace. En Côte d'Ivoire, le mouvement de décentralisation véritable des universités étant très récent, l'apport de celles-ci dans l'urbanisation et la polarisation régionale n'a pas fait l'objet d'études scientifiques. C'est ainsi, que cet article entend combler ce vide à travers l'étude du cas de l'université de Korhogo. Cette contribution impose une interrogation. L'université est-elle un facteur majeur de développement urbain polarisé ? Notre certitude est que l'université constitue un moyen de polarisation des localités autour des grands pôles régionaux programmés.

METHODOLOGIE

L'objectif de cet article est d'évaluer la capacité de polarisation régionale basée sur l'infrastructure universitaire. Pour cela, il a été nécessaire de s'inspirer des travaux scientifiques et méthodologiques réalisés par d'autres auteurs. La littérature africaine et internationale relative à la contribution des universités au développement urbain et régional est plus ou moins abondante. Ces études ont permis de comprendre que l'infrastructure universitaire est un puissant moteur de développement urbain et régional. Aussi, ces travaux ont-ils permis de savoir qu'un modèle de développement urbain doit toujours accompagner l'implantation d'une université dans les villes. En Côte d'Ivoire, en plus des universités pré-existantes (Abidjan et Bouaké), trois nouvelles ont été créées entre 2012 et 2017 et deux en projet (carte 1). Ce sont Daloa et Korhogo en 2012 et Man en 2016. Pour mener cette étude, le choix porté sur Korhogo repose sur des critères géographiques et conjoncturels : sa situation géographique dans les savanes du nord, sa forte dynamique spatiale et démographique et son statut de ville ex-assiégée dans le contexte de la crise militaro-politique de 2002 à 2011.

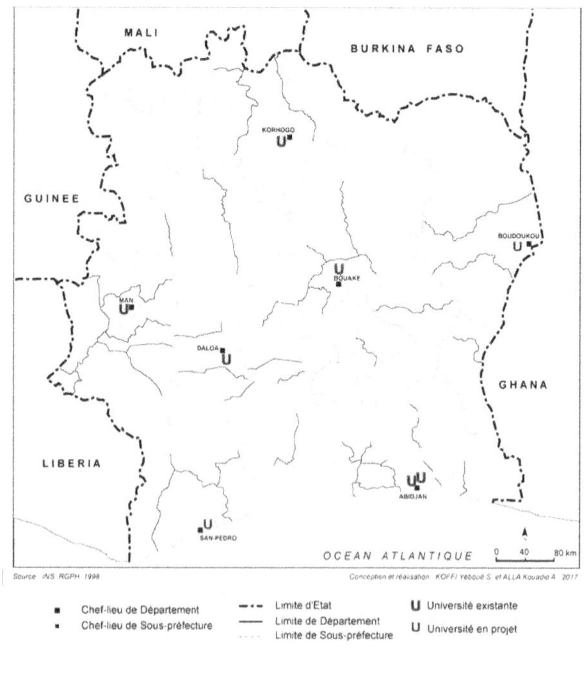

Figure 1 : La carte universitaire de Côte d'Ivoire

Trois méthodes ont été retenues pour cette collecte de données notamment l'observation, l'inventaire et l'enquête. Nous avons d'abord observé les infrastructures universitaires et les mutations spatiales et socio-économiques dans la ville de Korhogo et autour de l'université. Ensuite, nous avons fait un inventaire des équipements et infrastructures universitaires entre autres le nombre d'amphithéâtres, de salles de travaux dirigés et de travaux pratiques, le nombre de cités universitaires publics ou privés ainsi que le nombre de chambres, la capacité d'accueil des cités, les équipements sportifs, culturels et de transport, etc. Enfin, l'enquête sur le terrain a consisté à faire des interviews et à administrer un questionnaire. L'interview auprès des autorités universitaires nous ont permis d'avoir des renseignements sur les infrastructures et équipements universitaires, le nombre d'enseignants-chercheurs et d'agents du personnel administratif et technique, le nombre d'étudiants, la coopération et les partenariats entre l'université et les institutions déconcentrées et décentralisées, la masse salariale, les projets et le difficultés de développement de l'université, etc. Avec les responsables du centre régional des œuvres universitaires, il a été question d'avoir des informations sur le nombre et les types de cités universitaires, leur capacité d'accueil, et les problèmes sociaux des étudiants. A la direction des bourses d'étude les informations collectées sont : le nombre de boursiers, et l'enveloppe financière allouée aux bourses. Les autorités administratives de la ville ont été mises à contribution pour apprécier le niveau de coopération entre l'université et les structures urbaines. Certains opérateurs économiques notamment les hôteliers, les tenanciers de restaurants et les transporteurs ont été également interrogés pour avoir des informations sur la dynamique de leurs activités. Les universités ivoiriennes étant des établissements publics nationaux (EPN), la méthodologie retenue considère l'enseignement supérieur universitaire comme une activité de consommation et de production. L'analyse des données s'étend de 2012, date de la création de l'université de Korhogo, à 2016 en tenant compte des années académiques et comptables.

I-L'UNIVERSITE : UN FACTEUR DE DYNAMIQUE DEMOGRAPHIQUE ET SPATIALE DE LA VILLE DE KORHOGO

1-1-UNE POPULATION UNIVERSITAIRE SANS CESSE CROISSANTE

Avant de mettre l'accent sur la population universitaire de Korhogo, il s'avère nécessaire de montrer les déterminants de la dynamique démographique de cette ville avant l'ouverture de l'université. En général, la croissance de la population de la Côte d'Ivoire est due à l'accroissement naturel et aux migrations économiques ouest-africaines. Ces migrations concernent essentiellement les villes et régions forestières du sud devenues attractives par la valorisation héritage économique colonial (cacao, café, bois, etc.). Par contre, la région des savanes du nord avec une assise économique faible sont moins attractives. En général, la région nord est une zone d'émigration (Commission Européenne en Côte d'Ivoire, Ecoloc, 1999). Néanmoins, dans cette région, la ville de Korhogo est une exception avec une augmentation rapide de sa population due à l'accroissement naturel et à l'histoire politique et démographique. En effet, la concentration historique des villages autour de ladite ville pour éviter les razzias de Samory Touré et la paix historique entre ce dernier et le chef sénoufo d'alors de Korhogo ont fait de cette ville et ses alentours un foyer de concentration démographique. C'est dans ce contexte que naît la zone dense de Korhogo. Le choix politique et administratif des autorités de faire de Korhogo le pôle majeur du nord a permis à la ville de bénéficier d'équipements socio-éducatifs et d'infrastructures économiques et industrielles important dans le cadre de la lutte contre les disparités régionales. La ville connaît donc connaître une croissance démographique forte (tableau 1).

Tableau I : Evolution de la population de la ville de Korhogo

Année	1975	1988	1998	2014
Population urbaine	45 250	109 445	173 364	243 048

Source : INS, RGPH

Le rythme de croissance de la population de la ville est aujourd'hui renforcé par l'ouverture de l'université Peleforo Gon Coulibaly en 2012 (photos 1 et 2).

Photo 1 : Amphithéâtre de l'université Photo 2 : Bibliothèque de l'université
(clichés Kra, 2017)

Les migrations universitaires vers la ville de Korhogo deviennent de plus en plus un phénomène démographique important. A cet effet, c'est la population estudiantine est la plus significative. Cette population a augmenté de 303,16% entre 2012 et 2015 (tableau II).

Tableau II : Dynamique de la population estudiantine de l'Université Peleforo Gon Coulibaly

Année universitaire	Effectif par filière et par genre (Garçon=G ; Filles=F)																Total
	Droit		Géographie		Sciences Economiques		Sociologie		Anglais		Lettres Modernes		Institut de Gestion Agropastorale		Sciences biologiques		
	G	F	G	F	G	F	G	F	G	F	G	F	G	F	G	F	
2012-2013	227	5	162	44	242	52	93	26	145	34	114	63	155	69	101	18	1550
2013-2014	236	112	301	76	366	123	141	74	328	82	218	173	325	78	311	76	3021
2014-2015	407	228	392	110	497	174	145	89	407	96	367	339	573	158	566	151	4699
2015-2016	-	-	-	-	-	-	-	-	-	-	-	-	-	-	-	-	

Source : Université Peleforo Gon Coulibaly, Service de la scolarité centrale, 2016

A cette population estudiantine s'ajoute le personnel enseignant, administratif et technique de l'université. La population de ce personnel a également augmenté de 405% entre 2012 et 2015 (tableau III). Aussi, cette population représente-t-elle des chefs de ménages. En Afrique où les fonctionnaires d'Etat ont des salaires réguliers, ces chefs de ménage constituent des pôles d'appel démographique de la famille élargie. La présence de plusieurs fonctionnaires mieux de cadres supérieurs représente donc un atout démographique pour la ville de Korhogo.

Tableau III : Evolution du personnel de l'Université Peleforo Gon Coulibaly

Années universitaires	Nombre d'enseignants-chercheurs et de chercheurs	Nombre d'ingénieurs	Total personnel enseignant	Total personnel administratif et technique	TOTAL
2012-2013	37	23	60	20	80
2013-2014	141	34	175	24	199
2014-2015	200	36	236	32	268
2015-2016	242	39	281	43	324

Source : Université Peleforo Gon Coulibaly, Service des ressources humaines, 2016

Ces migrations universitaires présentes et futures ne sont pas sans conséquences sur l'espace urbain.

1-2-LE DEVELOPPEMENT DE PLUSIEURS FRONTS D'URBANISATION AUTOUR DE L'UNIVERSITE

La demande sociale de la population universitaire s'exprime dans l'espace. L'atout démographique que constitue la population universitaire se traduit dans l'espace par une dynamique foncière et immobilière. En effet, depuis l'ouverture de l'université on constate une évolution des opérations de lotissement et de viabilisation des terrains dans le périmètre proche de l'université. La demande sociale de logement entraine de plus en plus des investissements privés rentables. Et ce, pour deux raisons. Les étudiants n'ont pas de cité universitaire publique. Le personnel enseignant a un pouvoir d'achat élevé par rapport au niveau de revenu moyen des populations de la ville. Dans ce contexte, plusieurs fronts d'urbanisation naissent à la périphérie de la ville et particulièrement autour de l'université

II-LA COMMUNAUTE UNIVERSITAIRE : UNE FORCE D'IMPULSION DU DEVELOPPEMENT ECONOMIQUE DE LA VILLE DE KORHOGO ?

La communauté universitaire regroupe ici la population universitaire (étudiants, personnel enseignant, administratif et technique, étudiants), le Centre Régional de Œuvre universitaire et l'université en tant qu'institution de formation. Les fortes dépenses universitaires sont des facteurs qui entretiennent l'économie de la ville. Aussi, l'université, en tant qu'instrument de production, contribue par son capital humain à l'augmentation des richesses de la ville.

2-1-L'IMPACT DECISIF DES DEPENSES DE CONSOMMATION DE L'UNIVERSITE

L'économie résidentielle des étudiants et du personnel enseignant apporte des ressources financières additionnelles à la ville en termes de dépenses de consommation. Les secteurs où l'impact de la population universitaire est important sont le logement locatif, les transports, la restauration et l'économie numérique. En 2005, sur les 4699 étudiants de la ville 587 soit 15,66% avaient une bourse ou un secours financier Le montant total injecté dans la ville pour aider les étudiants était de 281,70 millions f cfa (tableau IV).

Tableau IV : Evolution des bénéficiaires et des montants des bourses et secours financiers (en millions de f cfa)

Année universitaire	Bourses				Secours financiers		Effectif total	Taux d'étudiants (%)	Montant total
	Renouvellements		Attributions						
	Effectif	Montant	Effectif	Montant	Effectif	Montant			
2012-2013	-	-	-	-	-	-	595	38,39	115,02
2013-2014	56	16,08	611	148,08	284	51,12	951	31,48	215,28
2014-2015	587	239,04	120	37,44	29	5,22	736	15,66	281,70
2015-2016	-	-	-	-	-	-	-	-	-

Source : Direction des bourses, Sous-direction des bourses d'études en Côte d'Ivoire, 2016

Les étudiants non boursiers sont également des consommateurs urbains. Les 4112 étudiants qui ne bénéficient pas d'aide financière de l'Etat sont totalement à la charge de leurs parents. Sans bourse ou secours financier, ces étudiants doivent impérativement dépenser. Selon nos enquêtes, il faut un strict minimum de 15 000 f cfa par mois pour qu'un étudiant vive à Korhogo. Avec cette hypothèse, ce sont environ 61,7 millions qui sont mobilisés par an par l'ensemble des parents pour permettre aux étudiants de vivre et d'étudier. Lorsqu'on ajoute certaines contraintes de paiement des bourses et secours financiers qui entrainent un décalage du calendrier de paiement, les étudiants même bénéficiant de ces aides de l'Etat doivent encore recourir au soutien financier des parents en attendant ce financement public. Par conséquent, la quasi-totalité des étudiants ont mobilisé près de 70,5 millions de f cfa en 2015. Dans cette hypothèse, ce sont près de 350 millions dépensés par les étudiants en 2015 dans la ville de Korhogo. A ces dépenses s'ajoutent la charge financière du personnel enseignant, administratif et technique permanent de l'université. En 2015, sur un budget de fonctionnement de 3 862 150 086 f cfa, l'université a payé 1 777 728 369 f cfa pour ce personnel soit 46,02% (voir tableau V).

Tableau V : Les dépenses de fonctionnement de l'université (en f cfa)

Nature ou typologie des dépenses de fonctionnement	Année	
	2015	**2016**
Achats matières et marchandises	25.000.000	20.000.000
Electricité et eau	21.000.000	14.029.500
Carburants et lubrifiants	65.000.000	70.000.000
Autres fournitures d'exploit	47.000.000	80.000.000
Transports et frets	135.000.000	135.000.000
Loyers, leasings et charges loc.	10.500.000	10.500.000
Entretien et réparations	20.000.000	23.500.000
P.T.T.	15.000.000	20.125.000
Frais de réception	10.000.000	11.750.000
Formation professionnelle	991.850.000	1.033.346.000
Frais fonct. Cont. Budgétaire	12.000.000	12.000.000
Ss-trait. /opérations program.	544.000.000	545.200.000
Frais fonct. Agence comptable	12.000.000	12.000.000
Autres services	58.000.000	51.150.000
Charges permanentes	30.000.000	30.250.000
Charges exceptionnelles	50.000.000	346.450.000
Frais charges personnel perm.	1.777.728.369	2.060.931.332
Taxes et impôts directs	38.071.717	47.485.203
Total	**3.862.150.086**	**4.523.717.035**

Source : Ministère chargé du budget, 2016

Ce sont 2,1 milliards de f cfa mobilisés pour le personnel et les étudiants par l'Etat et les parents d'étudiants. En 2016, la charge financière du personnel permanent a augmenté dépassant les 2 milliards de f cfa (voir tableau 5). S'il est vrai que l'économie résidentielle du personnel enseignant est réduite par le fait que certains enseignants habitent hors de la ville notamment à Abidjan, il n'en demeure pas moins que la ville tire profit de la présence de tous ces enseignants. Ces centaines de millions ont un impact économique sur la ville en fonction de la demande qui se traduit après en dépenses.

La demande sociale en logements locatifs stimule de plus en plus les travaux de construction ; les besoins en produits vivriers et alimentaires incitent les ruraux à produire et les opérateurs économiques du secteur de la distribution ; la présence d'une gare informelle de motos-taxis en face de l'université est le témoignage de l'atout qu'apporte l'université pour les transports urbains. Le secteur de l'économie numérique se développe avec la téléphonie mobile (Orange, MTN, Moov, etc.), la banque mobile (Orange Money, MTN Money, Moov Money, etc.) avec les transferts d'argent du personnel, des étudiants et de leurs correspondants hors de la ville. La restauration et l'hôtellerie bénéficient profitent des dépenses de tourisme et loisirs des étudiants, du personnel et des vacataires en missions inter-universitaires. Du reste, le secteur des petits métiers informels comme l'électricité, la plomberie, la menuiserie, ébénisterie, la peinture, mécanique, etc. connaissent plus ou moins un regain d'activité avec les dépenses d'installation de la population universitaire. Aussi, les dépenses en carburant du personnel en véhicule privé et des étudiants détenteursde motos contribuent-ils aux recettes des stations-services. En tout état de cause, le pouvoir d'achat des enseignants-chercheurs et chercheurs - en moyenne supérieur à 1000 euros - est un atout économique en termes de dépenses de consommation.

Par ailleurs, les dépenses de fonctionnement de l'université hors masse salariale du personnel de 2 462 785 703 f cfa en 2016 participent au dynamisme économique de la ville. Il s'agit notamment des dépenses en carburant, en organisation de cérémonies ou manifestations et les contrats de réparation, d'entretien et d'achats de matériels de bureau avec les opérateurs économiques de la ville.

Les structures d'accompagnement de l'université notamment la Centre régional des Œuvres Universitaires de Korhogo (CROU-Korhogo) et la Direction locale des bourses d'études contribuent par leur présence à l'essor de la ville. Les activités du CROU permettent de financer l'achat de matériels (tableau 6) pour les services qui augmentent les recettes opérateurs économiques privés de la ville. Il faut noter que l'insuffisance des équipements administratifs publics a entrainé la location des plusieurs logements privés. Ce sont plus de 163 millions de dépenses cumulées en 2015 et 2016 du CROU au profit des particuliers.

Tableau VI : Les dépenses de fonctionnement du Centre Régional des Œuvres Universitaires (en f cfa)

Nature ou typologie des dépenses de fonctionnement	Année	
	2015	**2016**
Electricité et eau	39.035.223	34.000.000
Carburants et lubrifiants	15.000.000	20.000.000
Autres fournitures d'exploit	15.000.000	20.000.000
Transports et frets	2.000.000	7.000.000
Loyers, leasings et charges loc.	103.000.000	66.420.000
Entretien et réparations	15.000.000	20.000.000
P.T.T.	10.000.000	10.000.000
Frais de réception	5.000.000	5.000.000
Formation professionnelle	36.764.777	36.764.777
Frais fonct. Cont. Budgétaire	12.000.000	12.000.000
Ss-trait. /opérations program.	400.560.000	584.338.046
Frais fonct. Agence comptable	12.000.000	12.000.000
Autres services	13.000.000	22.987.041
Charges permanentes	10.000.000	10.000.000
Charges exceptionnelles	5.000.000	5.000.000
Frais charges personnel perm.	5.100.000	3.300.000
Total	**698.460.000**	**868.809.864**

Source : Ministère chargé du budget, 2016

Plusieurs opérateurs économiques ont saisi l'opportunité des dépenses des dépenses de l'université, de la population universitaire et des structures d'accompagnement (tableau VII). D'abord une forte spéculation foncière et immobilière a été constatée. A cet effet, l'importante inflation des coûts des logements locatifs du personnel enseignant entre 40 et 60% permet aux propriétaires immobiliers en général des autochtones d'augmenter leurs revenus. Les terrains à bâtir autour de l'université ont plus que doublé de montant. Ensuite, les recettes des taxis-motos et des sociétés de transport inter-urbain (Union des Transports de Korhogo, Coulibaly Kassoum Transport, Léopard Transport, etc.) ont progressé d'environ 10 à 30 %. Enfin, la restauration informelle et les équipements de loisirs (maquis, buvettes, bars climatisés, etc.) connaissent un essor avec leur prolifération dans l'espace et des recettes en hausse de 10 à 20%.

Tableau VII : Estimation des taux de progression des coûts et recettes de secteurs économiques

Secteurs économiques	Coût foncier	Coût immobilier	Recettes Transport	Recettes Restauration
Taux moyen de progression	60%	50%	20%	15%

Source : Enquêtes, 2016

Il faut souligner que pour le fonctionnement des structures universitaires, plusieurs emplois contractuels ont été créés pour les habitants de la ville (techniciens de surface, jardiniers, agents de bureau, agents de sécurité, etc.). Tout ce personnel trouvé surplace contribue aux dépenses. En définitive, les dépenses de consommation de la population universitaire et celles de fonctionnement l'université en tant qu'institution participent à l'augmentation des recettes des opérateurs économiques des secteurs moderne et informel.

2-2-LES EFFETS ECONOMIQUES DES DEPENSES D'INVESTISSEMENT DE LA COMMUNAUTE UNIVERSITAIRE

La présence de l'université exige des dépenses d'investissement notamment dans le secteur des équipements. Ces investissements sont passés d'environ 700 millions en 2015 à près de 2 milliards de f cfa en 2016 (tableau VIII). Des contrats d'achats de ces équipements augmentent les chiffres d'affaires des opérateurs économiques de la ville.

Tableau VIII : Les dépenses d'investissement de l'université (en f cfa)

Nature ou typologie des dépenses d'investissement	Année	
	2015	**2016**
Frais d'études et de recherche	0	25.000.000
Immobilisations incorporelles	0	30.000.000
Construction d'exploitation	601.150.000	1.075.928.744
Equipement contr. Budgétaire	3.000.000	3.000.000
Matériel et outillage	46.100.000	834.781.606
Matériel de transport	30.500.000	0
Mobilier, mat., agenc. de bureau	11.000.000	106.000.000
Equipement agence comptable	3.000.000	3.000.000
Autres immobilisations	6.000.000	0
Total	**700 750 000**	**2 077 710 350**

Source : Ministère chargé du budget, 2016

A ces dépenses purement universitaires se mêlent celles du CROU-Korhogo. De 2015 à 2016, ce sont plus 200 millions de dépenses cumulées (tableau IX).

Tableau IX : Les dépenses d'investissement du Centre Régional des Œuvres Universitaires (en f cfa)

Nature ou typologie des dépenses d'investissement	Année	
	2015	**2016**
Immobilisations incorporelles	0	8.000.000
Construction d'exploitation	58.402.700	50.000.000
Matériel et outillage	25.000.000	8.000.000
Matériel, agenc. de bureau	22.000.000	19.000.000
Mobilier, agenc. d'habitation	25.000.000	13.240.000
Total	**130.402.700**	**98.240.000**

Source : Ministère chargé du budget, 2016

En général, les dépenses de fonctionnement et d'investissement des structures universitaires ainsi que celles des étudiants développement l'économie locale.

2-3-L'UNIVERSITE COMME OUTIL DE PRODUCTION D'IDEES ET DE RICHESSES ECONOMIQUES ET MATERIELLES

L'enseignement supérieur est coûteux et d'autres priorités sociales lui disputent les crédits de l'Etat. Son financement est donc important et éminemment politique[24]. A cet effet, force est de constater que les bailleurs de fonds se préoccupent plus de l'enseignement primaire et secondaire que l'enseignement supérieur. Or c'est l'enseignement supérieur de qualité qui offre la matière grise ou le capital humain indispensable au développement. Le pouvoir scientifique et technologique est source de progrès. Il appartient donc à l'Etat qui construit les universités, sans appuis extérieurs, d'avoir une vision claire car l'université est inscrite dans un projet de société. Dans un contexte de compétition africaine et internationale, chaque université doit avoir une vocation de formation et de production. C'est à travers cette vocation que l'Etat doit évaluer le système universitaire en fonction des objectifs, des buts et des finalités, des atouts et des contraintes et, des opportunités qu'offre l'environnement international.

---

[24] Nicholas Barr, *Le financement de l'enseignement supérieur*, in Finances et Développement, www.imf.org, Juin 2005, p. 34

C'est ainsi que dans le projet de société consacré à l'éducation et la formation (1), les autorités politiques ivoiriennes ont donné une vocation agro-pastorale à l'université de Korhogo. L'objectif de cette université est donc la formation d'étudiants et la valorisation du potentiel agro-pastorale de la région nord du pays (2). Il s'agit de faire de l'université une entreprise agro-pastorale dotée d'une capacité commerciale voire agro-exportatrice pour créer de la richesse. Les moyens d'actions pour atteindre cet objectif est le capital humain et financier de l'université (3). L'université doit ainsi concevoir des programmes de formation adaptés à l'objectif (4). Elle peut ici s'appuyer sur des atouts immatériels (les intelligences qu'elle regorge) comme matériels notamment les matières premières c'est-à-dire le coton, l'anacarde, les fruits (la mangue, etc.) et les vivriers, les céréales, l'élevage (ovins, volaille, etc.), l'élevage laitier, aquaculture, etc. (5). La demande nationale et internationale est forte pour beaucoup de ces produits. C'est donc une opportunité à saisir. A cet effet, le pays importe plus de 85% de ses besoins en produits laitiers (Ministère de la production animale, 2016). Les importations massives du riz constituent de fortes dépenses sur lesquelles l'université peut apporter sa contribution à réduire l'hémorragie financière. Mais, l'université doit mieux s'organiser pour concevoir une stratégie (6). Elle pourrait mettre en place un capital dont l'université elle-même, le personnel et des opérateurs économiques de la ville seraient des actionnaires. La gouvernance de l'université (7) doit s'adapter à la vocation de l'institution. Cette gouvernance est le système de pilotage et d'évaluation pour ne pas s'éloigner de l'objectif de l'université. La finalité consiste à avoir une université qui s'auto-finance en partie. Il faut lever les contraintes qui pourraient empêcher l'université d'atteindre ses objectifs notamment le statut, le mode de gouvernance, les problèmes financiers et logistique (tracteurs, machines agricoles, etc.), les difficultés d'accessibilité (internet, route, etc.). L'Etat-stratège, propriétaire de l'université et influencé par le mouvement de mondialisation, peut apporter des corrections au système de gouvernance universitaire (8) en apportant son appui à l'évaluation des progrès enregistrés, en affectant des ressources humaines et financières adaptées, en changeant le cadre juridique et institutionnel qui régit l'université et, en renforçant le contrôle de tutelle dans le respect de l'autonomie relative accordée à l'université (figure 1).

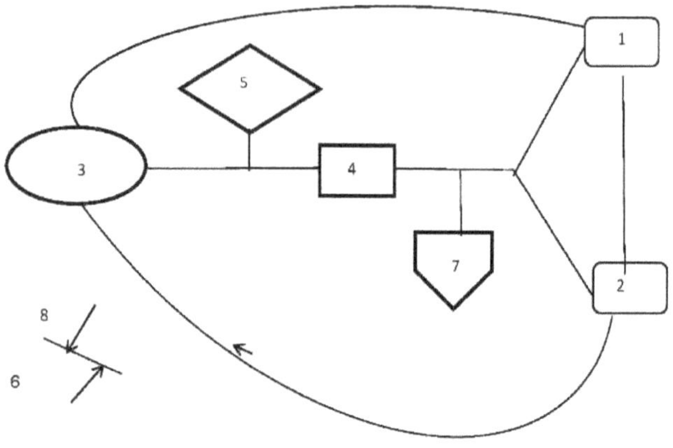

Source : Inspiré du modèle simplifié du système touristique de Hauhouot (2002)

Figure 1 : Modèle simplifié du système universitaire

Un modèle économique accompagne la création des nouvelles universités régionales. L'université de Korhogo a ainsi commencé lentement à promouvoir une politique de production. A cet effet, l'université a mis en place des unités de production pour valoriser le concept d'université-entreprise. L'université a acquis près de 500 hectares de terres dans la région pour des activités de production. Même si les unités de production (étangs piscicoles, plantations de vivriers, etc.) fonctionnent à faible régime, il n'en demeure pas moins que leur existence constitue un atout. Des partenariats sont en train d'être noués avec des structures comme la direction régionale de l'Institut National de la Statistique (INS). Par ailleurs, la présence de l'université produit des effets d'externalités positives en mettant à la disposition des grandes écoles et instituts de formation des enseignants-chercheurs pour des modules de formation des étudiants. Ainsi, la présence de l'université facilite la création et le développement de grandes écoles (ESICOM, INFAS, etc.) dans la ville de Korhogo.

L'université doit s'organiser comme une entreprise de production d'idées et de projets au service des structures publiques de développement urbain et régional. A cet effet, Glaeser (2011) affirme que les idées sont le créateur suprême de richesses. Or l'université est le principal laboratoire d'idées d'un pays. Ainsi, l'université avec un capital humain doté d'expérience et d'expertise doit être perçue comme grand cabinet-conseil pour les structures de développement. L'université de Korhogo ne doit pas passer toute son existence pour l'enseignement et la recherche. Le volet production-développement doit être dans son agenda. C'est à ce niveau les pouvoirs publics soucieux de " l'émergence à l'horizon 2020 "attendent l'université.

Pour le moment, le volet production est le parent pauvre de l'université de Korhogo. Cette situation est en partie due au statut des universités et des Centres Régionaux des Œuvres Universitaires (CROU) en Côte d'Ivoire. Ce sont des Etablissements Publics nationaux à caractère Administratif (EPA). La mention ''caractère administratif'', les ressources affectées, le type de gouvernance universitaire et le mode de désignation des gestionnaires ainsi que les programmes ne sont pas de nature à faire de l'université une structure de production au service de la société.

III-L'UNIVERSITE : UNE INFRASTRUCTURE DE RAFFERMISSEMENT DU RAYONNEMENT DE LA VILLE DE KORHOGO SUR LES REGIONS NORD DU PAYS

L'université de Korhogo est une infrastructure de mise en œuvre du schéma de structuration et de polarisation de l'espace ivoirien autour de pôles urbains majeurs. Il s'agit ici du bipôle Korhogo-Ferkessédougou programmé depuis des études prospectives « Côte d'Ivoire 2000 » (Ministère du Plan, 1980). L'université de Korhogo fait de ladite ville le laboratoire des idées du Nord de la Côte d'Ivoire. Ainsi, Korhogo polarise progressivement la ''région universitaire'' en gestation. En 2012-2013, les étudiants originaires des lycées et collèges du Nord étaient d'environ 7,17%. Ce taux est passé à près de 50% en 2015-2016 (tableau X). C'est la preuve que la ville polarise progressivement l'espace Nord du pays c'est-à-dire les anciens Districts des Savanes et du Denguélé.

Tableau X : Capacité de rétention progressive des élèves du nord après le baccalauréat à Korhogo

Année universitaire	Niveau d'études des nouveaux étudiants orientés	Total des étudiants enquêtés par niveau d'études	Etudiants ayant fréquenté dans la région nord* du pays		Etudiants ayant fréquenté hors de la région nord du pays	
			Effectif	%	Effectif	%
2012-2013	Master 1	237	17	07,17%	220	92,83%
2013-2014	Licence 3	424	120	28,30%	304	71,70%
2014-2015	Licence 2	255	101	39,60%	154	60,40%
2015-2016	Licence 1	491	244	49,69%	247	50,31%
Total	-	1407	482	34,25%	925	65,75%

Source : Nos enquêtes, 2016

*Le nord correspond ici à l'ex-District des Savanes et à l'ex-District du Denguélé

CONCLUSION

La décentralisation mieux la régionalisation des universités en Côte d'Ivoire se présente comme une stratégie pour les pouvoirs publics pour relancer les grands projets de structuration et de polarisation de l'espace autour des pôles programmés depuis les années 1970. C'est aussi une politique initiée depuis les années 1990 pour désengorger l'université de Cocody-Abidjan, naguère l'unique du pays. C'est ainsi que la ville de Korhogo, pôle urbain majeur du Nord, a été dotée d'une université en 2012 après la création d'une Unité Régionale d'Enseignement Supérieur (URES) dans ladite ville depuis 1992. L'implantation de cette importante infrastructure à Korhogo et des services d'accompagnement (CROU-K, Direction des bourses, etc.) joue un rôle décisif dans le développement urbain. L'université confère à la ville des capacités endogènes dans son processus de développement. Par son capital humain, l'université est un concentré de matière grise indispensable au développement urbain et régional. La forte demande de la population universitaire et assimilée entraine de plus en plus une dynamique foncière et immobilière. La demande sociale en produits vivriers et alimentaires entraine également une prolifération dans l'espace des équipements et activités informels et améliore les recettes des structures privées. Les opérateurs économiques de la ville profitent du pouvoir d'achat de l'université et de la population universitaire. Les unités universitaires de production vivrière et halieutique mettent à la disposition de la ville des produits indispensables à sa sécurité alimentaire. Mais, l'université demande plus qu'elle n'offre à la ville. En effet, le statut d'établissementpublic à caractère administratif attribue plus à l'université un rôle d'enseignement comme les lycées et collèges du pays au détriment de la production matérielle. C'est ainsi que l'université et sa population demande à la ville des services vitaux (eau potable, électricité, logement, des produits vivriers et alimentaires, des services de loisirs, etc.). Certes, cette demande offre des opportunités commerciales et d'affaires aux populations mais il faut que l'université soit une véritable entreprise de production agro-pastorale. Au demeurant, la population universitaire contribue activement à l'animation urbaine dans les structures de transport, de tourisme et de loisirs. S'il est vrai que ces services ne sont pas gratuits, il n'en demeure pas moins que cette université à vocation agro-pastorale n'a pas encore réussi le pari d'être une véritable entreprise commerciale. La faible synergie entre l'université, l'agro-industrie urbaine et régionale et, les institutions de développement (conseil municipal, conseil régional, chambre de commerce et d'industrie, chambre d'agriculture, directions et agences régionales, etc.) n'est pas de nature à créer une dynamique locale. Il s'en suit donc une sorte de divorce entre l'université et la ville. Pour cela, une réforme du statut des universités est nécessaire pour rendre l'université plus opérationnelle en matière de développement urbain et régional. Les autorités doivent abandonner la vision classique de l'université qui consiste à organiser des enseignements sans développement. Par ailleurs, l'université n'a pas été conçue comme un projet intégré. A cet effet, la dimension des transports comme moyen de structuration des villes n'accompagne pas encore le projet universitaire. Au demeurant, l'université donne une visibilité nationale et internationale à la ville. Cette université devrait être un instrument décisif de valorisation du potentiel agro-pastoral et de développement urbain et régional.

REFERENCES BIBLIOGRAPHIQUES

Bourgain J., (1996) : L'université du littoral : une démarche technopolitaine originale, in *Études de communication* [En ligne], 19 | 1996, mis en ligne le 15 juin 2011, consulté le 16 juillet 2016. URL :http://edc.revues.org/2421, pp. 115-126

aslé M., Le Boulch J-L., (1996) : L'impact économique de l'enseignement supérieur et de la recherche publique sur une agglomération de rennes, *Cahiers économiques de Bretagne*, volume 41, n°1 et n°2, Edition CREFE, 21 p.

Debarbieux B., (1990) : Quel aménagement du territoire pour l'université française ? Réflexions suggérées par les débats actuels sur l'organisation territoriale de l'université en France, in *L'Espace géographique*, Tome 19-20, n°3, 1990. pp. 203-206

Dhaher N., (2010) : Les implantations universitaires en Tunisie : de la marginalisation à l'intégration dans l'aménagement urbain,*in L'Espace géographique,* Vol. 39, pp. 65-74

Dhaher N., (2015) : L'université en Tunisie, un nouvel enjeu pour le développement des territoires urbains, in *Les annales de la recherche urbaine*, n° 119, pp. 90-97

Glaeser E., (2011) : Des villes et des hommes, Paris, Collection Nouveaux Horizons, pp. 26-53

Malo S., (2007) : Entre tradition et modernité, in *Revue internationale d'éducation de Sèvres*[En ligne], 45 | septembre 2007, mis en ligne le 22 juin 2011, consulté le 11 novembre 2012. URL : http://ries.revues.org/141, 12 p.

Oswaldo S., (1966) : Université, développement économique et planification, in *Tiers-Monde*, tome 7, n°26, 1966. Blocages et freinages de la croissance et du développement (1), pp. 409-415

Hanel P., (2005) : Les effets économiques du pôle universitaire de Sherbrooke, Université de Sherbrooke, Département d'économie, 92 p.

Mérenne-Schoumaker B., L'apport d'une université au développement régional, le cas de Liège, in *Villes universitaires*, Université de Liège, 6 p.

Ministère du plan, (1980) : Plan quinquennal de développement économique, social et culturel de la Côte d'Ivoire, Abidjan, Ministère du plan.

Ministère auprès du Premier Ministre chargé du Budget, (2016) : Annexe 3 Budget des établissements publics nationaux, in Loi de finances portant budget de l'Etat pour l'année 2016, Abidjan, 183 p.

L'INFORMEL ET LE DESORDRE URBAIN A ABIDJAN : LES MECANISMES STRUCTURELS ET LE TRAITEMENT PARADOXAL DE DEUX LOGIQUES

André ALLA DELLA,
Maître de conférences
alla_della@yahoo.fr
Mamoutou TOURE,
Maître-Assistant
tourema@yahoo.fr
DJODJO Irène Kassi,
Maître-Assistant
irenekassi@yahoo.fr

Institut de Géographie Tropicale
Université Félix Houphouët-Boigny (Abidjan, Côte d'Ivoire)

RESUME

L'étude essaie de comprendre la prégnance du désordre urbain à Abidjan, appréhendé comme une appropriation illégale de l'espace public par une multitude de micro-unités et auto-emplois. Cette dynamique s'apparente à un problème grandissant plus subi que géré. La réflexion s'appuie sur le bilan de dix années de recherche urbaine et en gestion durable des villes ivoiriennes. Elle exploite aussi divers travaux scientifiques. Les résultats confortent l'idée d'une imbrication de mécanismes structurels qui placent au cœur du désordre ambiant son caractère indissociable du secteur informel dans les villes ivoiriennes et en particulier à Abidjan. Le premier étant un effet pervers du second. Or, les solutions proposées s'attaquent aux effets du problème et non à sa racine. Bien que fortement liées, ces deux réalités ne sont pas traitées de la même façon : le désordre est constamment combattu alors que l'informel est toléré et même encouragé dans bien des cas. Les contributeurs appellent, à travers une approche urbaine de l'informel, à un traitement plus adapté pour lutter contre l'entropie du désordre.

Mots-Clés : Abidjan, économie formelle, mécanismes structurels, économie informelle, désordre.

ABSTRACT

The study tries to understand the urban disorder in Abidjan, apprehended as an illegal appropriation of public space by a multitude of micro-units and self-employments. This dynamic is akin to a growing problem more suffered than managed. The analysis is based on the results of ten years of urban research and on sustainable management of the Ivorian cities. It also exploits various scientific works. The results reinforce the idea of an interlinkage of structural mechanisms that place at the heart of the ambient disorder its indissociable character of the informal sector in the Ivorian cities and in particular in Abidjan. The first being a perverse effect of the second. But, solutions proposed attack the effects of the problem and not its root. Although strongly related, these two realities are not treated in the same way: the disorder is constantly fought while the informal economy is tolerated and even encouraged in many cases. The contributors call, through a urban approach of the informal, to a treatment more adapted to combat the entropy of the disorder.

Keywords: Abidjan, formal economy, structural mechanisms, informal economy, disorder.

INTRODUCTION

La ville d'Abidjan se développe selon une logique dans laquelle le secteur informel prend une importance démesurée par rapport au secteur formel ou légal. Le résultat de ce laisser-faire et un désordre général dans lequel les petits métiers « prolifèrent comme de véritables cancers spatiaux » et dictent leurs lois dans toutes les villes ivoiriennes; ce qui constitue d'énormes obstacles à l'amélioration de la qualité de la vie et la de sécurité des citoyens (Gourmelen, Leroux, Touré, 2011).

Si le phénomène est national, il prend un caractère urgent dans les villes littorales dont Abidjan préfigure les futurs défis. Là, « les cicatrices profondes de l'informelisation de l'espace » sont visibles dans tous les quartiers. A l'échelle de la ville, les fonctions d'un boulevard, d'une avenue, d'une ruelle, d'un parc ou d'un jardin sont requalifiées. Les commerces, les transports, les jeunes, les baptêmes, les funérailles mais aussi certaines confessions religieuses élisent domicile dans la rue ou sur les trottoirs. Les habitudes des usagers qui font du domaine public un marché, un lieu de vie ou de travail sont devenues des « prescriptions » sans que le législateur n'ait modifié le statut de la rue dont l'usage reste règlementé. En conséquence, le quotidien révèle un grand nombre de distorsions, de dysfonctionnements, d'atteintes parfois sérieuses à l'ordonnancement de la cité. L'anarchique côtoie l'illégal qui fait le lit de l'informel ; ces processus chaotiques et disparates sont loin de faciliter la vie en société (Touré, 2008). Cette tendance lourde remonte à l'époque coloniale et augure d'un futur moins maîtrisable, d'autant plus que les politiques de régulation de l'espace urbain menées depuis cette période n'arrivent toujours pas à rétablir l'ordre urbain recherché (Bouquet et Kassi-Djodjo, 2014).

Parallèlement aux déguerpissements périodiques relayés par la presse écrite nationale, plusieurs études s'intéressent aussi à la question. Les travaux existants mettent en avant la responsabilité de l'arrêt des politiques de planification dans l'émergence du désordre (Boka, 2008) ; le rapport entre la prégnance du désordre à Abidjan et le réglage territorial de l'espace national (Touré, 2008) ; la disparition insidieuse de la notion de service public au profit d'un modèle de service public en partie privatisé et propice au désordre (Gourmelen, Leroux, Touré, 2011) ; l'inefficacité du déguerpissement comme principal outil de régulation de l'espace public (depuis la période coloniale) face au problème lancinant du désordre à Abidjan (Bouquet et Kassi-Djodjo, 2014). Ces travaux pionniers conduisent à formuler une nouvelle interrogation au centre de notre réflexion : pourquoi l'occupation anarchique de l'espace public abidjanais par les activités informelles perdure et s'amplifie ?

Notre parti pris est le suivant : le désordre urbain persiste et s'amplifie parce qu'il existe dans le projet urbain abidjanais des mécanismes structurels qui l'ont créé et continuent de le nourrir. Pour défendre cette position, nous rechercherons les facteurs explicatifs du désordre ambiant actuel entretenu par les petits métiers, à travers les conceptions qui ont prévalu à la construction de l'ordre urbain officiel.

I-MATERIELS ET METHODES

La présente étude s'appuie d'abord sur l'observation des pratiques spatiales quotidiennes des acteurs. Ensuite, elle exploite les informations tirées des travaux scientifiques relatifs au processus de surimposition du modèle productif colonial sur les logiques des sociétés ethnoculturelles de base et les travaux sur les conceptions qui ont conduit à la construction de l'ordre urbain officiel. Elle est rétrospective, analytique et prospective. Les études antérieures permettent de comprendre les options stratégiques de la construction de la ville et de l'économie urbaine. Enfin, elle se projette dans l'avenir sur la base de l'analyse des faits actuels, à savoir la confrontation entre logique formelle et logique informelle.

II-RESULTATS : LE DESORDRE URBAIN GRANDISSANT A ABIDJAN : UNE IMBRICATION DE MECANISMES STRUCTURELS EN CAUSE

2-1-LE FORMEL ET L'INFORMEL, DEUX FACES D'UNE MEME MEDAILLE

Le premier élément explicatif du désordre ambiant à Abidjan, c'est que l'économie formelle et l'économie informelle sont en réalité les deux faces d'une même médaille en Côte d'Ivoire et plus généralement en Afrique subsaharienne. Le commerce informel est né avec la superposition du système productif colonial sur les systèmes traditionnels des quatre grands groupes ethniques ivoiriens (Mandé, Voltaïque, Krou et Akan) essaimés dans les trois principaux milieux biographiques, la savane, la mosaïque forêt-savane et la forêt. Ces sociétés de base étaient organisées sous l'autorité des chefs coutumiers ou d'états plus centralisés, l'économie de subsistance était de mise. Ce qui n'empêchait pas des échanges à longue distance, notamment vers la porte soudanaise. Cette économie, basée sur l'agriculture, le troc, la pêche et la chasse, assurait ainsi la pérennité des sociétés traditionnelles (Touré, 2014). La planification urbaine était absente à cette époque puisqu'il n'existait pas encore de tradition urbaine.

L'économie informelle urbaine émerge avec la stratégie coloniale de mise en valeur et de contrôle du territoire (Foduop, 2010). Les premiers équipements réalisés (frontières, subdivisions, création de postes, chemin de fer, etc.), l'activité économique est structurée par l'économie de traite. L'administration coloniale met en place une économie élémentaire et complémentaire de celle de la métropole qui spécialise la colonie à la production matières premières brutes. En Côte d'Ivoire, elle se traduit par la spécialisation à marche forcée dans l'arboriculture forestière (café, cacao, palmier, etc.). Ces produits étaient cultivés dans de petites exploitations paysannes avec un matériel rudimentaire et les grandes firmes (SCOA, CFAO, Unilever) en assuraient la collecte et l'exportation après 1945.

L'économie urbaine émerge ainsi autour des activités de commerce, de service et de l'administration. L'offre de l'emploi moderne à cette époque était exclusivement réservée à la population blanche alors que les autochtones pour la plupart originaires des campagnes et venus pour les besoins des travaux d'équipement de la colonie, vont progressivement s'intéresser aux « activités économiques subalternes ». En définitive, le colonisateur s'est réservé les emplois modernes en y intégrant une minorité d'autochtones dits « évolués » tandis que les néo-urbains, non instruits et pas qualifiés, vont créer une économie parallèle plus ou moins légale pour leur survie dans la ville naissante (Foduop, 2010). La suite est bien connue.

Le second mécanisme structurel qui entretient le désordre actuel est à rechercher dans la fonction attribuée à la ville dans la politique d'aménagement du territoire en Côte d'Ivoire et qui reste d'actualité.

2-2-LA VILLE IVOIRIENNE, UN POLE DE FAIBLE CREATION DE L'EMPLOI MODERNE

Le réseau de villes hiérarchisées mis en place dans les années 1970 visait à réduire la trop grande influence d'Abidjan dans le réseau urbain caractérisée par la forte concentration des hommes et des activités dans la zone forestière en particulier à Abidjan (Ministère du Plan, 1983). Pour infléchir ces disparités émergentes, l'équipement systématique des villes selon une grille standard en infrastructures administratives et industrielles visait à faire des villes des pôles de création et de diffusion de la croissance (Ministère du plan, 1983).

Les propositions retenues, en vue de la structuration de l'espace national à l'horizon 2000, prévoyaient un système urbain hiérarchisé en cinq niveaux : Abidjan et 9 zones d'appui ainsi que des pôles d'équilibre principaux et secondaires. Ces pôles sont appréhendés comme des lieux spécifiques de réalisation des investissements publics sous forme d'actions intégrées ou non. Il est notamment espéré que ces réalisations favorisent la croissance et sa diffusion par un ensemble d'effets d'entraînement régionaux impulsés à partir des villes.

Au bout du compte, la politique urbaine a permis de créer de nouvelles villes (San Pedro et Yamoussoukro), de renforcer l'équipement des pôles urbains régionaux (Korhogo, Bouaké, Gagnoa, Daloa, Abengourou, Odienné, Bondoukou), et plus globalement de permettre aux villes ivoiriennes d'offrir des emplois modernes dans l'administration publique et parapublique (santé, éducation, police) et dans les collectivités territoriales (services municipaux et régionaux).

Ce réseau de villes n'est rien d'autre que celui proposé par le colonisateur, reconduit et densifié par le planificateur ivoirien après l'indépendance. Le semis urbain colonial, faut-il le rappeler assurait une double fonction : assurer le contrôle politique et administratif du territoire par un maillage administratif hiérarchisé et contribuer au fonctionnement du système de traite en favorisant l'échange et les activités commerciales. Cependant, les villes de l'intérieur sont surtout des rouages de l'économie urbaine. En effet, elles ne sont pas des lieux d'échange commerciaux interafricains, mais des centres de production et d'évacuation de produits primaires et pondéreux vers le port abidjanais (Kipré, 1985). En conséquence, la ville ivoirienne est faite pour créer de l'emploi moderne administratif public et parapublic. Structurellement, l'économie urbaine des villes de l'intérieur est centrée sur l'agriculture dont la production est fortement arrimée à la ville portuaire d'Abidjan qui bénéficie d'un statut particulier dans le réseau urbain. Dès lors, tous les actifs qui ne sont pas intégrés dans l'administration se retournent vers le secteur informel.

2-3-ABIDJAN, UNE VILLE ATTRAYANTE, PEU POURVOYEUSE D'EMPLOIS MODERNES

La primatie d'Abidjan constitue le troisième facteur structurel à la base de la montée en puissance de l'informel, source de désordre. Dans le cadre de l'implémentation du modèle urbain au milieu des années soixante-dix, la ville a bénéficié d'un statut particulier. Elle a été pensée et construite pour rayonner et donner une audience internationale à la Côte d'Ivoire. Pour les concepteurs, Abidjan devait présenter une image moderne inspirant confiance aux investisseurs du monde libéral. Le jaillissement des tours du Plateau symbolise ce choix stratégique à l'image des « Central business District » américains. Malgré quelques ratés, la ville moderne souhaitée a émergé grâce un remarquable effort conceptuel et financier (Antoine P. et al., 1987).

Abidjan est devenue ainsi la vitrine de l'essor économique de la Côte d'Ivoire. C'est le siège du pouvoir exécutif, de l'administration et le lieu de concentration des grandes entreprises du pays, donc de l'appareil productif national. Fort de ses atouts, Abidjan va attirer depuis l'indépendance, des centaines de milliers de personnes de divers horizons qui pour la plupart s'y sont définitivement établies. Mais si la ville attire et retient, elle n'a jamais vraiment garanti d'emplois modernes pour tous les demandeurs. Le secteur informel dont la dynamique relève plus d'une logique de création de micro-unités et d'auto-emplois que d'une véritable dynamique d'entreprise a toujours existé (UEMOA, 2002). En 1990, les emplois exercés dans la rue occupaient près de 75 000 personnes, alors que la fonction publique en occupait 78 000 (Touré, 1985).

Dans les années 1980, la situation de l'emploi se dégrade dans les pays subsahariens en général et en Côte d'Ivoire en particulier du fait de la restructuration, de la dissolution et de la privatisation de nombreuses entreprises étatiques, exécutées dans le cadre des programmes d'ajustement structurel.La conséquence de cette réduction de l'emploi dans le secteur structuré ou moderne est la prolifération des activités du secteur informel en milieu urbain. Depuis la crise, la part de ce secteur est régulièrement estimée à 30% dans l'emploi total des villes et beaucoup plus à Abidjan où elle est autour de 75% (Agepe, 2008).

Le secteur informel occupe encore, la part la plus importante des emplois dans le pays. Sa contribution au PIB est estimée à 20% et la population œuvrant dans ce secteur est majoritairement jeune, composée de 63% de femmes et, à 60% de non-ivoiriens, et à 30% d'analphabètes. La majorité gagne un salaire variant de 25.000 FCFA à 125.000 par mois. Ce qui est largement supérieur au salaire minimum (60.000 FCFA) dans l'emploi moderne. Les activités informelles ne sont pas circonscrites sur un territoire en particulier ; elles sont présentes dans tous les quartiers, dans tous les secteurs de l'économie, occupant 13,5% de la superficie urbaine totale (Agepe, 2008 ; Ministère du tourisme, 1994).

Ces données illustrent l'importance du secteur informel dans l'économie des villes africaines. Alors que Hugon (1982) et Oudin (1985) évoquent un « secteur souterrain ou occulte » créateur d'emplois urbains, Tchounkoue (1998) y entrevoit « une véritable soupape de sécurité » sources d'emplois et de revenus à redynamiser. Selon les résultats de l'enquête réalisée par l'UEMOA (2002) dans les villes de certains Etats membres dont la ville d'Abidjan, plus de 50% des chefs d'unité de production considèrent le secteur informel comme un mode privilégié d'insertion sur le marché du travail. Dans le cas particulier d'Abidjan, Todor (1996) appréhende le secteur informel comme une offre alternative de services assumés par des individus, des groupes ou des associations n'ayant aucun statut gouvernemental ou officiel.

III-DISCUSSION : QUELLE LECTURE GEOGRAPHIQUE DU FACE A FACE ORDRE ET DESORDRE URBAIN ?

En appelant à la réflexion sur les problèmes d'organisation de la ville d'Abidjan, notre objectif était de faire une (re)lecture géographique du face à face entre l'ordre urbain officiel et le désordre grandissant dans la ville d'Abidjan. Compte tenu de la permanence et de l'amplification du phénomène face à un pouvoir régulateur manifestement à la peine sur le terrain, le face à face entre l'ordre et le désordre ne cache-t-il pas des causes plus profondes ? Au bout du compte, nous pensons avoir répondu à cette interrogation.

Il existe bien des mécanismes structurels dans le processus de construction de l'ordre urbain officiel qui favorisent et nourrissent l'informel, source de multiples désordres dans l'espace public. Si le désordre constitue un effet pervers de l'informel, les solutions proposées pour le moment peuvent être considérées comme un « cautère sur une jambe de bois » puisqu'elles traitent l'effet plutôt que de s'attaquer à la racine du mal.

3-1-L'INFORMEL, UN GERME DE CHANGEMENT DANS LE DEVELOPPEMENT URBAIN

Dans la trajectoire du développement urbain, l'informel peut être considéré à juste titre comme un germe de changement. C'est un fait porteur d'avenir qui a émergé lors de la mise en place de l'économie de traite, mais dont l'influence sur la planification urbaine est restée très faible. Il est devenu plus significatif à la suite à la survenue de la crise des années quatre-vingt.

L'informel n'est pas une création ex nihilo. Les germes de cette activité ont été semés avec la création de l'économie de traite. En effet, l'informel est une réponse des Africains à la politique économique menée par l'administration coloniale. Ce premier résultat est confirmé par les conclusions de la contribution de Fodouop (2010) qui montre que le secteur informel est une réalité des économies sub-sahariennes, avant même l'invention du nom par le Bureau International du Travail (BIT) en 1972. C'est une « stratégie d'adaptation à l'économie de traite » dans la plupart des pays africains.

3-2-UN INFORMEL NOURRI PAR LES OPTIONS STRATEGIQUES D'ORGANISATION DU TERRITOIRE

En Côte d'Ivoire, l'adaptation à l'économie de traite sera par la suite pérennisée par les choix politiques des pouvoirs publics. En effet, les espaces où l'informel pouvait prospérer ont été généralisés à travers le modèle urbain mis en place par l'Etat ivoirien dans la décennie 1970-1980. Les centres urbains censés offrir les emplois modernes sont en réalité incapables d'assurer une telle charge eu égard à leurs fonctions intrinsèques de relais de transmission de la production agricole intérieure vers le port d'Abidjan. Dans toutes les villes, les emplois administratifs sont complétés par « une pléthore de petits métiers informels de services et de production (commerce, transport et professions libérales) et dans certains cas de « quelques activités industrielles ». Les emplois en août 2010 dans la ville de Bonoua, située à une soixantaine de kilomètres d'Abidjan, sont illustratifs de cette « urbanisation administrative et tertiaire des villes ivoiriennes » (Touré, 2012). Compte tenu de sa position dominante dans le réseau urbain, « l'aimant abidjanais » continue toujours d'attirer et de retenir la majorité des urbains du pays, puisqu'Abidjan offre beaucoup plus qu'ailleurs des opportunités d'emplois et des services publics et parapublics. Mais, dans un contexte de récession accusée, elle n'est pas en mesure de satisfaire les aspirations de tous les citadins dont une grande partie se retrouve dans l'informel.

Même s'il est reconnu que l'informel rend un « grand service » aux abidjanais, il pose des problèmes urbanistiques, les rues étant devenues le lieu de survie pour nombre de personnes qui n'ont pu s'intégrer dans l'économie formelle publique ou privée. Ces activités informelles sont considérées comme un « cancer spatial » (Gourmelen, Le Roux, Touré, 2011) que l'Etat et les différents gestionnaires peinent à réguler depuis l'époque coloniale (Bouquet et Kassi-Djodjo, 2014). Peut-il en être autrement quand désordre urbain et activités informelles sont intimement liés alors qu'ils ne sont pas traités de la même façon ?

En effet, il est clair que le désordre urbain est au cœur de la gestion de l'informel. Or dans le contexte abidjanais, les pouvoirs publics n'ont jamais lutté contre l'informel, mais plutôt contre le désordre qu'il génère pour rétablir l'ordre. Le désordre est constamment combattu alors que l'informel est toléré et même encouragé dans bien des cas. Supprimer le désordre pour rétablir l'ordre n'est donc pas la bonne approche.

3-3-POUR UNE APPROCHE URBAINE DE L'INFORMEL POUR LUTTER CONTRE LE DESORDRE

Dans la ville d'Abidjan, les déguerpissements de l'espace public occupé par diverses formes d'activités informelles constituent pour l'instant la réponse mise en avant par la puissance publique. Les équipes municipales du district d'Abidjan en collaboration ou non avec le ministère ivoirien de la salubrité urbaine mènent régulièrement des « opérations villes propres » fortement médiatisées. Ces actions traduisent l'engagement des pouvoirs publics de mettre de l'ordre dans l'espace public.

Mais de plus en plus, l'efficacité de la réponse publique qui oscille entre actions de déguerpissement et laisser-faire est parfois critiquée. Les géographes Bouquet et Djodjo-Kassi, (2014) observent que malgré son ancienneté, car elle remonte à la période coloniale, les déguerpissements n'arrivent pas encore à imposer définitivement l'ordre urbain recherché. Pour Gnammon-Adiko (1996) le déguerpissement est une injustice sociale dans la mesure où le petit commerce n'est pas pris en compte dans les plans officiels d'aménagement alors qu'il constitue un des rouages importants de l'économie urbaine.

En effet, cette option émerge de plus en plus des réflexions menées sur le sujet. La prise en compte de l'informel dans la planification urbaine est davantage envisagée pour assurer une adéquation entre les activités du secteur et l'espace urbain public. La planification stratégique et opérationnelle prônée devait à terme donner une image plus positive à ces activités et rétablir l'ordre urbain tant recherché.

Le retour d'expérience de la politique urbaine à Douala, considérée comme la capitale économique du Cameroun avec ses 2,5 millions d'habitants, apporte un éclairage saisissant sur ces défis (Talagrand, 2015). Les activités informelles ont longtemps été vues comme un obstacle au développement urbain. À Douala, la capitale économique du Cameroun, les autorités s'interrogent sur la façon de planifier la ville en intégrant davantage ce secteur particulièrement dynamique. Des propositions de projets urbains et d'aménagements concrets ont ouvert des perspectives pour dépasser les situations conflictuelles, envisager les activités informelles de façon positive et pour repenser la planification urbaine davantage en adéquation avec ce secteur vital.

CONCLUSION

Les résultats de nos recherches montrent que la confrontation entre l'ordre urbain officiel et l'ordre urbain populaire à Abidjan est créée et entretenue par le réglage structurel de l'économie urbaine en Côte d'Ivoire. Le désordre urbain est créé par le commerce informel qui est une stratégie d'adaptation à la naissance de l'économie urbaine. La politique d'aménagement du territoire, en mettant en avant les villes comme des pôles de croissance et de création de l'emploi moderne, va généraliser les niches de développement des activités informelles dans le pays et beaucoup plus à Abidjan qui bénéficie d'un statut particulier dans le modèle urbain mis en place. Les villes attirent et retiennent sans pouvoir garantir un emploi moderne aux nombreux néo-urbains.

L'informel est donc au cœur du désordre ambiant, le second étant un effet pervers du premier. Pourtant, les solutions proposées s'attaquent aux effets et non au problème. La confrontation entre l'ordre urbain officiel et l'ordre urbain populaire à Abidjan doit être reconsidérée par une approche urbaine de l'informel.

REFERENCES BIBLIOGRAPHIQUES

AGEPE, (2009) : le secteur informel à Abidjan en 2008, Abidjan, Ministère de la fonction publique et de l'emploi, Observatoire de l'Emploi, des Métiers et de la Formation, 134 p.

ANTOINE Ph., DUBRESSON A., MANOU-SAVINA A., (1987) : Abidjan « côté cours ». Pour comprendre la question de l'habitat, Paris, Karthala-ORSTOM, 274 p.

BOKA ABETO C., (2008) : La ville d'Abidjan : de la planification au désordre, *Ahoho*, n°3.

BOUQUET C. et KASSI-DJODJO I. (2014) : Déguerpir pour reconquérir l'espace public à Abidjan, *Espace Politique*, n°22, mis en ligne le 14 mars 2004.

FODOUOP K., (2010) : Le secteur informel, stratégie d'adaptation à l'économie de traite en Afrique sub-saharienne, in Maîtrise de l'espace et développement en Afrique, J. O. Igue, K. Fodouop, J. Aloko-N'Guessan (dir.), Paris, Karthala, pp. 171-189.

GNAMMON-ADIKO A., (1996) : Les femmes, la restauration rapide et l'aménagement de la ville d'Abidjan, *Food, nutrition and agriculture*, n°17-18, pp. 14-20.

GOURMELEN B., LE ROUX J. M., TOURE M. (coll.), (2011) : Petits métiers pour grands services dans la ville africaine, Paris, L'Harmattan, 144 p.

HUGON P., (1982) : Secteur souterrain ou réseau apparent, in Vivre et survivre dans les villes africaines, Paris, PUF, 310 p.

INS, 2014, RGPH (2014) : Principaux résultats préliminaires, Secrétariat Technique Permanent, pagination multiple.

KIPRE P., (1985) : Villes de Côte d'Ivoire, 1843-1940, Abidjan, Dakar, Lomé, *Nouvelles Editions Africaines*, 2 tomes, pp.298-290

MINISTERE DU PLAN, (1983) : Plan quinquennal de développement économique, social et culturel 1981-1985, CEDA, Abidjan, 250 p.

OUDIN X., (1985) : Les activités non structurées et l'emploi en Côte d'Ivoire : définition et mesure, Thèse de doctorat de 3e cycle, Université de Rennes 1, 173 p.

TALAGRAND M., (2015) : Informel et planification en Afrique. Éclairages depuis Douala (Cameroun), Métropolitiques, 6 p.

TCHOUNKOUE P.-S., (1988) : Dynamique du secteur informel à Berberati, in Processus d'urbanisation en Afrique, tome 2, Paris, L'harmattan, 304 p.

TODOR F., (1996) : La contribution du secteur informel à l'offre des services publics. Etude de cas sur les activités informelles de collecte et de récupération des déchets à Abidjan, Côte d'Ivoire, Université de Québec à Montréal, mémoire de science politique, 121 p.

TOURE, A., (1985) : Les petits métiers à Abidjan aux alentours de 1964-1965. L'imagination au secours de la conjoncture, Paris, Edition Karthala, 290 p.

TOURE M., (2008), Structure du modèle spatial ivoirien : réglage territorial et pressions humaines sur le littoral de Côte d'Ivoire, in *Géographie du littoral de Côte d'Ivoire*. Eléments de réflexion pour une politique de gestion intégrée, sous la direction de Patrick Pottier et Kouassi Paul Anoh, Imprimerie La Clonerie, Saint-Nazaire (France), 325 p.

TOURE M., (2012), Cinquante ans d'intelligence territoriale en Côte d'Ivoire : politique urbaine, résultats et enjeux pour demain, in « Côte d'Ivoire, cinquante ans d'indépendance : permanence, mutation et/ou évolution des territoires », KOFFIE-BIKPO Céline Yolande (dir.), Abidjan, *L'Harmattan*, pp. 265-301.

TOURE M., (2014), L'organisation spatiale de la Côte d'Ivoire précoloniale, *BenGéo*, N°15, pp. 104-122.

CARACTERISTIQUES ET IMPACT DES MIGRATIONS SCOLAIRES SUR LA DEMOGRAPHIE DE LA VILLE DE YAMOUSSOUKRO

KOBENAN Appoh Charlesbor
Enseignant-Chercheur, Institut de Géographie Tropicale (IGT)
Laboratoire de Recherche Espace Système et Prospective (LARESP)
Université Félix Houphouët-Boigny (Cocody, Abidjan)
appohcharlesbor@yahoo.fr
NANDOH Aboué Louis
Docteur en Géographie, LARESP
nabouelouis@yahoo.fr
ATTA Koffi
Enseignant-Chercheur, Institut de Géographie Tropicale (IGT)
Laboratoire de Recherche Espace Système et Prospective (LARESP)
Université Félix Houphouët-Boigny (Cocody, Abidjan)
pr_attakoffi@yahoo.fr

RESUME

La Côte d'Ivoire fait partie des pays africains à fort taux de scolarisation (74 %). Les migrations scolaires font parties des mouvements qui participent à la croissance démographique des villes ivoiriennes en général et en particulier la ville moyenne de Yamoussoukro. Le taux de la population scolaire et estudiantine de cette cité croît d'environ quatre fois plus vite que celui de la population totale. Ce phénomène est lié à l'importance du volume de population scolaire dans la ville. Elle représente 35,39 % de la population totale. Cette forte population scolaire et estudiantine est un important agent qui influence les structures démographiques de cette ville, à travers le renforçant de ses taux de masculinité. Aussi, l'injection régulière d'une masse importante de jeunes élèves et étudiants au sein de la population influe et modifie assez sensiblement la répartition de ses groupes d'âges. Elle est un acteur majeur de rajeunissement de la population de la ville de Yamoussoukro et cela à travers l'importance des tranches d'âges de 10 à 30 ans, avec une fréquence plus prononcée au niveau des 15 à 25 ans. En définitive, l'intensité des migrations scolaires sont un atout pour la promotion de la ville de Yamoussoukro et contribuent à la hisser à un pan supérieur de la hiérarchie des villes en Côte d'Ivoire.

Mots clés : Yamoussoukro, démographie, équipements, migrations scolaires

SUMMARY

Côte d'Ivoire is one of the African countries with a high school enrollment rate (74%). School migrations are part of the movements that contribute to the population growth of the Ivorian cities in general and in particular the average city of Yamoussoukro. The rate of the school and student population of this city grows about four times faster than that of the total population. This phenomenon is linked to the size of the school population in the city. It represents 35.39% of the total population. This high school and student population is an important agent that influences the demographic structures of this city, through reinforcing its rates of masculinity. Also, the regular injection of a large mass of young students into the population influences and modifies quite sensibly the distribution of its age groups. It is a major player in rejuvenating the population of the city of Yamoussoukro and this through the importance of the age groups of 10 to 30 years, with a more pronounced frequency at the level of 15 to 25 years. Ultimately, the intensity of school migrations is an asset for the promotion of the city of Yamoussoukro and help to raise it to a higher section of the hierarchy of cities in Ivory Coast.

Keywords: Yamoussoukro, demography, equipment, school migrations

INTRODUCTION

Le processus de développement et de mutation des villes ivoiriennes, en particulier celui de la ville de Yamoussoukro enclenchés depuis un demi-siècle a provoqué d'intenses mouvements migratoires vers cette localité. Ces migrations sont traduites par d'importants mouvements d'exode des populations. Parmi ces mouvements, se trouve les migrations scolaires qui jouent un rôle important au niveau des relations agglomération centre semi-urbain, agglomération-centre urbain, ville-campagnes. Elles sont devenues la composante première de l'exode massif des populations jeunes vers la ville de Yamoussoukro où les élèves et les étudiants représentent plus du tiers de la population.

Les rapports entre les migrations scolaires et le développement urbain de la capitale politique ivoirienne Yamoussoukro peuvent être appréciés à plusieurs points de vue. Cette étude se limite aux aspects démographiques pour lesquels il existe une documentation relativement riche, bien qu'hétérogène. Les questions qui sous-tendent cette étude se déclinent comme suit :

- quelle est la nature des relations existantes entre les migrations scolaires et la croissance démographique de la ville de Yamoussoukro ?
- comment les migrations scolaires peuvent-elles influencer les structures démographiques de cette ''ville du prince''?

APPROCHE THEORIQUE ET METHODOLOGIQUE

Pourmener à bien cetteétude, deux approches ont été développées : l'approche théorique et l'approche méthodologique.

La première est relative à l'approche théorique développée par Derruau (1976 : 368) portant sur la croissance de la ville. Selon cet auteur, « la croissance de la ville présente un triple aspect. Le premier aspect est spatial, et il s'agit de savoir comment étape par étape la ville s'est étendue dans son site et comment ses mouvements reflètent cette croissance. Quant au second aspect, il est fonctionnel. Ici, il s'agit de voir quelle succession de fonctions et d'adaptations aux circonstances historiques a conduit à la ville actuelle ». Au total, Derruau admet que l'aspect fonctionnel et l'aspect formel de la croissance sont liés par le troisième aspect, qui est l'aspect démographique. Cet aspect présente une fonction fixe qui fait appelle à une population pour laquelle la ville doit multiplier ses constructions. Comme toute population, celle de la ville varie par accroissement naturel et par migrations. L'accroissement naturel est parfois faible quand la natalité se réduit par malthusianisme. En revanche, quand une ville a une population très jeune, cela montre que le bilan migratoire est fortement positif. Ainsi, c'est surtout par excédent d'immigration qu'une ville augmente sa population car le développement de plusieurs institutions et équipements dans la ville, tels que l'école à travers les établissements éducatifs représente un puissant agent d'injection régulière d'un nombre important d'élèves et d'étudiants dans la population de la ville. Somme toute, les mouvements migratoires liés à l'affectation régulière d'une population scolaire dans la ville représentent un important acteur de la croissance démographique de cette localité.

Quant à la seconde approche, elle est liée à la méthodologie utilisée pour conduire ce travail. Il s'agitdeladocumentation et desenquêtesde terrains.

S'agissant de la recherche documentaire, elle fait appelle à une référence bibliographique en relation avec le sujet d'étude. Quant aux enquêtes de terrains, elles ont été réalisées à travers deux techniques d'approche : l'inventaire et le recensement. L'inventaire a permis de répertorier et de lister tous les établissements d'enseignement ainsi que les autres équipements (administratifs,culturels,touristiques,de sécurité,sanitaires,de transport, industriels, etc.) implantés dans la ville de Yamoussoukro. A travers cette technique, l'emprise spatiale (le poids) des établissementsd'enseignementdansle tissu urbain de la localitédeYamoussoukro a été déterminée. Quant à la technique de recensement, elle a servi au dénombrement des effectifs des élèves et des étudiants que compte la ville de Yamoussoukro. Le recensement et la connaissance du nombre des élèves et des étudiants a permis de déterminer la part de ces effectifs dans la population totale de la ville. Aussi à travers ces effectifs, caractérisés par la variable âge, nous sommes arrivés avoir comment ils concourent au rajeunissement de la population de la ville. Egalement avec la variable sexe, nous avons pu déterminer la part des filles et des garçons dans la population scolaire et estudiantine de ville Yamoussoukro. Par conséquent, cette variable a permis de voir comment ils participent à maintenir un taux de masculinité élevé dans cette ville.

Enfin, cette approche méthodologique s'est achevée par des entretiens. Ils ont été menés auprès des différents acteurs intervenants dans la gestion et l'administration des établissements d'enseignement, ainsi qu'auprès des autorités de la ville. Toutes les données recueillies ont permis de répondre à notre problématique et de voir que les migrations scolaires représentent un acteur important dans la croissance démographique de la ville de Yamoussoukro. Au total, la combinaison de ces méthodes a permis d'élaborer le plan suivant:

- caractéristiques générales des migrations scolaires de la ville de Yamoussoukro.
- poids des migrations scolaires dans la démographie de la ville de Yamoussoukro.
- les conséquences des migrations scolaires sur les structures démographiques de la ville de Yamoussoukro.
- les autres influences des migrations scolaires sur la démographie de la ville de Yamoussoukro.

RESULTAT

I-CARACTERISTIQUES GENERALES DES MIGRATIONS SCOLAIRES DE LA VILLE DE YAMOUSSOUKRO

Les caractéristiques des migrations scolaires de la ville de Yamoussoukro, sont le fait du déplacement des élèves et des étudiants dans le but de fréquenter un établissement d'enseignement (secondaire, supérieur, etc.) et même de se trouver un emploi après la formation. Aussi leur présence dans cette localité est déterminée par l'orientation dans les établissements d'enseignement (collèges, lycées et grandes écoles) qui se trouvent dans la ville (tableau I).

Tableau I : Evolution des établissements scolaires à Yamoussoukro

Année	Nombre d'établissements scolaires							
	Maternelle		Primaire		Secondaire		Supérieur	
	Privé	Public	Privé	Public	Privé	Public	Privé	Public
1963-1964	00	02	00	03	00	02	00	01
1975-1976	01	03	04	04	00	04	00	02
1996-1997	02	06	……	…..	02	05	02	02
2006-2007	08	14	20	39	08	06	04	02
2015-2016	10	16	23	39	12	08	08	02
Total	***10***	***16***	***23***	***39***	***20***	***08***	***08***	***02***
Total général	**26**		**95**		**28**		**10**	

Source: DERNED-Yamoussoukro, 2016

Le système d'enseignement en Côte d'Ivoire comprend trois niveaux : le primaire (du CP1 au CM2), le secondaire (premier et second cycle) et le supérieur. Le passage d'un niveau au suivant répond à des normes officielles. Un concours (examen) permet de passer du primaire au secondaire ; une Commission Nationale d'Orientation (CNO) statue sur le passage du premier au second cycle du secondaire et du secondaire au supérieur.

La première observation faite à propos de ces mouvements migratoires dans la ville de Yamoussoukro, est qu'ils concernent des individus isolés, contrairement aux migrations de travail qui aboutissent plus ou moins rapidement à l'installation en ville de la famille de l'intéressé.

Une autre caractéristique générale des migrations scolaires dans la ville de Yamoussoukro, est liée aux niveaux d'enseignement et les zones de migrations. Une ville devient un centre d'immigration scolaire dès qu'elle possède un établissement du secondaire général, de l'enseignement technique et de la formation professionnelle, voire d'un établissement du supérieur et capable d'exercer une attraction sur une aire plus ou moins étendue (SAINT-VIL 1980 : 7).

Comme un grand nombre de petits centres et de villages sont équipés d'une école primaire complète, nous avons admis que les migrations scolaires intéressent particulièrement trois niveaux d'études : les entrées en sixième (6ème), en seconde et au supérieur. Globalement, on a affaire à des migrations continues entre le début et la fin des études secondaires et à des migrations permanentes au niveau du supérieur.

Pour les migrations de premier niveau, c'est-à-dire l'entrée en sixième, la concentration est relativement forte à Yamoussoukro. Capitale régionale, Yamoussoukro au cours de l'année scolaire 2015/2016 a bénéficié de l'orientation en sixième de 1 500 élèves sur un total de 26 551 élèves. La quasi-totalité de ces élèves orientés en sixième dans la ville sont issus des centres ruraux et semi-urbains proches.

Concernant les migrations de second niveau, c'est-à-dire l'entrée en seconde, la ville de Yamoussoukro bénéficie des migrations scolaires continues et à la fois permanentes. En effet, la ville Yamoussoukro de par son rang de capitale régionale et de ville scolaire, reçoit chaque année un nombre important d'élèves de seconde. Ce sont en moyenne entre 2 000 à 3 000 élèves de seconde que la ville de Yamoussoukro accueille en permanence.

Enfin au niveau des migrations de troisième niveau, c'est-à-dire les entrées dans les grandes écoles, la ville de Yamoussoukro jouie des migrations scolaires intégrales et permanentes. Chaque année, elle bénéficie de l'orientation d'un nombre important de nouveaux bacheliers. Elle accueille environ 10 % des effectifs de ces nouveaux bacheliers.

Somme tout, l'affectation chaque année d'un nombre important d'élèves de sixième, de seconde et de nouveaux bacheliers dans la ville de Yamoussoukro concourent à accroitre ses effectifs scolaires déjà présents.

II-POIDS DES MIGRATIONS SCOLAIRES DANS LA DEMOGRAPHIE DE LA VILLE DE YAMOUSSOUKRO

Capitale politique de la Côte d'Ivoire, Yamoussoukro est la cinquième ville la plus peuplée du pays avec 212 670 habitants (INS/RGPH-2014), soit 1/5 de la population ivoirienne. Cette importante population que compte la ville de Yamoussoukro émane de son poids de capitale régionale et politique, mais aussi de ses nombreuses infrastructures et équipements dont elle abrite, notamment les établissements d'enseignement, de renommée nationale et internationale pour certains. La présence de ces prestigieux équipements dans la ville a un impact sur sa démographie et cela à travers les mouvements migratoires.En effet, l'orientation chaque année des élèves de sixième, de seconde et des nouveaux bacheliers entraîne un accroissement des effectifs scolaires et étudiants de la ville et par ricochet une mutation de sa structure démographique. A Yamoussoukro,35,39% au moins des résidents sont des élèves et des étudiants.Par conséquent, le flux de ces nouveaux élèves et étudiants dans la ville contribue à l'augmentation du volume de sa population (tableau II).

Tableau II : Evolution de la population totale de la ville de Yamoussoukro et de la populationdes élèves et des étudiants

Années	**1975**	**1998**	**2014**
Population totale	37 253	155 803	212 670
Population des élèves et des étudiantes	2 655	39 422	75 271
Pourcentage (%) des élèves et des étudiants dans la population totale	07,12	25,30	35,39

Source : INS (1975,1998, 2014) et nos enquêtes

Le tableau II montre clairement que l'orientation des élèves et des étudiants dans les établissements qui se trouvent dans la ville de Yamoussoukro participent à l'augmentation de sa population. En effet, à Yamoussoukro, la part de la population scolaire et universitaire dans la population totale de la ville est de 35,39 % (figure 1). Dans cette ville, la population scolaire et estudiantine croît d'environ quatre fois plus vite que l'effectif total de la population. Ce phénomène de croissance est lié à l'importance quantitative et qualitative des écoles qu'elle abrite (confère tableau I).

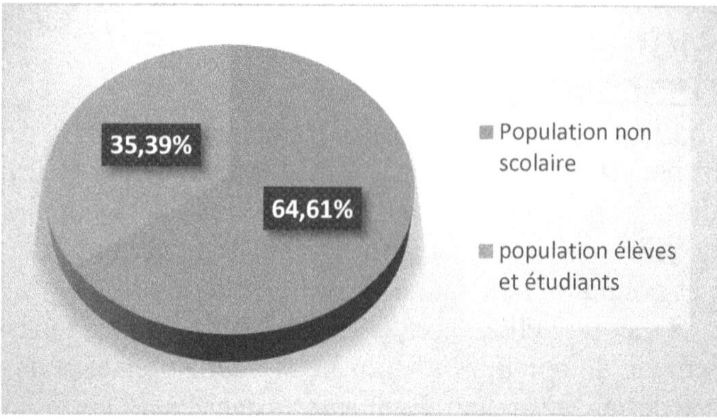

Source : INS (2014) et nos enquêtes

Figure 1 :La part de la population scolaire et universitaire dans la population totale de la ville de Yamoussoukro

III-LES CONSEQUENCES DES MIGRATIONS SCOLAIRES SUR LES STRUCTURES DEMOGRAPHIQUES DE LA VILLE DE YAMOUSSOUKRO

Les conséquences des migrations scolaires sur les structures démographiques de la ville de Yamoussoukro sont multiples. Comme le souligne Saint-Vil (1980 : 14), « d'abord, si l'on se place d'un point de vue global, l'immigration scolaire peut expliquer l'essentiel de la croissance démographique des villes en Côte d'Ivoire ». Dans le détail, elles entraînent deux séries d'effets majeurs :

- d'une part, le rajeunissement de la population et une influence sur la pyramide des âges;
- d'autre part, l'augmentation du taux de masculinité de la ville.

3-1-LES MIGRATIONS SCOLAIRES, FACTEURS DE RAJEUNISSEMENT DE LA POPULATION DE YAMOUSSOUKRO

L'injection régulière d'une masse importante de jeunes élèves et d'étudiants au sein de la population de Yamoussoukro est un élément capital qui participe à la modification de la répartition des grands groupes d'âges de sa population. En effet, à Yamoussoukro alors que les effectifs de l'enseignement secondaire entre 2012 et 2015 ont connu une hausse de 4 210 individus et ceux de supérieur 2 104 étudiants, le nombre de naissance en cette même période ne dépassait pas 1 065 (Direction de la santé Yamoussoukro, 2016). A travers ce rapport, on se rend bien compte que la croissance des effectifs des élèves et des étudiants est supérieure à la croissance de la natalité. Ainsi le poids relativement important des élèves et des étudiants dans la ville a pour corollaire un gonflement des tranches âges de dix à vingt-cinq ans. Cela se perçoit à travers la pyramide des âges où 67 % de la population à moins de 36 ans et une faible proportion d'adultes et de vieillards, (figure 2).

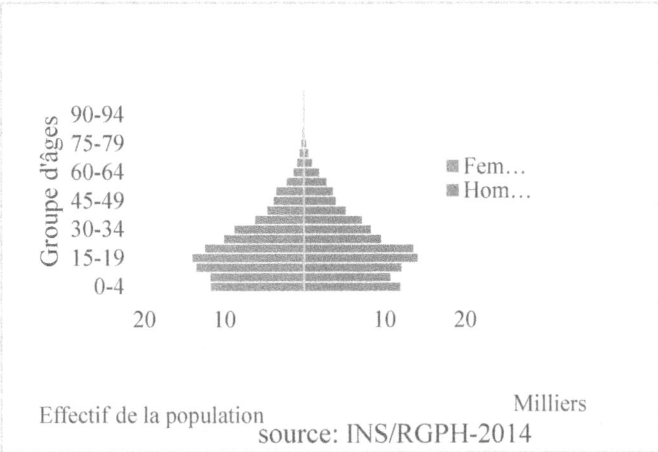

Figure 2 : Pyramide des âges de la ville de Yamoussoukro

3-2- LES MIGRATIONS SCOLAIRES, FACTEURS DE MAINTIEN D'UN TAUX DE MASCULINITE ELEVE DANS LA VILLE DE YAMOUSSOUKRO

Le taux de masculinité élevé lié aux migrations scolaires s'apprécie à plusieurs niveaux : au plan national, ainsi qu'au niveau des villes et prend également de l'importance au fur et à mesure que le niveau des études s'élève. En effet, le taux de masculinité selon les différents ordres d'enseignement au niveau national présente des disparités énormes :

- le préscolaire au niveau national, est marqué par 54,29 % du taux de masculinité, contre 45,72 % pour le taux des jeunes filles pendant l'année scolaire 2014/2015.

- au niveau du primaire, le taux national de masculinité est de 55,87 %, quand le secondaire présente 51,43 % et le technique et professionnel dispose de 55,70 %.

- en ce qui concerne l'enseignement supérieur, le taux de masculinité est très élevé, il est de 67,53 %.

Par conséquent, ces disparités relevées au plan national ont une portée à l'échelle locale, c'est-à-dire au niveau de la ville de Yamoussoukro. Ici pareillement, on enregistre un déséquilibre important entre le taux de masculinité et celui des jeunes filles :

- au préscolaire, la ville de Yamoussoukro présente un taux de masculinité de 62,90%.
- au primaire, le taux de masculinité s'élève à 48,72%.
- au secondaire, le constat est le même. Le taux de masculinité est de 59,88% des effectifs.
- concernant l'enseignement technique et de la formation professionnelle, malgré des filières féminines variées, le taux de masculinité est encore important. Il est de 54,46%.
- au niveau du supérieur ce déséquilibre est très éloquent, le taux de masculinité est de 67,04%.

Le taux de masculinité créé par les migrations scolaires dans la ville de Yamoussoukro s'identifie également au niveau des différents cycles d'études. Il est élevé dans tous les cycles d'études et cela influe directement sur celui de la ville.

Au cours de l'année scolaire 2014/2015, le taux de masculinité est passé de 217 en sixième à 405 en terminale, c'est-à-dire qu'il a plus que doublé entre les deux cycles. Ce taux de masculinité varie significativement au fur et à mesure que l'on évolue dans les différents cycles de la sixième à la terminale.

De même, le fort taux de masculinité relevé influencent assez considérablement les groupes d'âges en particulier ceux de quinze à vingt ans (tableau III).

Tableau III : Comparaison des taux de masculinité des classes d'âges de 0 à 5 ans et de 15 à 20 ans de la ville de Yamoussoukro en 2014

Taux masculinité / Ville	Classe d'âge		Ensemble ville
	0 - 5	15 – 20	
Yamoussoukro	111	208	125

Source: INS-2014

L'analyse de ce tableau III révèle une forte corrélation entre le pourcentage de la population scolaire, le taux de masculinité des 15 et 20 ans et le taux de masculinité global de la ville, avec un avantage pour celui des adolescents. Somme toute, Yamoussoukro est un grand centre d'immigration scolaire avec des taux de masculinité de plus de 125.

V-LES AUTRES INFLUENCES DES MIGRATIONS SCOLAIRES SUR LA DEMOGRAPHIE DE LA VILLE DE YAMOUSSOUKRO

Les migrations scolaires influencent également sur les structures, par sexe et par âge, de certains quartiers de la ville de Yamoussoukro. Du fait de ces structures, deux types de quartiers ont été retenus:

-les quartiers où l'influence des effectifs scolaires et universitaires sont faibles,

-les quartiers où les effectifs scolaires et universitaires dominent les structures démographiques.

Dans le premier cas, il s'agit des quartiers à faible taux de natalité, habité par des cadres, fonctionnaires, etc., qui accueillent un ou deux élèves ou étudiants (des collatéraux) dans leur foyer par solidarité familiale ou ethnique.

L'exemple le plus frappant est celui des quartiers Résidentiels de Yamoussoukro où l'effectif des adolescents représente le cinquième de la population totale.

Dans le deuxième cas, ceux sont les quartiers populeux à forts taux de natalité. Dans ces quartiers habitent les couches les moins nanties et pauvres avec un nombre important d'enfants (5 à 8 enfants en moyenne). Le quartier Dioulakro en est la parfaite illustration. Dans ce quartier, habitent la majorité des populations scolaires de la ville, environ 45 %.

Egalement, les migrations scolaires permettent d'établir une typologie urbaine de la ville en tenant compte du poids différentiel des populations scolaires et universitaires pour les différents niveaux d'enseignement. Troisième ville de l'enseignement supérieur du pays après Abidjan et Bouaké, Yamoussoukro doit cette place à ses 10 établissements qu'elle abrite et le nombre important de ses effectifs élèves et étudiants. Avec ces établissements, notamment l'INP-HB (Institut National polytechnique Houphouët Boigny), la ville compte 8 912 étudiants, soit 05,08% de l'ensemble des effectifs étudiants du pays. Rapportés à la population totale de la ville (212 670), ces effectifs comptent pour 05,11% dans la population totale.

DISCUSSION

Les caractéristiques de notre échantillon représentées par les élèves et les étudiants, présentent la densité démographique de la population scolaire et universitaire dans de nombreuses villes ivoiriennes, particulièrement dans la ville de Yamoussoukro. Aussi, elles dégagent le rôle majeur de l'immigration scolaire dans la croissance démographique de cette ville. En effet, la Côte d'Ivoire malgré son économie dominée par le secteur agricole est confrontée à une hausse de l'exode rural. Elle voit tous les jours la part de sa population urbaine augmenter, notamment celle de la ville de Yamoussoukro. Cette démographie galopante de la capitale politique Yamoussoukro est liée en grande partie à l'exode des jeunes issu des migrations scolaires. Ces migrations figurent parmi les facteurs essentiels de mutation de la démographie de cette localité. Aujourd'hui estimée à 42 % (RGPH-2014), cette population croît à un rythme annuel de 3,6 % au niveau de la ville de Yamoussoukro. Il est évident que les migrations scolaires exercent une influence incontestable sur les structures démographiques de cette cité. Ainsi, la relation qui existe entre les migrations scolaires et le boum démographique de la ville de Yamoussoukro s'apprécie à double sens : d'une part, cette ville avec ses différents équipements scolaires et universitaires attirent un nombre d'élèves et d'étudiants plus important chaque année ; d'autre part, la promotion de ce centre urbain à un niveau supérieur de l'échelle urbaine découle dans une certaine mesure de la croissance de sa population scolaire et universitaire, et avant tout à l'existence d'un établissement d'enseignement secondaire, de l'enseignement technique et de la formation professionnelle, ainsi que de l'enseignement supérieur. Par conséquent, la capitale politique Yamoussoukro avec ses nombreux établissements lui permettent d'exercer une grande attraction sur les centres urbains, péri-urbains périphériques et même sur l'ensemble du pays. La population scolaire et universitaire représente 35,39% de la population totale de la ville de Yamoussoukro. Cette part importante de la population scolaire et universitaire dans la démographie montre clairement que les migrations scolaires fournissent la fraction la plus importante de la masse citadine. En effet, une personne sur quatre au moins est élève ou étudiant à Yamoussoukro. De telles proportions confirment les propos de SAINT-VIL (1980 :15), lorsqu'il affirme que « *dans de nombreuses villes d'Afrique Noire la part des élèves excède souvent le quart de la population urbaine* ». Cela montre que les migrations scolaires sont des facteurs déterminants dans la croissance démographique des villes ivoiriennes, notamment celle de Yamoussoukro.

Aussi, l'intensité des migrations scolaires dans cette ville provoquent un décalage considérable entre son classement proportionnellement à l'effectif de sa population d'élèves et d'étudiants et son classement relativement à la population totale de la ville. En conséquence, bien que la ville de Yamoussoukro figure-t-elle en vingtième position du point de vue de sa taille, elle occupe actuellement le troisième rang quant à l'effectif de sa population du secondaire et du supérieur après les villes d'Abidjan et de Bouaké. Le classement scolaire et universitaire des villes dépend avant tout de leur équipement en infrastructures éducatives et universitaires qui constituent l'une des étapes fondamentales de l'urbanisation. C'est ce qui explique la bonne tenue des villes moyennes comme Yamoussoukro.

De même, ils exercent une influence incontestable sur les structures démographiques de la ville de Yamoussoukro. D'une part, on assiste à un rajeunissement de sa population dû à l'importance de la tranche de 10 à 20 ans, avec une importance pour la classe de 15 à 20 ans. D'autre part, ces migrations, chaque fois plus intenses, influencent les structures démographiques de cette ville en y renforçant les taux de masculinité qui s'accentuent au niveau de la tranche de 15 à 25 ans, car la plupart du temps ce sont généralement les garçons qui poursuivent les études.

Les migrations scolaires ont aussi des conséquences sur les structures par sexe et par âge au niveau des quartiers dans la ville de Yamoussoukro. L'analyse du poids différentiel de ces migrations permet d'établir une nouvelle typologie des quartiers de la ville de Yamoussoukro, pour lesquels deux types de quartiers ont été retenu : ceux où les effectifs scolaires et universitaires dominent les structures démographiques et ceux où ils ont une influence faible.

Par ailleurs, comme le souligne ATTA (2001 : 8), « *l'inadaptation de l'école ivoirienne et son faible rendement poussent à l'exode rural. Le système éducatif ivoirien comporte de nombreux goulots d'étranglement qui rejettent quantité de jeunes insuffisamment formés et ayant des aspirations inconciliables avec les possibilités du pays* ». Ces rejetés ou déscolarisés ont un taux de 11 % au plan national, calculé sur la base du dernier recensement (2014), sont de 14 % à Yamoussoukro. Ces exclus du système éducatif ivoirien ayant goutés aux réalités de la ville (électricité, eau potable, internet, jeux, loisirs, etc.), ne sont plus prêts à faire un retour dans le monde rural. Par conséquent, ils préfèrent rester en ville où ils participent généralement à augmenter la masse des populations citadines. Ainsi, une fraction importante de cette jeunesse déscolarisée et aspirée vers la ville de Yamoussoukro, avec au bout ''*l'eldorado*'' que représente la métropole Abidjanaise, concourt à augmenter la population de cette cité.

CONCLUSION

Les migrations scolaires caractérisées par les effectifs scolaires et universitaires influencent amplement la démographie de la ville de Yamoussoukro. Elles jouent un rôle original dans le développement de cette ville et de ses activités. Cependant, on pourrait disputer cette dépendance considérable de la croissance urbaine à travers les migrations scolaires qui constituent un point faible des villes ivoiriennes, car ce type d'urbanisation ne joue pas un rôle ''moteur'' contrairement à l'industrie et à certaines activités comme le commerce, les transports, etc. Toutefois, il faut rappeler que ces migrations scolaires concourent non seulement à stimuler la ville de Yamoussoukro en élargissant sa zone d'influence, mais également à y créer différents flux et besoins qu'il faut satisfaire. Somme toute, les migrations scolaires ainsi que les différents ordres d'enseignement ont fait de Yamoussoukro une ville scolaire et universitaire par excellence.

BIBLIOGRAPHIE

AMOUSSOU-YEYE D., (1993) : Diagnostic du système Béninois dans Education, changements démographiques et développement, colloques et séminaires, Abidjan, IRD, ex-ORSTOM, pp1-9.

ATTA K., (2001) : Urbanisation et Développement en Côte d'Ivoire, Groupe de Recherche Espace-Système, Université Félix Houphouët-Boigny de Cocody, Abidjan, 25p.

BOVIN L., (1977) : La population scolaire de Dabou : étude des établissements scolaires, Abidjan, Université Félix Houphouët-Boigny de Cocody, I.G.T, Mémoire de Maîtrise, Abidjan, 55p.

CLAVAL P., (1981) : La logique des villes, Essai d'urbanologie, édition *LITEC*, Paris, pp 15-25.

DIARRA S., (1991) : Les migrations scolaires à Dabou, Abidjan, Université Félix Houphouët-Boigny de Cocody, I.G.T, Mémoire de Maîtrise, Abidjan, pp15-25.

DUPONT V., (1993) : Rôle de la variable éducative dans les mécanismes de la migration : réflexions et illustrations à partir de l'Inde dans Education, changement démographiques et développement, colloques et séminaires, IRD, ex-ORSTOM, Abidjan, pp93-106.

KOBENAN A. C., (2013) : L'école et le développement des villes en Côte d'Ivoire : cas des villes d'Abidjan, de Bondoukou et de Yamoussoukro, thèse unique de doctorat, Université Félix Houphouët Boigny de Cocody Abidjan, 356p.

KOUASSI-KOFFI A.M., (2009) : Les Migrations Scolaires et l'Aménagement de l'Espacedans la région d'Abidjan, non publiée, thèse nouveau régime, Université d'Abidjan, pp 65-112.

LESS C., (1980) : Marseille : les étudiants dans la ville, écarts urbains de la fréquentation scolaire, *Bulletin de la société de géographie de Marseille* (70), pp3-24.

MINISTERE DE L'EDUCATION NATIONALE, 2001-2002, Annuaire statistique, *DIPES*, Abidjan, pp 4-45.

MINISTERE DE L'EDUCATION NATIONALE, 2006-2007, Annuaire statistique, *DIPES*, Abidjan, pp 10-49.

MINISTERE DE L'EDUCATION NATIONALE, 2014-2015, Annuaire statistique, *DIPES*, Abidjan, 96p.

MINISTERE DE L'ENSEIGNEMENT SUPERIEUR ET DE LA RECHERCHE SCIENTIFIQUE, 2014-2015, Annuaire statistique de l'enseignement supérieur, Abidjan, pp 4-35.

SAINT-VIL J., (1975) : L'immigration scolaire et ses conséquences sur la démographie urbaine en Afrique Noire : l'exemple de Gagnoa (Côte d'Ivoire), *Cahier d'Outre–Mer* (112), pp 376-387.

SAINT-VIL J., (1980) : Migrations scolaires et urbanisation en Côte d'Ivoire, Publication provisoire décembre 1980 (43), IRD, ex-ORSTOM, Abidjan, pp 7-36.

ZANOU B., LIVENAIS P., VAUGELADE J., (1993) : L'orientation des élèves en classe de sixième : un aspect inexploré des migrations scolaires en Côte d'Ivoire dans éducation, changements démographiques et développement, colloques et séminaires, Abidjan, Institut Français de recherche scientifique pour le développement et coopération, pp 4-15.

GEOGRAPHIE ACADEMIQUE ET GEOGRAPHIE OPERATIONNELLE EN COTE D'IVOIRE : BILAN ET PERSPECTIVES

TOURE Mamoutou
Maître-Assistant, Laboratoire Espace-Système et Prospective (LARESP), Institut de Géographie Tropicale, Université F. Houphouët-Boigny-Abidjan
tourema@yahoo.fr
KAMAGATE Sanaliou
Maîtres-Assistants, Laboratoire Espace-Système et Prospective (LARESP), Institut de Géographie Tropicale, Université F. Houphouët-Boigny-Abidjan
ksanaliou@yahoo.fr

RESUME

Le texte analyse l'évolution de la géographie et son apport en Côte d'Ivoire où elle a participé aux grands projets de modernisation du pays au contraire de l'image communément véhiculée d'une discipline perçue comme scolaire, dépassée ou en voie de disparition dans la société actuelle de l'information. Il s'appuie sur la documentation et les retours d'expérience des géographes pionniers ivoiriens. Les résultats montrent que la géographie procède d'un paradigme grec dont les évolutions et les acquis conceptuels ont fait de la discipline une science sociale au service de la construction des Etats modernes, à travers l'organisation et l'aménagement de l'espace pour améliorer les conditions de vie des sociétés. La Côte d'Ivoire est une illustration de cet engagement des géographes. Ici, en plus de ses apports pédagogiques, elle a pris la forme d'une expertise au service du développement du pays dont le recul appelle à une redéfinition des objectifs pour tenir compte des évolutions socio-économiques actuelles.

Mots-Clés : Côte d'Ivoire, Etudes régionales, géographie appliquée, développement

ABSTRACT

The current text analyses the geography discipline's evolution and its contribution to the progress achieved in Côte d'Ivoire. Indeed this discipline has contributed to all the major modernization projects the country has undertaken. This fact is opposed to the commonly conveyed image that holds this discipline as scholastic, out of date or purely and simply in process of vanishing in our modern society where information takes a prominent part. The analysis is based on documentations and the feedback of the experiences sprung from the Ivorian pioneer geographers' achievements. The results show that geography originates from a Greek paradigm whose evolutions and conceptual acquisitions have made this discipline a social science at the service of the construction of the modern states, through the organization and the space's fitting up so as to improve the livelihood conditions in our society. Côte d'Ivoire is an illustration of this engagement assume by the geographers. Here, beyond its pedagogical contributions, the geography disciplinehas taken the form of an expertise for the country's development whose wane requires a redefinition of the objectives in order to take into account the current socio-economic developments.

Keywords: Côte d'Ivoire, Regional studies, Applied geography, Development

INTRODUCTION

La géographie ivoirienne a joui d'une bonne réputation auprès des décideurs et de l'opinion publique dans un contexte international où la discipline n'a pas toujours eu bonne presse. Les signes de cet intérêt sont perceptibles depuis au moins la période coloniale où la discipline a été intégrée dans les différents ordres d'enseignement (Barthélemy, 2010). A la création de l'université nationale d'Abidjan, elle a été l'une des premières filières de sciences sociales et a bénéficié du soutien des gouvernants. D'autres disciplines comme la sociologie et la philosophie n'ont pas eu les mêmes considérations. L'attitude peu enthousiaste émanant de la sphère politique à leur encontre s'appuie sur les rapports réels ou supposés entre l'enseignement de ces disciplines et la contestation sociale. C'est ainsi que les premiers géographes ont régulièrement été associés, aux études de réflexion et d'organisation du territoire ivoirien (Touré, 2010). De nombreux travaux attestent de la richesse des productions réalisées par ces pionniers: études régionales, études prospectives, plans quinquennaux. Au milieu des années soixante-dix, un géographe a même occupé le poste ministériel de l'agriculture.

Cette situation de la science géographique ivoirienne peut paraître pour le moins paradoxale relativement aux impasses que la géographie a connues globalement. Elle a été considérée comme une discipline à vocation académique et surtout descriptive (P. Claval, 2006). Hamelin (1974) observait non sans ironie « qu'une discipline qui n'a qu'une vocation académique est condamnée à disparaitre ». Une énumération à la Prévert des écrits la qualifie de : discipline de mémorisation (De la Neuville, 1772, cité par Pascal, 2009), discipline servant à faire la guerre (Lacoste, 1976) ou en « coma dépassé » (Carlot, 2003). Plus récemment, les partisans du Cyberespace ont même annoncé la mort de la géographie avec la forte poussée des TIC au motif que les sociétés modernes deviennent de plus en plus virtuelles, donc a-territoriale (Touré, 2010). Le débat d'ordre épistémologique au cours de la trajectoire de la discipline, avait quelque peu ternie sa réputation et l'avait reléguée au second plan tant dans les programmes d'enseignement que dans les travaux et les équipes de développement territorial. D'où vient alors cette particularité ivoirienne dans ce parcours « mouvementé » de la géographie en général ? La littérature grise ne répond pas encore à cette interrogation. D'où l'intérêt de mener une étude pour mieux comprendre la trajectoire de la science géographique, les applications et les tendances actuelles de l'expertise géographique en Côte d'Ivoire.

Notre positionnement de départ est le suivant : la géographie a changé au fil du temps pour devenir une science ayant une vocation plus qu'académique. La démarche régionale s'est investie depuis la grecque antique à étudier la manière dont les hommes exploitent l'environnement où ils vivent, l'aménagent et lui donne un sens. La géographie est devenue une science sociale dans les sociétés contemporaines par son engagement dans l'organisation et l'aménagement de l'espace et sa volonté de contribuer à l'amélioration des conditions de vie des sociétés modernes. Le « savoir-faire et « savoir penser » l'espace » s'est traduit en Côte d'Ivoire par une participation active des géographes à la modernisation du pays. Mais l'émoussement de cet élan appelle à une redéfinition du savoir géographique plus en phase avec les problématiques actuelles.

Pour défendre ce parti pris, l'approche diachronique a été privilégiée. La première partie de l'analyse porte sur les fondements de la science géographique, notamment les éléments et les théories qui ont contribué à l'essor de la géographie comme une science humaine de premier ordre dans l'organisation des sociétés modernes. La seconde partie examine l'expérience ivoirienne à travers les structures spécialisées et les pionniers. Il s'agit de voir comment les géographes ont capitalisé leur savoir-faire dans l'aménagement du territoire ivoirien. Le bilan de cette expérience permet de décrypter l'impasse de la science géographique et d'envisager des nouveaux horizons pour l'après-crise.

I-APERÇU MÉTHODOLOGIQUE

Cette étude à visée rétrospective a nécessité de recourir tout d'abord à une recherche documentaire afin de retracer l'activité corporatiste des pionniers de la géographie. Des publications scientifiques produites par des structures spécialisées comme l'ORTOM et l'IGT ont été consultées. Il s'agit pour l'essentiel d'études de prospection, de cartographie, de diagnostic et d'aménagement territorial. A cela, s'ajoute les rapports et autres publications des structures techniques et des services de l'administration publique sur les questions de développement (études régionales, bilan-diagnostic, plan, etc.).

La seconde phase de recueil de données a consisté à un entretien avec les responsables des structures techniques publiques à vocation géographique (IGT, BNETD, CNTIG) puis avec des pionniers de la science géographique en Côte d'Ivoire. L'expérience du professeur Hauhouot Asseypo a été capitale dans le recueil d'information sur le parcours de la géographie extra académique. Un guide d'entretien avec les différents « sachants » a porté sur leurs activités pédagogiques, académiques, de recherche et d'expertise. Les informations recueillies ont été complétées par une enquête auprès de certains géographes sur l'état de la recherche développement et les difficultés rencontrées.

II-RESULTATS

2-1-L'ESSOR DE LA SCIENCE GEOGRAPHIQUE DANS LE CONTEXTE INTERNATIONAL

2-1-1-Au commencement, le géographe érudit et géomètre en Grèce

La première réflexion est portée sur la conception des progrès contemporains de la géographie. En fait, l'analyse des investigations montre que la géographie transcende l'aspect académique. Depuis la Grèce antique, cette science s'est intéressée à la manière dont les hommes exploitaient leur environnement.

Le géographe érudit-géomètre est survenu dans l'antiquité grecque par la volonté de découvrir d'autres horizons. Homère qui valorise la littérature de voyage en est le pionnier. Il narre les traversées d'Ulysse suite à la bataille de Troie. Les récits rendent compte des voyages, mais sont circonscrits aux trajets et aux lieux de séjour. Ils donnent ainsi une représentation des itinéraires. Les investigations d'Hérodote opèrent une rupture. Son expérience des voyages lui permet de relever des aspects ‘‘géographiques’’ des contrées. La présentation du monde distingue des espaces identifiés. Les lieux sont classés en ensembles aux formes géométriques. En mettant en relief distinctement trois continents (l’Europe au Nord, la Lybie au Sud et l’Asie à l’Est) à l’intérieur desquels se distinguent des cours d’eau (la Méditerranée, les fleuves Phase et Araxe), ces cartes servent de point de départ à l’analyse.

Au temps hellénistique, la grande appréhension du monde parfait les cartes. Dorénavant, l’idée de la cartographie est admise en fonction des coordonnées géographiques. C’est à cette époque que le mot géographie prend son essence et le géographe est vu comme érudit et géomètre. On a désormais plus de précision sur les coordonnées des espaces habités. Les progrès sont considérables dans les limites des techniques de mesure de l’époque. Ainsi, grâce à Ptolémée (100 - 178 avant J.-C.), la première carte du monde est établie à partir des positions connues.

La géographie d’alors était celle d’une vision du monde où les grands ensembles sont clairement identifiés les uns par rapport aux autres. La description régionale donnait peu d’explications aux phénomènes et se résumait à des références aux éléments physiques (reliefs, hydrographie), humains (description des peuples) ou divins (évocation des Dieux et des Héros). Ainsi l’essor de la cartographie permit aux grecs de développer la géographie régionale mais c’est avec le XVIIIème que les visées géographie régionales enregistrent une avancée sous l’influence des sciences naturelles et les exigences l’administration.

2-1-2-Le géographe administratif et promoteur des sciences naturelles (XVIIIe-fin XIXe siècle)

Au siècle des lumières, la cartographie gagne du terrain et se professionnalise grâce au progrès de la science et de la technique. Les cartes sont élaborées par des opérations scientifiques telles que les levers de terrain, la triangulation, le tracé précis des longitudes grâce au chronomètre créé par John Harrison dans les années 1740. Les géographes se mettent désormais à la disposition des Etats organisés pour produire des cartes thématiques où certaines données physiques ou humaines sont reportées avec précision sur le carroyage des méridiens et des parallèles. C’est le cas de la carte Cassini en France qui comporte des données physiques et humaines. Le travail des géographes est plus aisé dans les Etats organisés avec des subdivisions territoriales et une administration qui fournit des données démographiques et économiques. L’avènement de la statistique est alors d’un apport capital pour les géographes. Les descriptions régionales, sont désormais accompagnées de cartes aux circonscriptions bien marquées. Avec l'exactitude des informations socio-économiques, les cartes sont plus précises et basées sur la configuration des territoires. Les géographes gagnent alors en notoriété et sont beaucoup sollicités par les gouvernants.

Par la suite, les géographes tablent sur les critères objectifs et rationnels de découpage des territoires qu'ils soumettent aux gouvernants. Trois modèles sont offerts. Le premier qui consacre la grille géométrique uniforme reste sans succès dans le vieux continent, mais appliqué dans les pays neufs. Il a aussi été appliqué dans le tracé des frontières coloniales. Le second modèle qui prend son essor vers les années 1730 se fonde sur un découpage axé sur l'idée de région naturelle homogène. Quant au troisième modèle qui repose sur des subdivisions au regard des mobilités et de la proximité des services, il est resté impopulaire sauf en France où il a eu application (découpage départemental).

Outre, la géographie « des princes », le siècle des lumières ouvre de nouvelles perspectives dans la promotion des sciences naturelles. Les géographes cherchent à percer les mystères et les lois qui président à la marche du monde. Les phénomènes sont appréhendés dans leur complexité et un effort d'explication est fait à tous les niveaux.

A la fin du XVIIIe siècle, la maitrise du globe terrestre propulse la géographie. Les cartes sans lesquelles la mise en évidence des unités territoriales est impossible sont dorénavant élaborées par des techniques scientifiques. Partout où l'Etat moderne se met en place, la production des données est source d'enrichissement de la géographie.

2-1-3-Les progrès des outils et l'avènement du géographe aménageur et expert (fin XIXe siècle à nos jours)

Avec la modernité, la géographie connait un essor considérable à tout point de vue. Elle enregistre diverses transformations. Des cartes topographiques et géologiques sont disponibles et concernent tous les espaces de la planète. Dans les années 1860, l'œuvre d'Elisée Reclus témoigne du progrès des moyens dont disposent les géographes. Sa « Géographie universelle » renseigne sur les grands traits de toutes les parties du monde. Le XIXème siècle marque un tournant décisif dans la connaissance et l'organisation du monde. La géographie scolaire est enseignée dans la plupart des pays. Les ouvrages scolaires sont dédiés à l'instruction des citoyens sur la connaissance de leur environnement immédiat et lointain. On le constate dans la vieille Europe, dans les nouveaux Etats américains ainsi que dans les Etats issus de la colonisation. Le rôle de la géographie régionale s'en trouve transformée à divers niveaux. L'évolutionnisme de Darwin est le premier qui s'observe à la fin du XIXème siècle et conduit les géographes à prendre en compte non seulement la description de la diversité des paysages, mais aussi à expliquer les effets des conditions naturelles sur les sociétés humaines. A ce titre, la vision de la régionnaturelle s'impose. Le second facteur se focalise sur les analyses de l'organisation du milieu. Les géographes de cette période font la synthèse des travaux régionaux qui résultent de la fin du XVIIIème siècle. Ils se basent sur les investigations des historiens comme Michelet (1833) et des géologues (Elie de Beaumont et Dufresnoy, 1841).

En France, la révolution de la géographie régionale est portée par Vidal de la Blache en matière d'outils conceptuels et méthodologiques. Sa plus grande contribution concerne la vulgarisation de la notion du ' »genre de vie »' où il montre comment les sociétés humaines exploitent leur environnement de vie. Son second apport novateur est la mise en évidence, dans les années 1880, du caractère opératoire des études régionales. Il démontre que les régions naturelles constituent des unités géographiques dont la combinaison organise l'espace.

L'essor du capitalisme et la mise en avant du concept de développement comme modèle à imiter (Rist, 1996) sont une opportunité pour les géographes (Aydalot, 1976 ; Lacour, 1985) pour surpasser les modèles habituels de représentation de l'espace pour se tourner vers les théories du développement. L'approche territoriale dans le développement a émergé au fur et à mesure que se creusait des déséquilibres entre les espaces. Cet éveil s'est fait en premier lieu sur la scène internationale, sur le déséquilibre entre les pays occidentaux et ceux du tiers monde. Par la suite, les spécialistes de l'évolution ont réalisé le même constat des disparités dans les pays développés. Plusieurs auteurs élaboreront des théories qui tentent d'expliquer les inégalités du développement dans l'espace et surtout essayer de trouver des théories qui favorisent le développement des espaces excentriques et marginalisés. La théorie du décollage ou théorie de la convergence (W. Rostow, 1961), la théorie de la dépendance (S. Amin, A. Gunder Franck, P. Jalée, Faletto, etc.), la théorie des pôles de croissance (F. Perroux, 1955 ; Boudeville, 1963), du développement endogène (Garofoli, 1994), l'approche du développement local communautaire, constituent ainsi un corpus des théories du développement régional.

La réflexion géographique est alors au XXème siècle naissant comme l'épicentre de la discipline géographique. Les bénéfices qu'engrangent les Etats des progrès de la géographie sont alors nombreux et mis en exergue partout dans le monde. En Afrique, les géographes ivoiriens ont capitalisé ces acquis où le développement régional s'est inscrit comme un instrument qui a permis à l'État de diffuser la modernisation et l'innovation dans les régions ivoiriennes.

2-2-HISTOIRE ET PRATIQUE DE LA GEOGRAPHIE APPLIQUEE DANS LE CONTEXTE IVOIRIEN

2-2-1-L'IGT, un centre de promotion de la géographie appliquée

Les études régionales en Côte d'Ivoire datent de la période coloniale. Des géographes ont sans doute pris part à aux études menées dans le cadre du projet colonial. Ces études, dont l'inventaire reste à faire, ont été complétées dès l'indépendance de la Côte d'Ivoire, par de nouvelles institutions qui vont constituer progressivement les structures sur lesquelles s'est appuyé l'Etat ivoirien interventionniste.

Dès la création du Centre d'Enseignement Supérieur de Côte d'Ivoire (1959), les autorités éducatives avaient perçu dans la géographie un vif intérêt, à cause de ses possibilités dans les domaines de l'aménagement du territoire et de la gestion des ressources. La matière était dans une propédeutique, le Certificat d'Etudes Littéraires Générales (CELG) en association avec d'autres sciences sociales. Le rôle de l'Institut de Géographie Tropicale (IGT), anciennement Centre de Géographie Tropicale (1964), dans l'orientation institutionnelle de la discipline a été fondamental. En effet, L'IGT est entré depuis sa création en 1966, avec aisance, dans les équipes pluridisciplinaires de recherche, fort de sa tradition de collaboration avec l'ORSTOM25 qui lui a même prêté ses premiers directeurs (Yves Monnier (1966), François Doumenge (1967-1970) et Félix Hinschberger (1970-1972).

Les relations entre ces deux institutions se sont même traduites par d'intéressantes coproductions sur les thématiques en rapport avec les espaces urbains et ruraux. Les lignes de force de l'IGT vont se construire sur ce passé en mettant l'accent sur : les inventaires, les analyses de milieux, la cartographie, les schémas d'aménagement. On doit également à cet institut, la production de grands Atlas indispensables à la connaissance du territoire et au développement: l'Atlas général de Côte d'Ivoire en collaboration avec l'ORSTOM ; l'Atlas aérien de Côte

---

[25]ORSTOM : Office de la Recherche Scientifique et Technique Outre-Mer

d'Ivoire ; les Atlas régionaux. Tous ces grands ouvrages produits dans les années 60, 70 et 80 attendent toujours d'être révisés. Les publications de l'IGT, tant au niveau des Annales de l'université que des revues spécialisées, ont contribué largement à forger la personnalité scientifique de l'université de Cocody. Le rôle de l'IGT s'est également étendu dans la recherche des financements de la recherche de développement. Sous des formes de conventions avec de grandes agences d'aide au développement (le CRDI26, la FAO27, le PNUD28 notamment), l'IGT a pu, au cours des décennies 1970 et 1980, mener d'importants programmes de recherche et participer à l'équipement de ses laboratoires (Le LAMINAT29, Le GRES30, Le GREN31) qui étaient appuyés par deux structures techniques : un laboratoire de photogravure et un laboratoire de traitement d'images et d'informations géographiques.

Le rôle joué par l'Association des Géographes de Côte d'Ivoire (AGCI), par ailleurs membre de l'Union Géographique Internationale (UGI) et de l'Association des Géographes Africains (AGA), a été déterminant dans le déploiement de la géographie appliquée. Cette structure fut créée pour renforcer la coopération intra et extra-universitaire nécessitée par la présence de nombreux géographes dans des structures techniques de l'Etat (ENSTP, CCT, CNTIG..)32. Dans les années 1970 et 1980, l'AGCI organisa grâce à l'IGT des congrès scientifiques annuels baptisés « Journées géographiques » dans les régions du pays. Plusieurs capitales régionales ont accueilli ces rencontres scientifiques et professionnelles tournantes: Bondoukou, Yamoussoukro, Daloa, Man, Odienné, Korhogo, San-Pedro et Abidjan. Grâce à ses activités, l'AGCI était parvenue à tisser des liens utiles avec la société civile. Les journées géographiques poursuivaient la recherche de solutions aux disparités économiques et sociales du pays. Ces congrès

---

[26]CRDI : Centre de recherche pour le Développement international

27 FAO : Food and agriculture organisation

28 PNUD: Programme des Nations unies pour le développement

29 Laboratoire d'Analyse des Milieux Naturels qui a pour centres d'intérêt l'analyse des milieux naturels, la télédétection et l'économie maritime.

30 Groupe de Recherches Espaces-Systèmes) a pour centre d'intérêt l'étude des espèces, des sociétés et de leurs logiques économiques.

31 (Groupe de Recherches en Environnement) a pour centres d'intérêt la gestion de l'environnement, les problèmes de population et santé.

[32] ENSTP (Ecole nationale supérieure de travaux publics) CCT (Centre de Cartographie et de Télédétection) CNTIG (Comité National de Télédétection et d'Information Géographique)

scientifiques regroupaient des universitaires et les praticiens du développement pour encourager la connaissance de la Cote d'Ivoire et intégrer la discipline à l'effort de développement national. Ainsi le partenariat tant souhaité entre l'université et le monde du développement devenait une réalité. Des acteurs ou des opérateurs économiques se sont engagés dans cette opération d'animation scientifique et de recherche-développement : les Ports Autonomes d'Abidjan et de San-Pedro, la Palmindustrie, la SISA, l'OIC et la CAISTAB.

En une décennie, les journées géographiques ont permis de jeter les bases de « l'Ecole Ivoirienne de Géographie », une école qui allie théorie et pratique du développement ; une école qui se caractérise par une bonne maitrise des paramètres de la recherche géographique, par une nouvelle lecture de la dynamique des paysages et des espaces ; par la démarche systémique qu'elle privilégie et par les brillants résultats qu'elle a connus au niveau de la formation. Ainsi, les Journées Géographiques ont été à l'origine d'un important programme national de recherche scientifique tel que la confection des Atlas régionaux de Cote d'ivoire, outils indispensables à l'aménagement du territoire.

Au cœur de ce système de l'Institut de Géographie Tropicale, fort des acquis conceptuels des études régionales, des acteurs pionniers ont mis leur « savoir-penser » et « savoir-faire » l'espace au service des actions de planification régionale.

2-2-2-De l'œuvre des pionniers, promoteurs de la géographie appliquée

La direction scientifique de l'IGT a été assurée par les géographes français jusqu'en 1980 puis par les nationaux. Parmi lesacteurs de la scène géographique ivoirienne des « vingt glorieuses » (1960-1980) figurent des pionniers qui ont marqué l'enseignement et la recherche géographique à travers des centres d'intérêt spécifiques (encadré n°1).

ENCADRE N°1 : LES GEOGRAPHES PIONNIERS (1960-1980)

1. Les coopérants français

- Gérard Riou : le milieu naturel (les savanes)
- François Doumenge (1967-1970) : géographie des mers
- Yves Monnier (1966)
- Félix Hinschberger (1970-1972)
- Yvette Barbaza (1975-1985) : aménagement du territoire (analyse spatiale, méthodologique et pratique)
- Gabriel Rougerie : géographie physique tropicale (pédologie, biogéographie, géomorphologie)
- Jean-Charles Filleron : biogéographie
- Jean-Claude Arnaud, etc. :

2. Les géographes ivoiriens

- Hauhouot Asseypo Antoine : aménagement du territoire
- Atta Koffi Lazare : études urbaines et cartographie
- Koby Assa Théophile : prospective
- Sinali Coulibaly : géographie rurale (le paysan senoufo)
- Paul Dian Boni : agriculture de plantation (le pays akyé)
- Abdoulaye sawadogo : agriculture
- Ouatta N'dri : géographie rurale
- Alpha Cissé (CCT, BNETDT) :
- Tahirou Koné (CCT, BNETDT) :
- Alfred Mondjanagni
- Souleymane Diarra

Grâce à l'engagement de ses pionniers, la géographie ivoirienne a été au service de la société par sa participation active au développement du pays pendant plusieurs décennies. Le Centre Universitaire de Recherche de Développement (CURD), créé dans la décennie 1960, a été à cette fin un excellent outil d'animation des liaisons Université-secteurs de production et de l'interdisciplinarité. Il avait trouvé, un incomparable terrain d'accueil dans le secteur économique d'Etat. Ainsi, de nombreux géographes ont acquis ou amélioré leur expérience dans d'importantes entreprises d'Etat : AVB[33], ARSO[34], SODESUCRE[35], Projet Nord-Est, Projet Nord-Ouest, Projet Région semi-montagneuse, etc. L'action de ces pionniers dans la formation des cadres ivoiriens destinés à l'enseignement secondaire et supérieur est salutaire. Afin de permettre au

[33] AVB : Autorité pour l'aménagement de la vallée du Bandama

[34] ARSO : Autorité pour l'aménagement du Sud-Ouest

[35] SODESUCRE : Société de développement des plantations de canne à sucre

pays d'avoir des cadres pour son développement, l'université s'est vue attribuer entre autres missions d'assurer la formation d'enseignants. Le bilan parait satisfaisant près d'un demi-siècle après. En effet, naguère déficitaire en ressource humaine qualifiée, le pays regorge aujourd'hui de professeurs de lycée et collège entièrement ivoirisés. Outre le secteur de l'enseignement, les étudiants sortis de l'IGT, qui renferme le département de géographie, se retrouvent également dans plusieurs secteurs de l'administration publique et privée. La vocation de l'université ivoirienne est de faire aussi bien de la recherche fondamentale qu'appliquée. Les travaux universitaires encadrés par les pionniers de la géographie ont généralement été orientés vers des thématiques relatives à la recherche-développement (aménagement du territoire, politique urbaine, démographie, infrastructures et équipements, activités informelles, économie de rente, gestion des ressources naturelles, pollution…). Même si le volet de la valorisation des recherches effectuées laisse à désirer, les travaux effectués n'en demeurent pas moins de belle facture.

Les géographes nationaux en collaboration avec leurs homologues étrangers, notamment français, ont participé à plusieurs rapports techniques sur les projets de développement. Il n'est pas aisé de faire l'état des lieux des recherches et des travaux, mais en termes d'idées maîtresses, quelques apports peuvent être distingués. Le premier apport correspond à la collecte de données socio-économiques au plan national jugées « fragmentaires et incertaines » et qui ne constituant pas « une base satisfaisante pour une action promotionnelle » et susceptible de permettre aux pouvoirs ivoiriens de mener à bien les engagements définis. Les géographes participent ainsi aux « études et enquêtes régionales » entre 1962 et 1966. Cette évaluation dite « socio-économique » couvrait six régions ainsi que l'agglomération abidjanaise. L'expertise des géographes transparait dans les critères de découpages des six régions d'étude du pays. L'accent est mis sur les critères d'homogénéité intégrant le relief, la végétation, les milieux agricoles, ethniques et administratifs. La masse considérable d'informations collectées a permis de disposer d'inventaires fouillés et d'introduire auprès des pouvoirs publics la question de la régionalisation des objectifs. Elle fut le point de départ d'une réflexion critique portant à la fois sur l'élaboration d'une problématique régionale et la définition d'une stratégie claire de planification qui va être affinée au fil des plans de développement ensuivants. Le second apport correspond à l'implication des géographes dans la réalisation des grands programmes régionaux de développement. Ainsi, de nombreux géographes ont acquis ou amélioré leur expérience dans d'importantes entreprises d'Etat (encadré n°2).

ENCADRE N°2 : QUELQUES ETUDES DE DEVELOPPEMENT REALISEES PAR LES GEOGRAPHES PIONNIERS (1960-1980)

- les études d'implantation des complexes sucriers (1974-1975 ;
- les diagnostics d'aménagement des régions AVB (Autorité pour l'aménagement de la vallée du Bandama) et ARSO (Autorité pour l'aménagement du Sud-Ouest) ;
- Projet Nord-Ouest,
- l'étude de la marginalité du Nord-Est ;
- l'étude des migrations rurales Baoulé ;
- l'étude des activités maritimes et portuaires en Côte d'Ivoire ;
- les études diagnostics du PNAE-CI ;
- le schéma directeur d'aménagement de la région semi montagneuse ;
- les itinéraires touristiques de la région des lagunes.
- la production d'atlas : l'Atlas général de Côte d'Ivoire (1973) ; Atlas aérien de Côte d'Ivoire (1973) ; les Atlas régionaux 1973 (Nord-est et l'ouest).

Comme en témoigne la diversité des champs d'action, la géographie n'a pas seulement une vocation académique. La recherche scientifique menée au sein des structures nationales a contribué à l'effort de développement. Après la période des trente glorieuses (1960-1990) où la géographie active a connu sa meilleure expression, les géographes n'ont pas cessé d'apporter leur expertise au pays dans plusieurs secteurs de la vie nationale : bilan de l'aménagement du territoire (1990) ; les études prospectives (CI 2025 ; CI 2040 CGECI ; CI 2040 Ministère du Plan) ; le plan stratégique de développement de la région des Grands Ponts qui vient d'être confié à l'IGT.

Cependant, par rapport aux sciences économiques et de gestion, dont la géographie fut la grande concurrente des années 1970 et 1980, elle a perdu du terrain dans le domaine de son ancrage politique et social.

2-3-L'IMPASSE DE LA GEOGRAPHIE APPLIQUEE ET LES NOUVEAUX HORIZONS POUR LA SOCIETE IVOIRIENNE

2-3-1-L'état actuel de la géographie universitaire appliquée

La recherche qui fut le fondement de la géographie ivoirienne s'est peu à peu enlisée. En effet, alors que grâce au Centre Ivoirien de Recherche Economique et Sociale (CIRES), la recherche de développement a mieux résisté aux crises ivoiriennes, ce n'est pas le cas de la géographie qui s'est relativement affaiblie avec notamment des facteurs tant internes et qu'externes aux universités. Trois facteurs essentiels permettent d'expliquer le recul de la géographie appliquée.

Les facteurs institutionnels : De tous les instituts universitaires de sciences économiques et sociales, le CIRES bénéficie d'une conception plus apte à se soustraire quelque peu de l'instabilité universitaire. A cheval sur le secteur public et le secteur privé, cette structure jouit d'une relative liberté de vision et d'organisation. Son système de production et de marketing s'inspire de l'entreprise. On doit ajouter aux causes du succès, le regroupement au sein du CIRES des principaux moyens de production contrairement à l'IGT qui est freiné par l'action centrifuge d'autres centres de production. En outre, le démantèlement de ces structures publiques a profondément bouleversé la recherche de développement en Côte d'Ivoire.

Les facteurs professionnels : La léthargie dans laquelle les organisations associatives de géographes sont entrées relève non seulement de la disparition de certaines structures qui les employaient mais aussi du profond renouvellement des personnels consécutif aux départs à la retraite des anciens. Les jeunes enseignants-chercheurs, absorbés par des tâches pédagogiques menées dans des conditions plus difficiles que dans les années de prospérités du pays, préfèrent ne pas se disperser dans des activités associatives qui ne comptent pas dans l'acquisition des grades.

Les facteurs environnementaux : Dans le système scientifique ivoirien, la recherche de développement a perdu beaucoup de terrain, du fait de la baisse du financement public, la disparition du secteur économique d'Etat, le retrait de la Côte d'Ivoire des listes de plusieurs bailleurs de fonds suite aux troubles socio-politiques de 1990 à 2011. Aussi, l'insécurité ambiante consécutive aux différentes crises militaro-politiques a rendu difficile les enquêtes de terrain.

2-3-2-Les nouvelles bases de l'expertise géographique universitaire

L'Afrique est en prise à de nouvelles conjonctures et opportunités pour son développement. Les nouvelles problématiques sont de plus en plus complexes : multiplication des crises déclenchées par l'explosion démographique, crises migratoires, inégalités sociales, approfondissement de la pauvreté, urbanisation sauvage, montée des extrémismes, guerres, calamités écologiques, effondrement éthique et moral de certaines grandes puissances, etc.

Plus que jamais, la recherche développement doit apporter des réponses et celles-ci doivent être multidisciplinaires. La leçon donnée par les nations émergentes d'Asie doit servir aux élites africaines. Leur modèle de développement indique en effet qu'il est possible d'accéder plus sûrement à l'international, non pas en important des solutions et modèles, mais par la promotion du génie national appuyée sur la science, vecteur universel d'excellence ; la science n'a pas de patrie, elle est seulement confisquée.

Face à la difficulté des sciences classiques à apporter des réponses suffisantes aux nombreux défis, les sciences humaines dont la géographie se doivent de tenir leur place. Leur légitimité tient aux meilleures aptitudes de réactivité et de proactivité qu'elles présentent ; aux ouvertures plus prometteuses que représentent l'interdisciplinarité, la transdisciplinarité et l'introduction de l'éthique et de la morale dans la recherche scientifique et la formation des hommes. Face aux signes d'essoufflement de la géographie appliquée en Côte d'Ivoire, il est plus qu'urgent de penser l'avenir. A cet égard, il revient aux universitaires et à toute la profession des géographes d'aller à la rencontre de la société (par la reprise des journées géographiques, notamment), et de prendre part à l'élaboration du futur du territoire. Un schéma directeur s'impose pour réformer la géographie post-crise en Côte d'Ivoire autour d'une vision claire et des axes stratégiques subséquents (encadré n°3).

ENCADRE N°3 : SCHEMA DIRECTEUR DE REFORME DE LA GEOGRAPHIE APPLIQUEE EN COTE D'IVOIRE

Les enjeux du schéma directeur

La géographie ivoirienne, en tant que système (même embryonnaire) de production, bat de l'aile. Les problèmes cruciaux auxquels elle doit faire face pour vaincre la crise du territoire et réussir le développement durable, se déclinent sous la forme de quatre enjeux majeurs : l'enjeu politique, l'enjeu éducatif, l'enjeu économique et l'enjeu territorial. Quels en sont les fondements ?

L'enjeu politique : le système de science géographique manque manifestement de vision, donc d'orientation politique lisible ; il faut y remédier ;

L'enjeu éducatif : ainsi conçue, cette géographie ne peut pas entrer efficacement dans un système éducatif compatible avec le développement durable ;

L'enjeu économique : il s'inscrit dans l'assèchement financier de la discipline, la dégradation de ses équipements, le chômage des diplômés ; autant de tendances lourdes ;

L'enjeu territorial : la crise du territoire se radicalise faute de traitement scientifique en général, et en particulier géographique ;

Quelques axes stratégiques et tactiques subséquents

L'ensemble des actions que nécessite le déclin institutionnel et social de la géographie devrait s'inscrire dans l'élaboration d'un système de science authentique dont la vision pourrait être : le développement durable préalable au développement humain. La conduite stratégique et tactique d'une telle vision entrerait dans le modèle systémo-dialectique à quatre piliers:

Premièrement : On posera d'abord le projet de société durable avec une volonté politique affirmée ;

Deuxièmement : L'éducation géographique, comme activité holonique (le cœur du dispositif), sera en lien cohérent avec les orientations politiques du Plan, afin de donner le maximum de chance à la culture écologique et environnementale des citoyens ;

Troisièmement : C'est fort de tout cela que les rapports organiques de la géographie avec le secteur économique seront étudiés et mis en œuvre ;

Quatrièmement : Si tout cela est réalisé, le traitement de la crise du territoire s'inscrira plus aisément dans une démarche stratégique et tactique et aura des chances d'être durablement maitrisée.

Trois conditions sont nécessaires à ce recadrage : recadrer la problématique des sciences humaines et sociales ; proposer une vision stratégique nouvelle de leur implication dans le progrès ; y inscrire l'action des acteurs c'est-à-dire les pouvoirs publics, les enseignants, les apprenants, la société civile, etc. (encadré n°4). Tout cela montre bien que nous devrions prendre des initiatives en sortant de la vision traditionnelle des sciences humaines et en leur confiant des missions plus stratégiques et tactiques. Il est donc important, et même urgent d'éliminer les idées reçues par la déconstruction des problématiques anciennes avant de réfléchir à une stratégie efficace de réhabilitation des sciences humaines et sociales en Afrique et en Côte d'Ivoire. Après les « quarante glorieuses » suivies des « dix douloureuses », un autre cycle de développement, dominé par de grandes exigences de changement, se présente à la Côte d'Ivoire et les intellectuels doivent plus que par le passé en être des acteurs clefs.

La dégradation des structures villageoises de solidarité et de cohésion sociales, l'intensification des conflits interethniques sur fond foncier, la difficulté des régions à trouver des forces d'impulsion dans le modèle d'aménagement du territoire d'inspiration jacobine, les risques de communautarisation de la société sont autant d'indices de l'urgence du changement, phénomène largement justiciable de la recherche en sciences humaines et sociales.

ENCADRE N°4 : CONDITIONS DE RECADRAGE DE LA RECHERCHE EN SCIENCES SOCIALES EN COTE D'IVOIRE

1. Le recadrage de la problématique des sciences humaines et sociales dans ses rapports avec la sphère économique

Un problème essentiel au rebondissement périodique est celui du chômage des diplômés dont les sciences humaines seraient les principales responsables. Il est devenu particulièrement urgent d'abandonner cette idée reçue par un simple recadrage systémique. On pourrait, comme le proposent les fonctionnalistes et les dialecticiens, représenter le système socio-spatial (la Côte d'Ivoire, dans le cas présent) sous la forme de deux grands ensembles emboîtés (Gui Di Méo 1991) :

le premier, la superstructure, la voûte, composée des sous-systèmes politique et idéologique ; la superstructure n'est pas immédiatement visible, mais elle n'est pas moins présente à travers les institutions, les valeurs, l'éducation, la culture, etc. ;

le second, l'infrastructure composée des sous-systèmes le sous-système géographique ou environnemental (territoire et ressources) et le sous-système économique ; l'infrastructure est immédiatement perceptible à travers les ressources naturelles et humaines, la production, la distribution, la consommation ;

Les rapports entre les composantes (les instances) du système sont à la fois verticaux, latéraux et circulaires. Il s'agit certes d'un modèle métaphorique, mais son pouvoir heuristique, même avec des limites, est indéniable ; il est du domaine de la logique.

Si l'on s'inscrit dans cette doctrine bien connue, la structure et le fonctionnement de chaque instance dépend des autres. On voit donc mal comment les sciences humaines et sociales - qui appartiennent à la sphère culturelle - pourraient s'analyser sans recours à la politique, l'économie, et l'environnement. Autrement dit, si ces sciences humaines fonctionnent mal, l'explication devrait être logiquement recherchée dans tous les compartiments du système Côte d'Ivoire. Ainsi, lorsque l'on pose injustement la question du chômage des diplômés aux seules sciences humaines, on s'expose fatalement à l'échec.

Cette erreur courante, semblable à l'allégorie du dormeur qui se débat pour trouver la réponse à son problème à l'intérieur de son rêve, conduit à des changements qui entretiennent des permanences, à mettre les problèmes à la place des solutions. Paul Watzlawick et ses collègues psychologues cliniciens de Palo Alto (USA) ont montré que c'est souvent en renversant complètement le schéma de la pathologie, comme rapport systémique malade - environnement, que l'on en vient à bout.

Cette orientation de l'axiomatique des sciences humaines conduit à admettre la pertinence de l'hypothèse - qui pourrait paraître provocatrice - selon laquelle : les systèmes politique et économique ivoiriens sont responsables du mauvais rendement des sciences humaines et non le contraire.

Cette façon de poser des questions à la réalité et de rechercher des réponses n'est pas suffisamment pratiquée – surtout par les décideurs - parce que difficile et conduisant à de longues recherches.

Ce parti pris ne consiste évidemment pas à dire que les enseignants et chercheurs n'ont pas de responsabilité dans le chômage des diplômés car comme dans tout système, chaque composante ou instance à sa propre autonomie avant de se fondre dans la logique globale.

- Une nouvelle stratégie pour la réhabilitation des sciences humaines

La nécessité de réhabiliter les sciences humaines découle de la nouvelle conjoncture dont les contours ont été exposés ; elle doit partir d'une vision réformatrice, politique et sociale.

Cela a beaucoup manqué au choix des matières de sciences humaines et à leur engagement socio-politique. Il n'est exposé nulle part - en effet - ce que la société, à travers les pouvoirs publics, attend de la sociologie, de la géographie, de l'histoire ou de la linguistique, etc.

Les enseignants et les chercheurs se livrent seuls à cet exercice, et du seul point de vue de la pédagogie et de la culture qui n'ont pas de réels pouvoirs décisionnels.

III-DISCUSSIONS

Dans cette contribution nous avons cherché à comprendre les développements contemporains de la géographie relativement au succès de la géographie en Côte d'Ivoire. La toile de fond des études régionales laisse transpirer des contradictions, dont certains auteurs ont tiré parti pour annoncer la mort de la géographie, alors que la géographie en Côte d'Ivoire s'est constituée comme une science de développement. Le bilan à postériori de l'évolution des études régionales et ses prolongements en Côte d'Ivoire a permis de répondre à cette interrogation de départ.

3-1-LA GEOGRAPHIE, UNE SCIENCE SOCIALE AU SERVICE DE L'EVOLUTION DES SOCIETES

Le premier résultat relatif à l'interprétation des développements contemporains de la géographie montre que la géographie est considérée à tort comme une discipline à vocation académique appelée à disparaître dans la nouvelle société de l'information. En fait les péripéties de la géographie sont trompeuses. Elle est en constante mutation depuis la grecque antique, pour devenir une science ayant une vocation plus qu'académique. La démarche régionale a acquis des outils conceptuels et méthodologique pour étudier la manière dont les hommes exploitent l'environnement où ils vivent, l'aménagent et lui donne un sens.

Etymologiquement, la géographie, néologisme du « géa » et « graphein », est associée à la « l'écriture ou la description de la terre ». Des siècles après, Isnard et al. (1981) écrit que « l'objet de la géographie est d'observer, de décrire et d'expliquer l'organisation de l'espace ainsi que les relations que l'homme entretient avec son espace ». De la description de la terre au changement social, ces définitions traduisent les évolutions de fond que la géographie a connu pour devenir une science à part entière. Les encyclopédies et les nombreuses études régionales, sans doute encore éparses, le confirment.

La synthèse de Claval (2006), dont est du reste inspirée la rédaction du premier résultat, est particulièrement éclairante sur l'évolution de la géographie qui passe d'une activité de curiosité qui devient une science qui affine ses outils d'analyse pour explorer le monde, le connaître, et le comprendre pour en tirer profit et le manipuler à leur guise.

3-2-LE GEOGRAPHE EXPERT AU SERVICE DU DEVELOPPEMENT IVOIRIEN

Les résultats relatifs à l'expertise géographique au service du développement du pays constituent un apport majeur dans la connaissance de la relation géographie et développement. Elle vient pour ainsi dire combler un vide sur la question puisqu'il n'existait pas encore une étude documentée.

Les géographes universitaires ont bien participé à la conception des actions d'aménagement du territoire. Mais leurs contributions sont restées discrètes parce que ces travaux sont généralement réalisés dans le cadre de contrats avec des partenaires non universitaires tels que l'Etat ou des institutions d'intérêt public (les collectivités ou certains organismes internationaux). En conséquence, ces travaux ne sont pas toujours disponibles pour des questions de confidentialité notamment.

Nos résultats rappellent la lancinante question portant sur la rupture ou non entre la géographie coloniale et la géographie tropicale. Kassi (2008) dans, « La géographie au sud : état des lieux en Côte d'Ivoire », avait déjà démontré qu'il s'agissait d'un faux débat puisque « la géographie du développement est bien, à son corps défendant, néocoloniale ». Nos conclusions confortent ce parti-pris. En effet, dans le processus de développement national, des structures techniques publiques regroupant plusieurs spécialités dont des géographes ont énormément contribué à l'aménagement du territoire et au développement urbain à travers des travaux d'étude, de cartographie et de télédétection. Le BNETD (Bureau National d'Etudes Techniques de Développement), fut l'un des vecteurs essentiels dans la réalisation des études, l'exécution et le contrôle des projets d'intérêt public : Basilique Notre-Dame de la Paix, grandes écoles de Yamoussoukro, hôpitaux, voies de communication, schémas directeurs de développement urbain, etc. Les géographes de l'Institut Géographique de Côte d'Ivoire (IGCI) et du Centre de Télédétection et d'Informations Géographiques (CTIG), fusionnés ensuite en 1992 en Centre de Cartographie et de Télédétection (CCT) du BNETD, ont aussi contribué à la réalisation de photographies aériennes, à l'implantation du réseau géodésique national, à l'exécution de travaux photogrammétriques, à l'élaboration de cartes de base, thématiques, dérivées ou de spaciocartes. On compte à son actif la carte de base de la Côte d'Ivoire (1/150000) et la carte dérivée (1/200000), les plans de certains chefs-lieux de commune (1/5000), la cartographie d'occupation du sol (1/100000), le bilan forestier de la moitié sud du pays au 1/200000).

Le Comité National de Télédétection et d'information Géographique (CNTIG) crée en 1992 et qui a accueilli des géographes formés à l'IGT et au CURAT (1996) n'a pas été en reste dans cet élan de développement de l'espace national (support technique pour le découpage administratif du territoire, circonscriptions électorales, gestion et protection de l'environnement, délimitation d'aires protégés, cadastre et régime foncier, planification de l'infrastructure sanitaire et éducative, gestion urbaine ...). D'autres institutions techniques à caractère géographique ont été actives sur le terrain. C'est le cas depuis 1973 du Centre de Recherches Architecturales et Urbaines (CRAU) qui accompagnent le pays dans la recherche et la formation aux techniques innovantes dans le domaine du bâti, dans la réflexion de modèles architecturales et urbanistiques adaptés au contexte local, sur les problématiques urbaines (transport, environnement, etc.). De leur côté, les géographes du Département des Sciences de la Terre (Faculté des Sciences et Techniques) ont participé au dressage de l'inventaire géologique des ressources du sol et du sous-sol, contribuant ainsi à l'exploitation minière confiée à la Société d'Etat Pour le Développement Minier de Côte d'Ivoire (SODEMI) depuis sa création en 1962.

3-3-DU RECUL DE LA GEOGRAPHE UNIVERSITAIRE APPLIQUEE

La défaillance de la recherche en développement n'est pas propre à la Côte d'Ivoire. En effet, la performance de la quasi-totalité des pays africains est loin d'être prometteuse dans le domaine de la recherche en développement. Alors que la part de PIB affectée à la recherche se situe entre 2 et 3 % dans les pays avancés, elle est en moyenne de 0,2 à 0,3% en Afrique.

Malgré les nombreuses résolutions prises au sein des organisations internationales africaines (CEDEAO, CEMAC, SADEC, UA, CAMES), la situation reste stationnaire ou se dégrade. La part de l'Afrique dans la production scientifique et technologique est à peine de 1% (Maroc Bibliométrie n°6, 2012). Les structures nationales de la recherche ainsi que les programmes présentent des facteurs négatifs :

-les instituts de recherche sont à vocation essentiellement agricole avec deux géants, le Nigéria et le Kenya. La recherche industrielle et technologique est encore embryonnaire ;

- il n'existe pas de véritables équipes de recherche à cause des profils de carrière mal définis ;

-les relations systémiques entre les sciences et les autres secteurs d'activité restent faibles. Tout cela explique le retard de l'Afrique à qui s'offrent toutefois de nouvelles opportunités face aux failles des systèmes de sciences des pays avancés.

D'un point de vue plus global, la recherche en sciences humaines inquiète par ses lacunes en plusieurs points :

-son arrimage chronique au modèle occidental qui propose aux dirigeants des transports et transferts de technologies à la place de la création scientifique locale, élément fondamental de la durabilité ;

-son refus de déconstruire la rhétorique mondialiste qui relègue les pays du Sud au rang de consommateurs ;

-et surtout, sa difficulté à recadrer les problématiques classiques et bloquantes des phénomènes qui empêchent le changement.

3-4-PROPOSITION POUR REMETTRE LES GEOGRAPHES AU SERVICE DU DEVELOPPEMENT

Le recul de la géographie active au service du développement ivoirien laisse très peu de place au doute dans un contexte de décloisonnement avancé de l'espace mondial. Les pays sont désormais directement en prise avec les problèmes posés chez leurs voisins immédiats ou même lointains. Ces bouleversements imposent à la géographie, dans le sud et en particulier en Afrique, d'inventer des centres d'intérêts nouveaux qui soient en accord avec les évolutions actuelles.

Les sciences ont besoin de légitimité politique et sociale ; celle-ci passe par des activités intérieures et extérieures appropriées; la géographie n'échappe pas à cette règle ; c'est ce qui justifie le volet corporatiste de son programme. A l'exemple des pionniers, c'est à un sursaut de la communauté des géographes que nous en appelons. En effet, la situation qui prévaut actuellement ne saurait durer plus longtemps car elle constitue une grave menace pour toute une communauté professionnelle. L'exercice qui attend les géographes est d'ordre stratégique et tactique. A ce titre, il nécessitera un travail « d'intelligence collective » dont les universitaires en général, et en particulier les géographes, s'éloignent de plus en plus, depuis la décennie 1990. Ce phénomène de baisse des débats d'idées est, semble-t-il, lié aux difficultés de la démocratisation du pays, notamment au choc des crises sociopolitiques ; son impact néfaste sur la vitalité de l'université devrait être maîtrisé sans tarder, au risque de condamner durablement la recherche scientifique, socle de la puissance éducative, donc de la puissance véritable.

La géographie ne doit pas être qu'un simple vecteur idéologique ou théorique mais également une géographie appliquée/active en phase avec les évolutions de son temps. Les géographes locaux essayent selon les moyens dont ils disposent d'apporter des réponses aux problèmes que pose le développement. Mais une chose est d'être au service du développement et une autre est de penser le développement. Sur ce point les géographes ivoiriens et en général les intellectuels africains sont à la traîne. Le modèle du développement reste celui du « monde » occidental. Les critiques portant sur les transferts de modèles ont souvent mis l'accent sur les écarts économiques, politiques, sociaux, culturels entre les pays « émetteurs » et les pays « récepteurs » à l'origine de nombreux échecs. Inventer un modèle de développement pour les pays en développement est plus que jamais un défi que doivent relever les intellectuels africains. De ce point de vue, la mise en œuvre d'une démarche géographique est susceptible d'apporter une contribution utile face à la complexité des questions que pose le développement.

Dans cette optique, les référents théoriques ou conceptuels accumulés par les devanciers restent toujours des outils pertinents de promotion du développement, c'est-à-dire de compréhension, d'analyse et de proposition de solutions concrètes aux bouleversements en cours.

CONCLUSION

Dans cette contribution nous avons cherché à comprendre comment la géographie s'est constituée comme une science au service du développement ivoirien, dans un contexte global où elle a souvent fait figure de discipline scolaire, vieillotte et moribonde. Nous avions la conviction que cette image communément véhiculée était déformée et même erronée car malgré ses péripéties, la géographie est devenue une science avec un objet et des outils améliorés d'analyse de l'espace et au service du développement. A cet égard, la popularité de la géographie ivoirienne est en réalité une manifestation de ce « savoir-faire » et « savoir penser l'espace » des géographes. Pour ce faire, nous avons cherché à reconstituer les développements contemporains de la géographie pour mieux comprendre son positionnement et son avenir en Côte d'Ivoire. Au terme de cette réflexion, nous pensons avoir atteint nos objectifs relativement à ces préoccupations. La trajectoire de la géographie révèle en effet que c'est une discipline qui a connu des coupures épistémologiques et des acquis majeurs en termes d'organisation de l'espace. Elle est née de la curiosité de connaître ce qui se passe au-delà des espaces de vie familiers. Depuis Homère jusqu'au début du XXe siècle, elle est devenue une science avec la « révolution régionale » favorisée par l'évolutionnisme, le progrès des outils (la cartographie et la statistique) et les réflexions sur l'organisation de l'espace. La géographie permet désormais de systématiser la subdivision précise de la surface de la terre en unités territoriales homogènes ou polarisés (régions, pays, etc.), de s'y repérer et s'orienter. Les cadres territoriaux identifiés facilitent la collecte et le classement des informations dont les administrateurs ont besoin et la conception des stratégies d'aménagement du territoire. Les moyens statistiques et les images satellitaires précisent le dessin des divisions territoriales et permet de suivre l'évolution de leur contenu. En Côte d'Ivoire, les pionniers de la géographie ont capitalisé ces acquis conceptuels méthodologiques en accompagnant les pouvoirs publics dans la compréhension et la mise en valeur du nouvel Etat ivoirien. Mais l'émoussement de cet élan appelle à une redéfinition du savoir géographique plus en phase avec les problématiques actuelles afin que les géographes universitaires aient toujours leur place dans les débats sociaux.

BIBLIOGRAPHIE

AYDALOT P., (1976) : Dynamique spatiale et développement inégal, Paris, Economica, 174 p.

AMIN S. et al. (dir.), (2005) : Afrique exclusion programmée ou renaissance, Paris, Maisonneuve et Larose, 301 p.

BARTHELEMY P., (2010) : Africaines et diplômées à l'époque coloniale (1918-1957), Rennes, Presses universitaires de Rennes, 345 p.

CARLOT Y., (2003) : Entre morale et éthique : apprendre ensemble à choisir ensemble, revue Éducation et francophonie, Vol. 37, n°2, p. 44-62.

CLAVAL P., (2006) : Géographie régionale. De la région au territoire, Armand Colin, Paris, 235 p.

HAMELIN L-E., (1974) : Virage à prendre en géographie, *Cahiers de géographie du Québec*, Vol. 18, n°44, pp. 347–351.

HAUHOUOT A. A., (2002) : Développement, aménagement, régionalisation en Côte d'Ivoire, Abidjan, Editions Universitaires de Côte d'Ivoire, 364 p.

KASSI I, (2010) : La géographie au sud : état des lieux en Côte d'Ivoire, in actes du colloque Les géographes et le développement. Discours et actions, 286 p., pp. 72-88.

ISNARD et al., (1981) : Un débat sur la géographie: H. Isnard répond, Armand Colin, Annalesde Géographie, n°498, pp. 211-216.

L'Atlas aérien de Côte d'Ivoire (1973).

L'Atlas général de Côte d'Ivoire (1973) en collaboration avec l'ORSTOM.

Les Atlas régionaux : atlas du Nord-est en 1973, atlas de l'ouest en 1973.

LACOSTE Y., (1976) : Géographie du sous-développement, Paris, Presses Universitaires de France, 288 p.

PERROUX F., (1955) : Note sur la notion de pôle de croissance, Economie appliquée, vol. VII, n° 1-2, p. 307.

ROSTOW W. W., (1961) : Les étapes de la croissance économique ; un manifeste anti-communiste, Londres, Cambridge University Press.

GUNDER Frank A., (1967) : Sociologie du développement et sous-développement de la sociologie, Cahiers Internationaux de Sociologie, Vol. 42 (Janvier-juin), pp. 103-131.

JALEE P., (1970) : L'Impérialisme en 1970, « Petite Collection », n° 49, Paris, Maspéro, 232 p.

PASCAL C., (2009) : Pourquoi enseigner la géographie ? La construction de la géographie scolaire du secondaire en France au XIXe siècle, Lausanne, Suisse, communication à un congrès.

TOURE M., (2010) : Planification et développement régional en Côte d'Ivoire. Le Nord ivoirien, une région marginalisée ?, Lille, Atelier National de Reproduction des Thèses (ANRT), Thèse à la carte, 582 p.

TOURE M., (2010) : Distribution des cartes de recharge téléphoniques et recompositions territoriales. Exemple de la société KTC à Adjamé, Actes du Colloque International « Perspectives de la géographie en Afrique subsaharienne » organisé par l'Institut de Géographie Tropicale (IGT) à Abidjan en septembre 2009, *L'Harmattan*, tome 2, pp. 1031-1053.

DYNAMIQUE URBAINE ET RECONFIGURATION SPATIALE DE LA VILLE DE BOUAKE : DEFI POUR UNE POLITIQUE URBAINE STRATEGIQUE

Porna-Idriss TRAORE
Maître-assistant, Institut de Géographie Tropicale (IGT),Université Félix Houphouët-Boigny
traore.pornaidriss@yahoo.fr
Adou Francois KOUADIO
Assistant, Institut de Géographie Tropicale (IGT),Université Félix Houphouët-Boigny
adoufrancois@yahoo.fr
Yao Lambert KOUAME
Doctorant, Département de Géographie/ Labo VST, Université Alassane Ouattara
Kouamel70@yahoo.fr

RESUME

Le présent article s'intéresse à la dynamique urbaine en lien avec la reconfiguration spatiale de la ville de Bouaké. L'étude aboutit à la représentation d'un modèle urbainpolycentrique et/ou multipolaire.Le matériel et la méthode reposent sur trois piliers essentiels. D'abord une recherche bibliographique qui nous a permis d'acquérir suffisamment d'informations sur la ville de Bouaké. Ensuite, nous nous sommes positionnés dans une approche diachronique pour mieux cerner les dynamiques de la croissance de cette ville. Enfin l'observation directe pour s'approprier le terrain d'enquête in-situ.Les résultats de cette étude montrent que la dynamique urbaine offre une nouvelle morphologie à la ville de Bouaké. Cette évolution tant spatiale que démographique a favorisé une reconfiguration de l'espace urbain par la création de plusieurs pôles secondaires. La représentation de cette forme urbaine ou la modélisation urbaine montre une ville diffuse, polycentrique et/ou multipolaire dont le développement nécessite une planification urbaine stratégique.

Mots-clés : Bouaké, dynamique urbaine, reconfiguration urbaine, polycentralité oumultipolarité,planification urbaine stratégique.

ABSTRACT

This article focuses on urban dynamics in relation to the spatial reconfiguration of the city of Bouaké. The study resulted in the representation of a polycentric and / or multipolar urban model.The material and methodology are based on three essential pillars. First a bibliographic search which enabled us to acquire sufficient information about the city of Bouaké. Then, we have positioned ourselves in a diachronic approach to better understand the dynamics of the growth of this city. Finally, the direct observation to take the field of investigation in-situ.The results of this study show that the urban dynamics offers a new morphology to the city of Bouaké. This evolution, both spatial and demographic, has made it possible to reconfigure the urban space by creating several secondary poles. The representation of this urban form where urban modeling shows a diffuse, polycentric and / or multipolar city whose development requires strategic urban planning.

Keywords: Bouaké, urban dynamics, urban reconfiguration, polycentrality or multipolarity, strategic urban planning.

INTRODUCTION

La ville de Bouaké située à 350 Km d'Abidjan, subit une pression aussi bien spatiale que démographique grâce à sa grande disponibilité foncière. De 47.000 habitants en 1958, juste avant l'indépendance, la population de Bouaké est passée de 55.000 habitants en 1961 à 275.000 en 1980, et à 461.618 habitants au recensement de 1998. Cette population est estimée aujourd'hui à 600.000 habitants, soit un taux de croissance de 36.4 % en 26 ans (RGPH, 2014). Quant à sa superficie, elle est passée de 1296 ha avant 1960 à 2763 ha à la fin des années 1970. Cette superficie urbaine de Bouaké atteint les 6.000 ha en 1980. Aujourd'hui l'espace urbanisé est estimé à en environnant 11.000 ha (RGPH, 2014). Cette dynamique urbaineliée à une urbanisation massive, favorisant ainsi l'avènement de nouvelles centralités/polarités à côté des anciens espaces centraux de plus en plus relégués « au non-lieu de la modernité » (Augé, 1992). D'où la question de savoir comment cette ville a évolué dans le temps et l'espace ? L'objet de cet articleest de comprendre l'évolution spatiale de la ville de Bouaké en lien avec la nouvelle configuration spatiale actuelle.

Notre hypothèse part de l'idée est que la manière dont la ville de Bouaké s'est développée et fonctionne aujourd'hui génère une forme urbaine multipolaire, et cela pose un défi pour les politiques urbaines.

I-METHODOLOGIE

1-1-MATERIELS ET METHODE

Le matériel et la méthode reposent sur trois piliers essentiels. D'abord une recherche bibliographique qui nous a permis d'acquérir suffisamment d'informations sur la ville de Bouaké. Ensuite, nous nous sommes positionnés dans une approche diachronique pour mieux cerner les dynamiques de la croissance de cette ville. Cette approche s'est faite à travers le processus de *re-construction historique du tissu urbain qui a constituée l'une des matrices de pensée de cette méthodologie.* Enfin l'observation directe pour s'approprier le terrain d'enquête in-situ.

1-2-LA MATRICE DE PENSEE METHODOLOGIQUE

Notre méthodologie s'articule autour de l'approche dite de *la « re-construction historique »* du lieu comme une contribution critique à la compréhension de la *« ville du présent »* de Bouaké. La « ville du présent » ne fait pas seulement référence à l'instantanéité, elle intègre aussi la dimension historique et le devenir de la ville. La ville a une mémoire qui s'exprime dans les monuments, les rythmes et les périodes d'utilisation des lieux qui favorisent ou non la co-présence et le lien social. Elle possède aussi un futur dont les traces se manifestent dans les usages quotidiens de la ville. Ce détour par « la re-construction » est utile à la compréhension de la ville du présent. L'idée provient d'une interrogation si bien formulée en ces termes, « la réflexion sur la formation historique des lieux et l'opération de re-construction de tel processus formatif peuvent-elles être porteuses d'éléments utiles et originaux à une pratique urbanistique des temps » (Calza, 2005). L'intention est de concevoir de nouvelles formes de relations urbs-civitas à travers lesquelles ces relations s'instituent, et de retrouver les nœuds construits entre la forme physique des installations (urbs) et les modalités temporelles de leur usage de la part de la communauté (civitas). La construction historique d'un lieu n'est pas *une « raconte historique » et « re-construire »* comme la construction est une opération de projet.

II-RESULTATS ET DISCUSSIONS

2-1-UNE EVOLUTION DANS LE TEMPS ET L'ESPACE DE LA VILLE DE BOUAKE

Plusieurs étapes ont marqué l'évolution spatiale de la ville de Bouaké. D'abord la ville coloniale, ensuite la ville de la Côte d'Ivoire indépendante enfin, la ville d'aujourd'hui.

2-1-1-Bouake avant 1960, des villages baoulé à la ville coloniale

Deux faits spatiaux ont marqué la ville de Bouaké pendant la période d'avant 1960. Il s'agit de la création des premiers noyaux villageois Baoulé et des réformes socio-spatiales entreprises par l'Administration coloniale. Ces premiers noyaux Baoulé n'ont pas eu d'effet important sur l'espace. Ces noyaux villageois n'étaient que de petits villages et des campements dans les périphéries (ATTA, 1978). Mais, avec l'installation des colons en 1900, commencent les premières répercussions spatiales de l'implantation humaine. Elle commence par la volonté de l'administration coloniale d'organiser l'occupation de l'espace, dont la première opération est d'orienter l'occupation au Sud-ouest du premier camp militaire colonial. L'installation des Européens et leurs activités attirent certaines populations qui ont choisi la collaboration avec l'administration coloniale. Cet exode des populations va s'intensifier avec l'arrivée du chemin de fer, puis avec l'installation de l'usine Gonfreville. Pour accompagner l'installation humaine et les activités, l'administration coloniale dote la ville d'un plan d'urbanisme en 1914 polarisé autour de la gare de train de chemin de fer. La ville va continuer d'accueillir des équipements et d'autres infrastructures dont des maisons de commerce, des services publics et l'habitat européen à partir de 1914, ainsi que le téléphone en 1935 et un marché couvert en 1940. Bien que prévalait l'idée d'ordonnancement spatial à cette époque, les travaux d'aménagement exécuté dans le cadre des plans de lotissements urbain étaient rares. Ces travaux en question se limitaient aux tracés des rues, à la réalisation des caniveaux, aux remblaiements et aux aplanissements des reliefs KIPRE (1985). Parallèlement à l'installation européenne, se développait la ville indigène, avec une occupation spatiale des peuples noirs composés essentiellement de commerçants et des intermédiaires de l'administration coloniale. L'administration coloniale entreprend d'autres opérations d'urbanisme par des travaux de voiries et d'assainissement. Au début des années 1950, le premier noyau de la ville est mis en place. Le mouvement de croissance spatiale de Bouaké s'est trouvé inversé. Au lieu de se faire à partir des premiers noyaux (camp militaire et villages africains de Kamounoukro et Liberté), elle se fait plutôt vers le noyau colonial, et cela à partir de la gare de train de chemin de fer ATTA (1978). Le nouvel espace urbain polarisé par la gare de train de chemin de fer est constitué des anciens quartiers Kamounoukro, Liberté et du camp militaire auxquels s'est ajouté le Commerce, Dougouba, Koko, Air France 1, Sokoura et N'gattakro. La surface urbanisée passe de 85 ha en 1940 à 1296 ha en 1957. En outre, la ville accueillera pendant cette période ces premières implantations industrielles en occurrence l'usine Gonfreville.

A la fin des années 1950, on distingue deux types d'espace urbain à Bouaké comme dans la plupart des villes coloniales. Celui issu des lotissements et d'une urbanisation régulière et celui d'une occupation spontanée ou la ville africaine. Cette dualité urbaine se caractérise par la ségrégation spatiale pendant la colonisation. Cet espace urbain de Bouaké sous l'autorité du colon connaît une extension grâce à l'arrivée de divers peuples africains. C'est cette ville à deux visages que va hériter la Côte d'Ivoire indépendante en 1960.

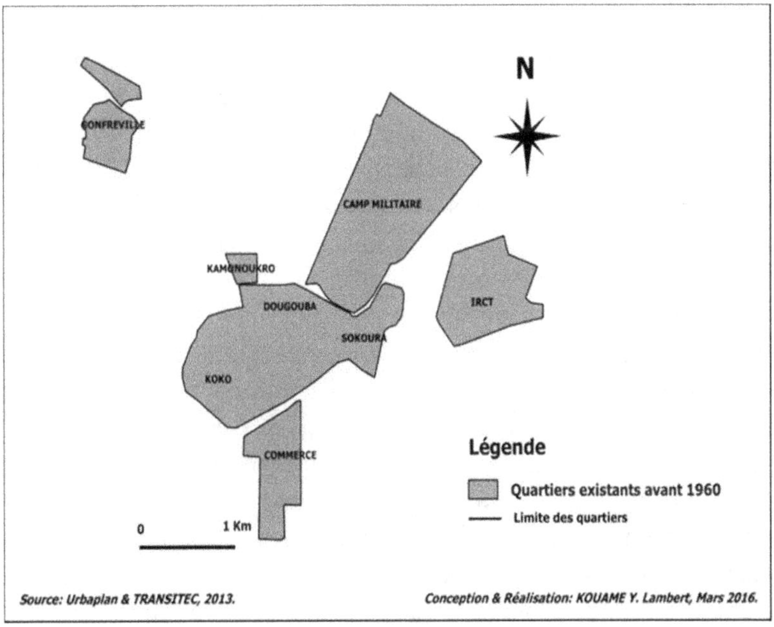

Figure 1: Carte du tissu urbain de Bouaké avant 1960

2-1-2-le début de l'évolution de Bouaké, une ville de la Côte d'Ivoire indépendante de la décennie de 1960 à 1970

A partir de 1960, les autorités ivoiriennes prennent en main la destinée de la Côte d'Ivoire. Elles entreprennent plusieurs actions de développement. Au niveau de l'urbanisation, il faut résoudre le problème d'organisation générale de la ville, puis de son extension. Avec l'afflux massif des populations vers les zones urbaines, les autorités se donnent pour ambition un développement urbain moderne. Cette ambition s'accompagne des moyens juridiques ou réglementaires, techniques et financiers.

Le développement de la ville de Bouaké est marqué par une vaste opération d'organisation de l'espace. La première opération de cette organisation de l'espace urbain fut le lotissement et la restructuration des quartiers africains restés en marge de la ville européenne. Ainsi le quartier Dougouba fut démoli et reconstruit en 1967. Puis 1968, c'est Sokoura qui connaitra à son tour une restructuration (CASTELLA, 1971). Les grands axes de la ville ont été également bitumés. Pour accompagner le développement de la ville, les autorités aménagent une zone industrielle à l'Ouest de la ville. En plus du lotissement et la restructuration des espaces urbains, les villages périphériques et leurs terroirs ont aussi fait l'objet de morcellement. Ce qui favorise le développement de la ville vers le Nord, avec la création du quartier de Dar es Salam, à l'Ouest avec l'intégration des villages de N'gattakro et d'Ahougnanssou dans le tissu urbain, et au Sud avec le développement de Nimbo où s'établissent les nouveaux cadres ivoiriens. En plus du changement de la morphologie de la ville, on observe également des changements de la typologie et la qualité des constructions. La paille et la terre battu ont rapidement fait place au parpaing et à la tôle en zinc. La ville accueille également plusieurs équipements dont l'hôpital général, le lycée classique, le barrage Kan, grâce aux efforts financier de l'Etat à travers le BSIE[36]. Le pôle central d'attraction s'est aussi déplacé de la gare de train de chemin de fer vers la gare routière autour du marché central, dont l'accessibilité a été facilitée par l'ouverture et le bitumage des voies urbaines et nationales. La décennie de 1960 à 1970 est aussi marquée par plusieurs évènements à Bouaké. Il s'agit de l'organisation de la grande foire de Bouaké en Janvier 1963, de la tenue de la fête de l'indépendance à Bouaké en Août 1964 et de plusieurs visites de chef d'Etat dans la ville. Outre celle du Président ivoirien Felix Houphouët

[36] Budget Spécial d'Investissement et d'Equipement

Boigny, en Décembre 1968, il faut ajouter les visites des Présidents Bongo du Gabon et Mobutu du Congo-Kinshasa en Janvier 1968, les visites des Présidents Massemba-Debat du Congo-Brazzaville et Nyéréré J. de Tanzanie en Février 1968, les visites des Présidents Tubman du Libéria et Ankrah du Ghana respectivement en Septembre et en Octobre 1968, et enfin la visite du Heinrich Lübke d'Allemagne Fédérale en Février 1969, (CASTELLA, 1971). Tous ces événements sont précédés des opérations d'urbanisme, notamment l'assainissement et d'embellissement de la ville.

A la fin des années 1960, Bouaké présente le visage d'une ville moderne. La fragmentation spatiale est atténuée par les opérations d'organisation, grâce à la mise en œuvre de la nouvelle politique d'urbanisation des autorités de la Côte d'Ivoire indépendant. La superficie urbanisée atteint 2763 ha avec une population estimée à environ 104 650 habitants à la fin des années 1960. Bouaké commence une autre étape de son développement à partir de 1970 dans un contexte de croissance économique favorable de la Côte d'Ivoire.

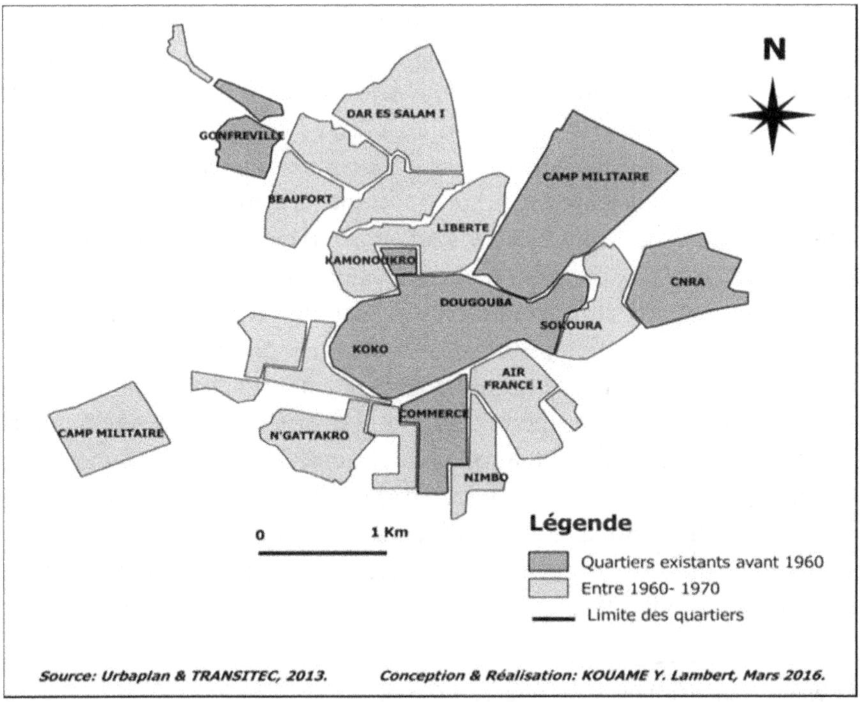

Figure 2 : Carte du tissu urbain actuel de Bouaké

2-1-3-l'etape d'une urbanisation de Bouaké de 1970 à 1980, dans le contexte d'une croissance économique ivoirienne

Au début de la deuxième décennie de la Côte d'Ivoire indépendant, les indices économiques sont favorables aux objectifs de développement des autorités ivoiriennes (Plus de 7% de croissance par an). L'Etat va poursuivre et renforcer sa politique de modernisation des villes tout en apportant de nouveaux dispositifs. Face la persistance des besoins en matière de modernisation et développement urbain, l'Etat va renforcer ses dispositifs financiers et techniques à partir de 1970. Il crée la BNEC[37], le FSH[38], la SETU[39]. La coordination des efforts de ces différentes structures a permis une évolution positive de la politique d'urbaine et de la ville. Ainsi la BNEC et le FSH ont permis l'augmentation de la production de logements économiques de 1971 à 1977 à environ 5000 logements par an, la SETU a aménagé 10813 parcelles pour la SICOGI, la SOGEFIHA[40] et des privées (DUBRESSON et *al.* 1987). La ville de Bouaké va bénéficier des opérations de la SETU et de la SICOGI[41]. L'Etat poursuit également ses actions d'organisation et de régularisation de l'occupation spatiale par des actions de destructions et déguerpissements face à la croissance des quartiers précaires. L'évolution spatiale urbaine se traduit par l'extension au Nord avec la création du quartier de Dar es Salam II, à l'Est Belle ville et Kennedy, au Sud Air France II, à l'Ouest Djezou Kouamékro et au Sud-ouest Broukro. La ville se densifie dans ses anciens quartiers comme Koko, Sokoura, N'gattakro. La politique d'équipement permet la construction d'un complexe télévisuel, le camp pénal, des établissements secondaires. En plus, on observe aussi l'extension de la zone industrielle. Par contre, certains équipements jugés incommodes à l'intérieur de la ville comme les cimetières sont rejetés dans les périphéries. Les efforts publics concernent aussi les équipements et les infrastructures. La voirie subit un renforcement et une réorganisation, surtout au niveau du centre urbain pour faciliter la circulation et la traversée de la ville. Au tournant des années 1970, la superficie de la ville dépasse le 6000 ha. L'urbanisation de Bouaké a été soutenue par le rythme de la croissance économique de la Côte d'Ivoire des années 1970. La ville a bénéficié des actions de modernisation et de progrès en équipements et en

[37] Banque Nationale pour l'Epargne et le Crédit

[38] Fond Social de l'Habitat

[39] Société d'Equipement de Terrains Urbains

[40] Société de Gestion Financière de l'Habitat

[41] Société Ivoirienne de Construction et de Gestion Immobilière

infrastructures avec des financements publics. A la fin des années 1970, la ville amorce un nouveau tournant avec la décentralisation en Côte d'Ivoire.

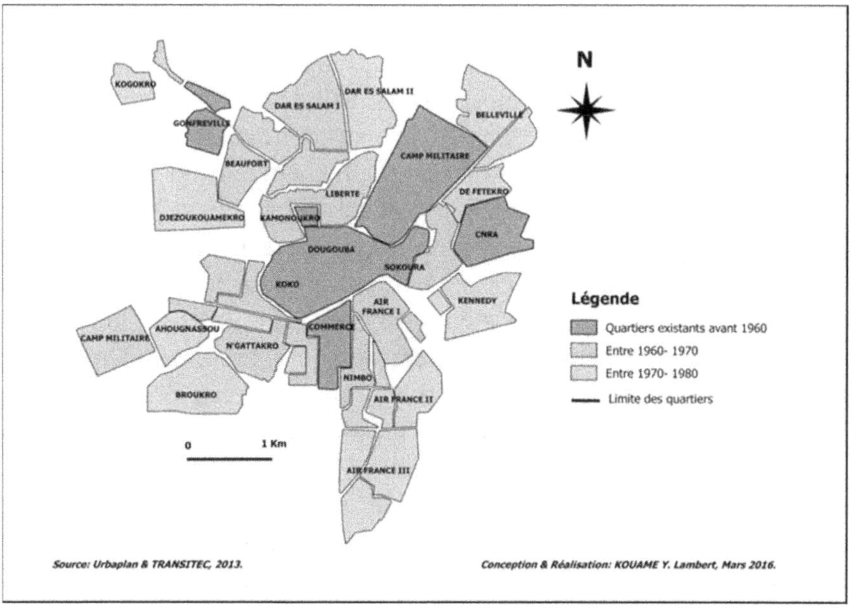

Figure 3 : Carte du tissu urbain actuel de Bouaké

2-1-4-le développement urbain de Bouaké de 1980 à 2000 dans le cadre du démarrage et du renforcement de la décentralisation

L'élan de développement de la Côte d'Ivoire est contrarié vers la fin des années 1970 par la crise économique. Cette crise affecte plusieurs projets de développement et amène l'Etat à abandonner certains objectifs. Au niveau institutionnel, la Côte d'Ivoire s'engage dans la politique de décentralisation, et la communalisation est l'un des aspects les plus importants de cette décentralisation. Le développement urbain relève dorénavant de la compétence des collectivités locales, même si l'Etat conserve encore la prérogative de l'orientation générale de la politique urbaine et de la ville.

De 1980 à 2000, la croissance spatiale de la ville de Bouaké va se poursuivre. Cette continuité de l'urbanisation se fait avec une implication plus accru de la municipalité. Le développement de la ville durant cette période sera plus consacré à la gestion, à la restructuration ou correction, et surtout de l'apport en équipements et en infrastructures. Plusieurs

quartiers sont dotés en établissements scolaires, sanitaires, culturels. D'autres sont connectés au réseau électrique et d'adduction en eau potable. Cependant les opérations d'ouverture, d'entretien et de bitumage de voies sont rares. De plus, de 1980 à 2000, il aura peu de lotissements à cause de la rareté du foncier, et aussi de l'incursion des communautés villageoises dans la production du foncier urbain. La création d'espace urbain se limite aux extensions des anciens lotissements. C'est le cas de N'dakro ou Ahougnassou extension, le quartier municipal ou l'extension de la zone industrielle ouest, Air France III ou extension de Air France II. Toutefois, les actions municipales de développement de la ville sont accompagnées par les services déconcentrés de l'Etat. En outre, ces actions municipales de développement restent réduites à cause du faible budget d'investissement et des compétences techniques limitées. Cette situation explique le sous-équipement des quartiers créés à partir des années 1980. La municipalité ne parvient pas non plus à mettre fin à la prolifération des quartiers précaires intra-urbains et périphériques. La persistance de la crise économique, et les désillusions d'une industrialisation de la ville, entrainant le manque d'emplois, et la paupérisation des populations. Cela va intensifier le développement de ces quartiers précaires et de l'habitat spontané, puis d'une « mal intégration » des villages dans la ville. Les espoirs d'une relance économique pendant les années 1990 n'apporteront pas grandes chose à la ville. Le coup d'Etat militaire de Décembre 1999 va empiéter l'élan du progrès de Bouaké avec le retrait des bailleurs de fonds de la Côte d'Ivoire qui financent des projets de développement urbain. Les réalisations antérieures ont vieillis ou dégradés. L'espace urbain est entaché des quartiers précaires et d'habitats spontanés.
Les espoirs suscités par le développement urbain, grâce à la politique de décentralisation, notamment la communalisation seront très vite une désillusion à Bouaké. Il est vrai que de 1980 à 2000, le budget de la commune va connaitre une augmentation, mais les besoins pour le développement de la ville se sont également accrus. La ville reste presque en hibernation de 2000 jusqu'à la crise militaro politique et sociale de 2002 avec la partition du pays en deux.

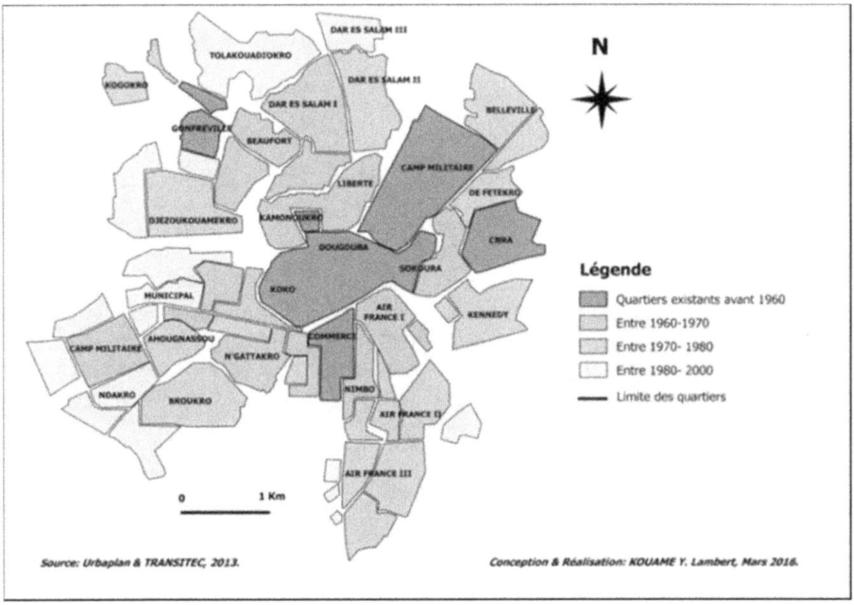

Figure 4 : Carte du tissu urbain actuel de Bouaké

2-1-5-L'urbanisation Bouaké à partir de 2000 dans une circonstance de crise politique puis militaro politique et sociale

Deux décennies de gestion décentralisée des villes devraient permettre de corriger les faiblesses et améliorer les acquis. Cependant, Bouaké n'aura que deux ans pour tester cette hypothèse pour cause de la crise militaro politique et sociale, qui a entrainé la partition du pays pendant une décennie.

Le développement urbain de Bouaké est mise au point mort pendant la décennie de la crise militaro politique et sociale. Toutefois, l'occupation spatiale par les populations va se poursuivre, notamment dans la partie septentrionale. La superficie urbaine est évaluée aujourd'hui à environ 11000 ha (RGPH, 2014). La morphologie spatiale de la ville de Bouaké est passée progressivement de la forme monocentrique à la création de plusieurs polarités secondaires. Quelques espoirs renaissent avec les élections de 2010. C'est un nouveau départ pour la ville. Elle a bénéficié d'un vaste programme d'infrastructures et d'équipements dans le cadre du PPU. Des voies ont bénéficié de reprofilages et/ou bitumage. L'adduction en eau potable a été renforcée. Des bâtiments publics de l'administration, des établissements scolaires ou sanitaires ont été réhabilités ou construits. De plus, le schéma directeur d'urbanisme de la ville a été révisé.

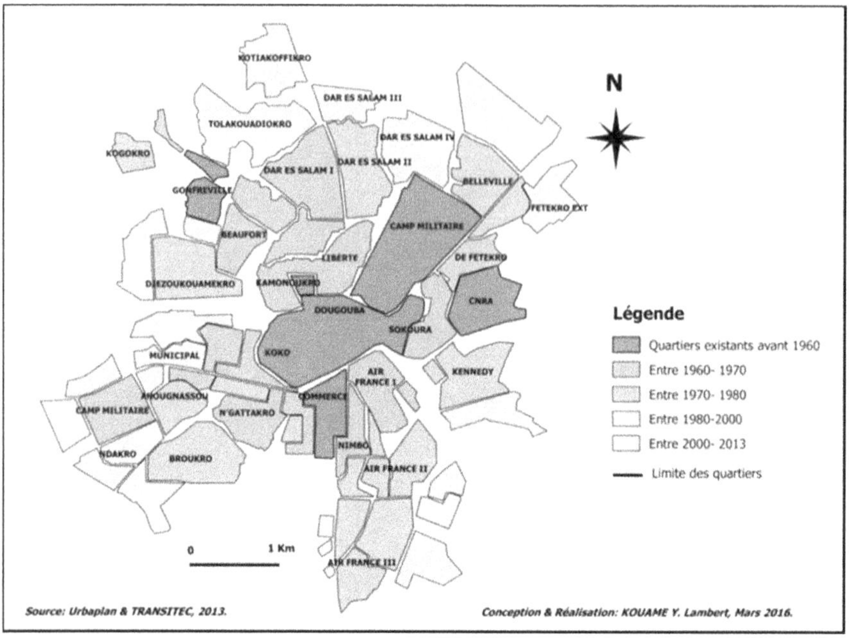

Figure 5 : Carte du tissu urbain actuel de Bouaké

2-1-NOUVELLE MORPHOLOGIE URBAINE : DE LA VILLE MONOFONCTIONNELLE A LA VILLE POLYNUCLEAIRE.

La forme urbaine de Bouaké a connu une évolution avec une forte croissance spatiale. Cette évolution à l'image des agglomérations africaines, est passée d'un noyau central à la création de plusieurs centres secondaires.

2-2-1-de la forme concentrique au polycentrisme

Les modèles urbains en Afrique ont évolué dans le temps. Les importantes agglomérations de la période avant la colonisation peuvent être qualifiées de vernaculaire. L'organisation des espaces de ces villes précoloniales faisait référence à une société communautaire. La ville ou l'architecture vernaculaire fait référence à des dispositifs particuliers propres à une époque, pré-moderne, et à un lieu. Les constructions se font avec les matériaux locaux, et les « sciences » de la construction sont appuyées sur un savoir communautaire et non individuel CHENAL (2015).

Le modèle colonial est apparu de la cohabitation entre le colonisateur et les colonisés. Il se caractérise par la dualité urbaine, qui est matérialisée par un espace urbain ségrégué. En outre, il se distingue par un cadre de vie du colonisateur en altitude, bien aéré avec des conditions sécuritaires et sanitaires assez bien garanties. Cet espace est le plus souvent séparé de celui des colonisés par un obstacle naturel notamment un cours d'eau, une forêt ou une vallée. Pour ce qui est du cadre de vie des colonisés, il offre un espace de caractéristiques complètement contradictoire à celui du colonisateur. Bouaké a été pendant plus d'un demi-siècle une ville coloniale. Le développement de son territoire urbain a connu une évolution dans le temps et dans l'espace, du noyau central vers les périphéries. Cette évolution s'est traduite par une variation de la forme spatiale de la ville. Les premières décennies d'évolution traduisent spatialement une forme urbaine compacte avec un noyau central. Ce noyau central est constitué de quartiers anciens, d'un espace marchand et d'un quartier administratif. Les quartiers de Koko, Dougouba, Kamounoukro, Soukoura et Air France constituent les anciens quartiers. Pour ce qui est de l'espace marchand, il est formé du grand marché central de la ville et d'une zone marchande qui entoure ce marché, auquel s'est ajouté le Marché de Gros construit en 1996. A côté de la zone marchande et des quartiers anciens, est situé le quartier Commerce. C'est la place administrative et d'affaire de la ville. Ce quartier abrite plusieurs services publics et privés. D'autres éléments de polarisation sont localisés dans ce noyau central. On peut distinguer la gare routière, de la gare de train et quelques édifices religieux. A ce noyau, s'est ajoutée la première couronne de quartiers ou la première ceinture urbaine ou «fringe belts». Cependant, avec l'étalement spatial de ville, la forme urbaine de Bouaké a évolué vers un modèle polycentrique.

2-2-2-Les pôles secondaires fonctionnels

Un pôle secondaire ou centre secondaire est un espace ou un site attractif par ses équipements et les services qu'il offre. Il est issu de l'extension ou l'étalement de l'espace urbain. L'extension spatiale de la ville de de Bouaké a favorisé l'émergence de plusieurs centres secondaires fonctionnels. Il s'agit des centres secondaires d'Ahougnanssou, d'Air France II, de Belle ville, de Dar es Salam, de Soukoura-Kennedy, de Djezou Kouamékro, et de Gonfreville.

2-2-2-1 Le pôle secondaire d'Ahougnanssou

Le pôle secondaire d'Ahougnanssou est situé dans le Sud-ouest de la ville. Il est accessible par la voie nationale A4, puis la pénétrante Ahougnassou-N'dakro bitumé, et dont le second tronçon jusqu'au quartier N'dakro est en bitumé par financement du projet PPU[42]. Plusieurs services polarisent ce centre secondaire en plus de son accès facile. Il s'agit notamment d'un marché de proximité comme équipement marchand. Pour ce qui est des services, le pôle secondaire d'Ahougnanssou dispose d'un équipement de sécurité, le 5eme de commissariat de police et d'établissements scolaires. Il bénéficie également d'un centre de santé couplé d'une maternité et d'un dispensaire, en plus d'une agence de la poste et de service téléphonique. Sur ce lieu, on distingue aussi des équipements de culte à savoir une mosquée et des églises. Pour renforcer le pôle secondaire d'Ahougnanssou, la municipalité a créé un état civil secondaire. Cette création d'état civil secondaire vise aussi à rapprocher l'administration décentralisée de la population. L'attraction des populations par ce pôle a attiré des services privés formels et informels. Le pôle secondaire d'Ahougnanssou exerce également une attraction sur toute la ville de Bouaké par la présence des équipements structurants comme l'Université et des établissements secondaires.

2-2-2-2-Le pole secondaire d'Air France II

Localisé à l'intersection de plusieurs voies bitumées, dont celle de la rocade, le marché de Gros-Trainou ou Air France III et la pénétrante Nimbo- Air France II- Zone industrielle Ouest, le pôle secondaire d' Air France II est facilement accessible par toutes les directions. Ce pôle dispose de plusieurs capacités d'attraction. Son premier élément d'attraction est son marché. En effet ce marché est bien pourvu en produits alimentaires, et aminé par les populations des villages situés à l'Est et au Sud-Est de la ville de Bouaké (Adjodoussou, Bobo, Amanibo), en plus de celle des quartiers environnants. Ce pôle dispose également de plusieurs services publics dont un commissariat de police et de plusieurs établissements scolaires. Pour accompagner la dynamique de ce pôle, le secteur privé s'est aussi installé sur ce site. On y observe des boutiques, une pharmacie, des restaurants. La présence municipale est marquée l'implantation d'un état civil secondaire.

Le pôle secondaire d'Air France II a sa particularité d'être bien desservit par un réseau de voirie bitumé en bonne état. Bien que incomplet par les services qu'il offre, ce centre a la faveur d'être entouré par des quartiers densément peuplés et des villages périphériques.

---

[42]Programme Présidentiel d'Urgence

2-2-2-3-Le pôle secondaire de Belle ville

Le quartier de Belle ville s'est développé dans la périphérie Nord-Est de la ville de Bouaké. Son développement a favorisé la création d'un pôle secondaire. Ce pôle secondaire a sa spécificité de se localiser sur une voie nationale A10. Cependant, le bitumage de cette voie se limite seulement qu'à la partie urbaine. Ce qui facilite seulement une accessibilité à partir du centre de la ville. Mais la liaison avec son arrière-pays est assurée par des voies carrossables difficilement praticables en saison des pluies. La situation périphérique de pôle secondaire de Belle ville lui permet de bénéficier des relations avec plusieurs zones rurales. Ces villages participent activement à la dynamique du pôle de Belle ville. Ils ravitaillent le marché de Belle ville très animé, surtout les Vendredi en produits agricoles. En retour, le marché de Belle ville sert de lieu d'approvisionnement des populations des villages périphériques en besoin essentiel. En plus du marché, il y plusieurs autres éléments qui polarisent le centre secondaire de Belle ville. Nous pouvons énumérer le centre de santé, plusieurs établissements scolaires et aussi des services privés notamment une pharmacie, des cliniques, des boutiques, des restaurants, des services téléphoniques et de transfert d'argent… A Belle ville aussi, la mairie a installé un état civil secondaire pour contribuer à l'essor de ce pôle secondaire. Le secteur informel n'est pas en reste. Il s'est développé le long de la voie principale avec une densification autour du marché. On peut distinguer les petits commerçants, les artisanats, les cabines téléphonique etc.Le développement de la polarité de Belle ville s'explique par son excentricité. Les besoins de proximité des populations de cette localité ont nécessité la mise en place des services et des équipements.

2-2-2-4-Le pôle secondaire de Dar es Salam

Le pôle secondaire de Dar es Salam est le seul situé sur l'axe national principal A3 qui traverse la ville de Bouaké. C'est l'un des pôles secondaires les plus dynamiques de la ville. Plusieurs raisons fondamentaux expliquent cette dynamique. Il s'agit de la densité de la population dans cette partie de la ville, la situation sur l'axe principale Nord-Est et la présence d'une gare dans la localité. En effet Dar es Salam dispose l'une densité de quartier les plus élevée, Dar es Salam I 125 hab. / Km² et Dar es Salam II 118 hab. / Km². En plus, sa situation sur l'axe principal permet une accessibilité parfaite. Cette accessibilité est confortée par plusieurs pénétrantes de la voie principale A3 dont certaines sont bitumées et d'autres carrossables. Le pôle secondaire de

Dar es Salam est le seul qui dispose d'espace gare. Il s'agit de la gare nationale et internationale Nord de la ville Bouaké. La desserte de plusieurs localités nationales et des pays de la sous régionale est assurée à partir de cette gare. Ce qui justifie une forte animation sur cet espace. Le marché de Dar es Salam est un important élément de ce centre secondaire. C'est un marché très aminé tous les jours de la semaine. Cette forte fréquentation lui vaut sont débordement sur la voie principale. Ce marché et la gare attirent aussi des activités annexes (boutiques, restaurants, services de téléphone etc.), et plusieurs activités informelles autour et sur leur site. Plusieurs services publics et privés contribuent aussi à la structuration du pôle secondaire de Dar es Salam, notamment des établissements scolaires, un commissariat, des centres santés etc. Ce pôle abrite aussi plusieurs édifices religieux, singulièrement des mosquées à cause de la configuration sociologique de la population.La gare et le marché sont les équipements structurants du pôle secondaire de Dar es Salam. Ils favorisent une forte attraction humaine et le développement des échanges commerciaux. Ainsi le commerce apparait comme l'activité polarisante principale de cet espace.

2-2-2-5-Le pôle secondaire de Sokoura-Kennedy

Le quartier de Sokoura est développé dans l'extension Nord-Est de Dougouba qui abrite la zone commerciale de la ville. C'est l'un des petits quartiers de Bouaké avec une superficie de seulement 179 Ha. Un pôle secondaire s'est développé dans sa limite Est avec le quartier haut standing de Kennedy. C'est un pôle peu dynamique à cause de sa proximité avec l'hypercentre de la ville. Il dispose d'un marché très animé. En outre, pour donner du poids à ce pôle, les pouvoirs politiques ont mise en place des équipements et services de base. On peut citer le commissariat de police, le centre de santé et plusieurs établissements scolaires publics et privés. Les éléments polarisants ce centre s'étendent sur l'espace du quartier de Kennedy. L'administration municipale avait même un projet de construction d'un centre artisanal dans ce pôle secondaire. Pour ce qui est de l'accessibilité de ce pôle, il faut remarquer qu'il est traversé par la voie nationale A8 en direction vers l'Est. Cette voie est bitumée et en bonne état. En plus de la voie A8, la pénétrante Sokoura-Dougouba assure aussi l'accessibilité du pôle Sokoura-Kennedy. Comme tous les pôles secondaires de la ville, le pôle de Sokoura-Kennedy est investi par des opérateurs privés et informels. On y rencontre des maquis ou restaurants, des services de téléphonie, des boutiques, des ateliers artisans etc. Le développement du pôle Sokoura-

Dougouba n'a pas un avantage urbanistique, car il est la continuité de l'hypercentre de la ville. Il offre cependant des services de proximité aux populations riveraines.

2-2-2-6-Le pôle secondaire de Djezou Kouamékro

Le pôle secondaire de Djézou Kouamékro est le pôle secondaire le plus enclavé de tous les pôles secondaire de Bouaké. Il existe un seul accès carrossable. Cet accès est en bitumé par le PPU. Le pôle de Djezou Kouamékro dispose d'un marché. La dynamique économique que connait ce marché s'explique non seulement par son éloignement avec l'hypercentre urbain, mais aussi à cause sa forte population. Ce marché attire les populations de tous les sous quartiers proches et des villages environnants. La qualité attractive de l'espace marchand de ce pôle explique la création de plusieurs boutiques, restaurants et ateliers d'artisans autour du marché. Des équipements et services de base ont été apportés. Il s'agit précisément des écoles primaires, un centre de santé, des cliniques, des établissements scolaires et des lieux de culte.

2-2-2-7-Le pôle secondaire de Gonfreville

La création du pôle secondaire de Gonfreville est contemporaine à l'aménagement du complexe industriel de Gonfreville. En effet, l'implantation des usines de Gonfreville s'est accompagnée des opérations immobilières pour les employés de ces usines. Des logements ont donc été construits avec des espaces de jeux et un établissement scolaire. Un espace marchand a été également aménagé. Il est composé d'un marché de proximité et de plusieurs services privés à savoir des boutiques, des ateliers d'artisans, des restaurants, des services de téléphonie etc. L'administration a pour sa part installé un état civil de proximité. Pour ce qui est de l'accessibilité de ce pôle, il est facilité par la voie qui conduit à l'aéroport. Cependant la rareté des pénétrantes ne permet pas à ce pôle de capter suffisamment les populations des quartiers environnants. Seuls les villages de Konankankro, Kogokro, Niankoukro et Allokokro participent à la vie de ce pôle. Ces villages ravitaillent le pôle de Gonfreville en produits agricoles. En retour ce pôle s'approvisionne les villages en produits de base.Les pôles secondaires fonctionnels de Bouaké sont assez bien repartis géographiquement.Ils assurent pour la plupart les mêmes fonctions. C'est-à-dire l'offre de services de proximité. Les actions publiques se limitent en quelques équipements, à savoir des établissements scolaires, des centres de santé, états civils secondaires et desinfrastructures routières. Il n'y a vraiment pas eu de volonté politique visant à redynamiser ces pôles secondaires, afin de constituer des espaces d'attraction secondaire réels voir même des espaces spécialisés de la ville pour attirer plus les opérateurs privés. Le pôle secondaire de Gonfreville a la particularité d'abriter des activités industrielles. Celui de Dar es Salam a aussi sa spécificité d'héberger la gare routière nord de la ville. Ces deux aspects confèrent une dynamique particulière à ces deux pôles. Certains pôles secondaires de Bouaké peuvent être qualifié d'incomplet. Car ils n'offrent pas tous les services de proximités. Celui de Djezou Kouamékro par exemple n'a ni service de Sécurité, ni d'établissements secondaires publics. On peut aussi citer Dar es Salam qui n'a pas qu'un seul établissement secondaire public malgré sa forte densité démographique. Enfin, nous avons le pôle secondaire de Belle ville très excentré, et ouvert sur la zone rurale qui ne dispose pas de service de sécurité. Les pôles d'Ahougnanssou et d'Air France paraissent mieux équilibrés en offre de services. En outre, avec l'étalement spatial de la ville Bouaké, de plus en diffus, d'autres pôles sont secondaires sont en constitution.

2-2-3-Les pôles secondaires potentiels

Ce sont des quartiers possédant des caractéristiques pouvant favoriser l'émergence d'une polarité secondaire au regard de leur situation géographique, des potentialités démographiques et économiques ainsi que des possibilités d'investissements publics en matière d'infrastructures et d'équipements. Il s'agit donc renforcer les polarités de Tolla Kouadio, de Broukro, de l'université et de Air France III.

2-2-3-1-La dynamique du pôle secondaire de Broukro à renforcer

Localisé dans la partie Sud-Ouest de la ville, le quartier de Broukro est issu des lotissements des terres du village du même nom. C'est l'un des fronts d'urbanisation actif de Bouaké. Le premier sous quartier de Broukro est créé autour des années 1970, et fait partir de la deuxième couronne d'extension de Bouaké. Avec une superficie urbanisée d'environ 1512 ha et une zone d'extension très diffuse. Broukro constitue un pôle secondaire très important. Son point d'attraction principale est le marché.Cependant, ce pôle secondaire ne dispose ni de service de sécurité, ni d'établissement secondaire public. Broukro est engagé dans une nouvelle dynamique à la faveur du bitumage en 2013 de la principale voie d'accès à cette localité. Des opérateurs privés y sont installés. Le secteur informel connait une forte vitalité. L'administration locale a initié plusieurs projets. Parmi lesquels la construction des services de sécurité, d'un état civil secondaire et d'un établissement secondaire public. La mairie envisage également la construction d'un marché de proximité avec des équipements adéquats. D'autres éléments peuvent intensifier la capacité d'attraction de Broukro. Il s'agit notamment du renforcement de son accessibilité. Le quartier de Broukro dispose des bases d'un pôle urbain secondaire. Son principal atout est son marché. Un des défis de développement de ce pôle reste son intégration dans la ville.

2-2-3-2-Tolla Kouadio, un pôle à désenclaver et à équiper

Le quartier de Tolla Kouadiokro a connu son essor de développement pendant la période de crise. Avant 2002, cette localité était essentiellement constituée par un village traditionnel et un quartier spontané. Sa proximité avec les établissements industriels de Gonfreville faisait d'elle une localité de prédilection pour les populations à faible revenu à la recherche d'une intégration dans la vie socioéconomique de la ville. Le seul avantage que présentait ce site est qu'il dispose du foncier au Nord pour son extension. Cependant le quartier est confiné à la zone aéroportuaire, au Sud-Ouest par les établissements industriels Gonfreville, au Sud et au Sud-Est par le quartier Dar es Salam enfin à l'Est par l'extension du village de Kotiakoffikro. L'avantage de l'espace d'extension de Tolla Kouadiokro a favorisé la réalisation de plusieurs lotissements au Nord. La plupart de ces lotissements se sont effectués en dehors de la procédure légale de lotissement. Comme conséquence, nous avons une espace urbain créé seulement que pour l'habitat. Il n'y a aucun espace réservé pour les équipements. Ainsi Tolla Kouadiokro est construit sans établissement scolaire, ni centre de santé, ni équipement sportif et culturel. Le seul site préservé est celui dédié au marché. Il est occupé par des commerçants de façon informelle et anarchique. Les efforts publics de correction ont permis de connecter récemment le quartier au réseau électrique et d'adduction d'eau potable. Cependant l'accessibilité reste toujours problématique. Car il existe une seule voie d'accès au quartier et cette voie n'est que carrossable. En dehors de cette voie, Tolla Kouadiokro n'a aucune autre connexion avec les quartiers proches. Pourtant avec une distance sur la route d'environ sept (07) kilomètres et cinq (05) kilomètre à vol d'oiseau, Tollakouadiokro pourrait constituer un idéal pôle secondaire urbain de Bouaké. Il faut cependant améliorer l'accessibilité par le bitumage de la seule voie puis ouvrir d'autres sur les espaces environnants. En outre, il faut apporter au quartier les équipements minimums de proximité, notamment des écoles, des centres de santé et un marché.

2-2-3-3-Air France III, un pôle secondaire à créer

Air France III est l'équivalence Sud du quartier Dar es Salam au Nord. La différence fondamentale entre les deux localités est que Dar es Salam est quartier populaire dense non planifié alors qu'Air France est planifiée. En outre, contrairement à Dar es Salam, Air France III est moins ouvert sur la voire nationale principale. En effet, ce quartier a peu de relation avec la voie A3. Les pénétrantes sont rares. Air France III peut profiter de sa situation géographique pour constituer un pôle secondaire important. Il s'agit de l'amélioration de l'accès et la création des équipements de proximité.

2-2-3-4-Le pôle Universitaire à valoriser

L'université, équipement structurant par les services qu'elle offre, influe l'espace urbain et son fonctionnement. A Bouaké, les actions de décentralisation de l'enseignement supérieur en Côte d'Ivoire ont favorisé la création d'une antenne de l'université d'Abidjan en 1992. Cette antenne deviendra plus tard en 1996 une université autonome. Implantée dans la périphérie ouest, à cinq kilomètre du centre de la ville, l'université Alassane Ouattara de Bouaké est repartie sur deux sites. Les deux sites sont séparés de part et d'autres de la route A8. L'université et ses localités environnantes représentent un ensemble pour être un pôle urbain secondaire dynamique et attractif. Pour l'université, au regard de la quantité des investissements, des caractéristiques de l'institution (activité académiques, résidences, activités économique) et de la population universitaire estimée vingt mille étudiants, ce site est qualitativement attractif. A cela il faut ajouter, la capacité de l'université à faire écho sur plusieurs plans à savoir le plan académique, sportif, institutionnel, touristique. En dehors de l'université elle-même, sa situation géographique, la distance qui la sépare ce du centre principal de la ville, son accessibilité et les disponibilités foncières autour de cette institution sont aussi autant d'atouts pour constituer un pôle secondaire très important.

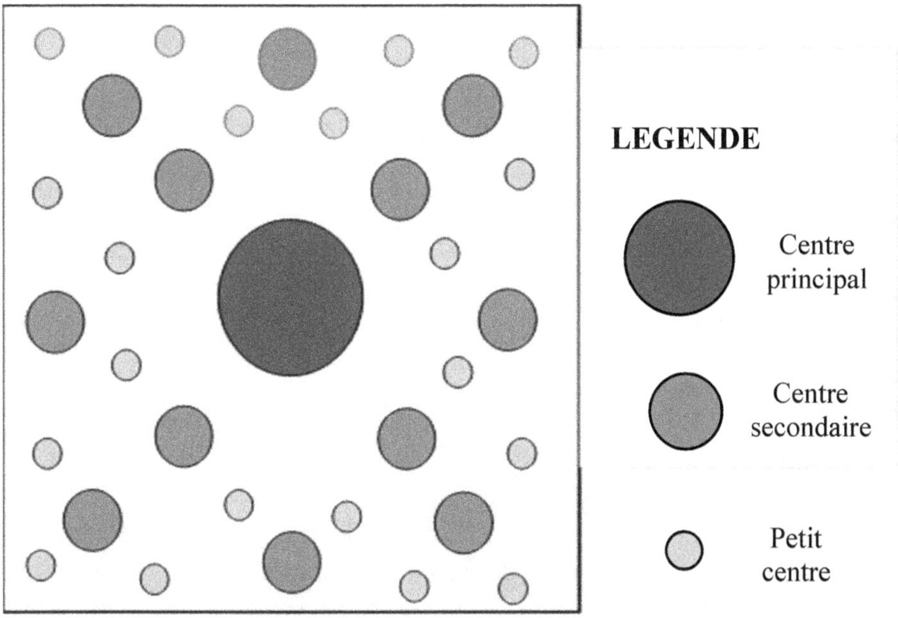

Réalisation: TRAORE et KOUAME, 2015

Figure 6: Modèle de la configuration polycentrique/multipolaire de morphologie urbaine de Bouaké

CONCLUSION

La dynamique urbaine offre une nouvelle morphologie à la ville de Bouaké. Cette ville a évolué dans l'espace et le temps. Cette évolution a permis la reconfiguration de l'espace urbain avec la création de plusieurs pôles secondaires. La représentation de cette forme urbaine où la modélisation urbaine donne une ville diffuse, polycentrique et/ou multipolaire. Parmi ces pôles, certains sont fonctionnels mais incomplets. Par contre, d'autres restent seulement potentiels. Qu'ils soient fonctionnels ou potentiels, les pôles secondaires de Bouaké sont peu capables de créer une attraction concurrentielle et complémentaire au centre principal. Ils ont donc besoin de faire l'objet d'une planification urbaine stratégique impliquant tous les acteurs de la production urbaine.

BIBLIOGRAPHIE

ATTA K. (1978) : Dynamique de l'occupation de l'espace urbain et péri-urbain de Bouaké, Thèse de Doctorat 3è Cycle(Côte d'Ivoire), 309 p.

AUGE M., (1992) : Non-lieux, Introduction à une anthropologie de la surmodernité, Editions Seuil, 160p.

BNETD(1998) : Plan d'Urbanisme Directeur de Bouaké, Rapport provisoire, 52 p.

BCEOM Ivoire-URBACONSULT,(1983) : Schéma Directeur d'Urbanisme de Bouaké, Rapport d'analyse et de synthèse, 92 p.

BOULETTIER J. L. (1971) : Croissance démographique et croissance économique en Côte d'Ivoire, Cahier ORSTOM, Série Sciences Humaines, Volume VIII N°1, pp 73-79.

BOQUET Y., Mario Polèse, Richard Shearmur, (2010) : Économie urbaine et régionale, Introduction à la géographie économique Paris, Economica, 2009, (ISBN 978-2-7178-57337), 438 p.

CALZA G.P. (2001) : La costruzione storica dei luoghi. Contributo alla costruzione critica dellecronomappe, Territorio n°18/2001, Urbanistica dei tempi e della mobilità, a cura di Sandra

BONFIGLIOLI, p71

CLERC V. (2010) : Du formel à l'informel dans la fabrique de la ville, Politiques foncières et marchés immobiliers à Phnom Penh, *Espaces et Sociétés*, N°143, « Les territoires de l'informel ».

CASTELLA P., (1971) : Ville de Bouaké 1969, Résultats d'enquête, Comptes économiques de la ville, Rentabilité de l'étude, ORSTOM,Sciences humaines, Volume IV-N2S-1971, 90 p.

CLAVAL P. (1982) : L'analyse des localisations : Peter Haggett, Locational Analysis in human geography. In*Annales de Géographie*, t. 91, N°504, pp. 238-239.

COTTEN A-M, (1971) : les villes de Côte d'Ivoire, essai de typologie fonctionnelle in Colloques Internationaux du C.N.R.S**,** *la croissance urbaine en Afrique noire et à Madagascar*, Paris, CNRS, 474 p.

CHENAL J., (2013) : Modèle de planification de l'espace urbain, la ville ouest-africaine, MetisPresses,Genève, 362 p.

CHENAL J., (2015) : «Les villes africaines en quête de nouveaux modèles urbanistiques», Métropolitiques, http://www.metropolitiques.eu/Les-villes-africaines-enquete-de.html

CHENAL J.,(2009) : Urbanisation, planification urbaine et modèles de ville en Afrique de l'Ouest : jeux et enjeux de l'espace public, Thèse

N°4268 (2009),Ecole Polytechnique Fédérale de Lausanne,Faculté environnement naturel, architectural et construit,Laboratoire de Sociologie Urbaine, Programme Doctoral en Architecture, Ville, Histoire, 565

DAMON J., (2008) : Vivre en ville. Observatoire mondial des modes de vie urbains 2008-2009, Paris, PUF.

DUBRESSON A. et *al.*(1987) : Abidjan « côté cours », Paris, KARTHALA- ORTSOM, 274 p.

GEDDES P. (1915) : L'évolution des villes, Ed. Temenos, Paris, 1915, 335p.

JANIN P. (2001) : Une géographie sociale de la rue africaine (Bouaké, Côte d'Ivoire), in*politique africaine*, N° 82 - juin 2001, pp 177-189.

KOFFI B. E., (2010) : Les lotissements irréguliers et la production de la ville : les quartiers Ayakro et Sagbé à Abidjan, in *Les Cahiers Afrique du CERASA*, Cahiers N°4,Paris Janvier 2010, pp 61-73.

LECAT G. (2006) : Analyse économique de la planification urbaine, Thèse pour obtenir le grade de docteur en sciences économiques, Université de Bourgogne, UFR de sciences économiques et de gestion Ecole Doctorale 201 Gestion Economie Formation, 336 p.

POLESE M., SHEARMUR R., (2009) : Économie urbaine et régionale. Introduction à la Géographie économique, Paris, Economica, (ISBN 978-2-7178-5733-7), 438 p.

MICHEL-A., (1993) : Heurs et malheurs de la planification in Ville en Développement, Bulletin de la coopération française pour le développement urbain, habitat et aménagementspatiale, Paris, IRPEX, Déc. NP.

SCHUBARTH C., (2007) : Qui et quoi est diffus, dans la ville diffuse? Nommer l'étalement urbain contemporain, «GEA» N°22, Aprile 2007, GEA/Associazione dei geografi, Bellinzona, 2007, http://www.gea-ticino.ch/.

TAPADINHAS L. & Al, (2012) : La modélisation de la ville : de la représentation au projet, Commissariat général au développement durable, Direction de la recherche et de l'innovation, 324 p.

TRAORE P.I., (2010) :Du chronotope de la gare du nord-paris à la ville à mille temps: un essai de réflexion sur le fonctionnement de nos sociétés contemporaines et des mutations urbaines, édit. Univ Européenne, 220 p.

SOME, Y.S.C., (2000) : Modélisation de la distribution spatiale des formes moléculaires M et S d'*anopheles gambiae sensu stricto* au

Burkina Faso avec les SIG et l'analyse spatiale,THÈSE de Doctorat en Géographie–Aménagement-Environnement,Université d'Orléans Ecole Doctorale Sciences de l'Homme et de la Société, laboratoire CEDETE, 209 p.

Urbaplan-TRANSITEC-IOA,(2014) : Schéma Directeur d'Urbanisme 2030, (SDU 2030) Phase 1 Diagnostic Stratégique, 202 p.

Urbaplan-TRANSITEC-IOA,(2014) : Schéma Directeur d'Urbanisme 2030, (SDU 2030) Phase 2 Orientation Stratégique de Développement, 28 p.

Urbaplan-TRANSITEC-IOA, (2014) : Schéma Directeur d'Urbanisme 2030, (SDU 2030) Phase 4, Diagnostic de la Zone Marchande du Centre-Ville, 131p.

Urbaplan-TRANSITEC-IOA, (2015) : Schéma Directeur d'Urbanisme 2030, (SDU 2030) Phase 5, Etablissement du Programme Pluriannuel d'Investissement, 261 p.

YAPI-D. A., (1994) : Les politiques urbaines en Côte-d'Ivoire et leur impact sur l'habitat non planifié précaire : L'exemple de l'agglomération d'Abidjan, Thèse pour le Doctorat d'Etat ès Lettres et Sciences Humaines, Université de Paris VIII Saint-Denis, 718 p.

DABOU ET ANYAMA, DEUX VILLES ETRANGERES A LEUR REGION

ATTA KOFFI Lazare
Maître de Recherches, LARESP, Institut de Géographie Tropicale Université Félix HOUPHOUET BOIGNY pr_attakoffi@yahoo.fr
COULIBALY Kélémory
Maître-Assistant, LARESP, Institut de Géographie Tropicale Université Félix HOUPHOUET BOIGNY-Abidjan
kelemory45@gmail.com
TOA Bi Tra Ignace
Docteur en Géographie, LARESP
toabiignace@yahoo.fr

RESUME

Les villes ivoiriennes sont pour la plupart d'origine coloniale. Dabou et Anyama sont des créations du colonisateur Français. Dabou est née à partir d'un comptoir de commerce et d'un Fort édifiés non loin du littoral ; Anyama est née à partir d'une gare de chemin de fer. Ces deux villes vont connaître une croissance démographique et spatiale importantes, bien qu'apparues à des périodes différentes. Cependant, les facteurs d'attraction de chacune des villes sont différents, ainsi que leur vitesse de croissance démographique et spatiale. Ces facteurs sont surtout basés sur des activités socio-économiques typiques, et secondairement, à leurs liens socio-économiques, à leur distance respective d'avec la capitale économique Abidjan. Initialement, Dabou était situé au PK 50 à l'ouest d'Abidjan, et Anyama au PK 25 au nord. Aujourd'hui, Dabou fait partie de la banlieue de la capitale économique ; quant à Anyama, elle a fait sa jonction avec Abidjan par la Commune d'Abobo. Quels sont les facteurs d'attraction socio-économiques de chaque ville et leurs impacts sur leurs populations ? Dans chacune des villes, les autochtones sont minoritaires : 10% au plus ; la majorité est composées d'allogènes qui tiennent l'économie de la localité. Comment peut-on expliquer ce phénomène ? Par ailleurs, les allogènes sont majoritairement composés de ressortissants du nord ; pourquoi cette spécificité ? Enfin, n'y a-t-il pas de problèmes de cohabitation entre autochtones et allogènes ?

Mots clés : Dabou, Anyama, Abidjan, autochtones, allogènes, ressortissants du nord, activités socio économiques.

SUMMARY

The Ivorian towns are for the most part of a colonial origin. Dabou and Anyama were set up by the French settler. Dabou was created from a trading post and a fort which built nearby the coastline; Anyama was built from a railway station. There has been a rapid population increase and a quick expansion of those towns, even though, this happened at different periods. However, the assets of each of those towns are particular, as well as the speed of the population increase and their expansion. These assets are essentially based on typical social and economic activities and secondly on the social and economic relations between these towns and their respective distance from Abidjan, the economic capital.Initially, Dabou was located at PK 50, westward from Abidjan and Anyama at PK 25, north from Abidjan. Today, Dabou is part of the suburbs of the economic capital; as for Anyama, it has been connected with Abidjan through Abobo, which lies in the suburbs. What are the social and economic assets of each town and their influence on their peoples? In each of the towns, the native peoples are in minority: 10% at most. The majority consists of strangers who possess the economy of the town. How can this fact be explained? Furthermore, the strangers are mainly made up of people from the north of country; why such a distinctive feature? Finally are there any problems linked to side by side living between native people and strangers?

Key words: Dabou, Anyama, Abidjan, native people, strangers, people from the north, social and economic activities

INTRODUCTION

En Côte d'Ivoire, les impératifs d'exploitation des richesses du pays durant la période coloniale, puis ceux du développement après l'accession à l'indépendance, ont amené les décideurs à privilégier plutôt les régions forestières plus aptes aux cultures pérennes, par rapport aux régions de savanes. En effet, le colonisateur français a favorisé l'installation des populations des régions nord dans la zone forestière grâce aux travaux forcés. L'économie monétaire qui a suivi, a entretenu les migrations volontaires de populations vers les régions forestières.

Après l'indépendance politique, l'expansion de l'économie de plantation, le développement du commerce suite à l'ouverture du Port d'Abidjan, vont constituer un vaste appel d'air pour les populations migrantes du nord et de la sous-région.

Les migrations successives vont densifier la population dans les régions forestières, puis favoriser l'apparition de localités urbaines.

Dabou et Anyama sont des villes de la zone forestière qui ont la particularité d'être situées à la périphérie d'Abidjan. Quelle est la genèse de ces villes et leurs aspects socio- démographiques respectifs ? Comment se présente l'économie de chaque localité ? Enfin, la cohabitation des communautés autochtone et non autochtone (ou allogène) se passe-t-elle sans problèmes ?

I-METHODOLOGIE

1-1-LA RECHERCHE DOCUMENTAIRE

La documentation a porté sur les études, travaux et articles disponibles en bibliothèque, sur les villes de Dabou et d'Anyama. Les thèses de Doctorat des auteurs concernant les deux villes ont servis d'appui principal. Les informations statistiques sont de l'INS (Institut National de la Statistique), qui dispose des résultats des différents recensements. Les données du RGPH (Recensement Général de la Population et de l'Habitat) de 1998, constituent la base sur laquelle ont porté des analyses. La documentation est complétée par des données cartographiques fournies par l'INS et le Centre National de Télédétection et d'Information Géographique (CNTIG) et de l'IGT (Institut de Géographie Tropicale).

1-2-LA COLLECTE DES DONNEES SUR LE TERRAIN

L'observation directe sur le terrain et l'interview des autorités de la ville sur le fonctionnement de la ville permettent de comprendre l'organisation socio démographique et socio-économique. Une enquête d'opinion auprès d'un échantillon de chefs de ménage autochtone et non autochtone sur leurs relations et perceptions est organisée.

Pour garantir la représentativité des opinions chez les autochtones qui constituent environ 10% des ménages, il est tiré 50 ménages autochtones, soit 1/3 du total de l'échantillon, et 100 ménages d'étrangers soit 2/3 du total de l'échantillon.

Le mode de tirage est le choix aléatoire qui donne une chance égale et commune à chaque individu.

RESULTATS

Définition des concepts : autochtone, allogène, dioula, malinké, ressortissants du nord.

Autochtone : personne originaire du pays ou de la localité où elle habite.

Allogènes : personne venue par immigration dans un pays ou dans une localité.

Dioula, Malinké, ressortissants du nord : désignent les populations venues des régions du

Nord de la Côte d'Ivoire, des Etats de la zone Soudano Sahélienne de l'Afrique de l'Ouest et / ou leurs descendants, qui communiquent en langue bambara, sont de religion musulmane ou tenues pour telles, portent souvent le boubou et qui exercent pour la majorité, dans les secteurs du commerce et du transport.

I-GENESE DES VILLES DE DABOU ET D'ANYAMA

Le décret du 10 Mars 1893 fonde la colonie française de Côte d'Ivoire. C'est une colonie d'exploitation qui s'organise autour de deux axes : le développement des cultures d'exportation et l'expansion du commerce européen. Cette option va influencer le comportement des colonisateurs.

1-1-DES LOCALITES CREEES PAR LE COLONISATEUR

En soutien à l'exploitation économique de la colonie, une politique est mise en place afin de conquérir, pacifier et exploiter le territoire. Selon ATTA Koffi, c'est d'abord, la création de postes militaires à des endroits stratégiques. Ensuite, ils devenaient des postes administratifs, puis des villes grâce à l'essor de l'économie de plantation et au chemin de fer. La mise en place des postes a créé des générations de villes ; il s'agit successivement :

-des villes nées à partir des comptoirs installés sur le littoral ;

-des villes nées à partir des gares ferroviaires ;

-des villes nées à partir des postes de surveillance de certaines chefferies ;

-des villes nées à partir des retombées de l'économie de plantation ;

-des villes nées à partir des carrefours routiers.

Dabou appartient à la première génération des villes de Côte d'Ivoire. Elle est née à partir des comptoirs installés sur le littoral et d'un Fort en

1853. Le site de la localité est un ancien campement du village de Debrimou qui est devenu un marché.

En 1891, le poste administratif de Dabou est créé par les Français.

En 1900, Dabou devient le chef-lieu de Cercle administratif du même nom. Sa compétence s'étend aux régions des populations Alladian, Ahizi, Abidji, Krobu et Ebrié en partie.

En 1961, Dabou est érigée en chef-lieu de Sous-préfecture de 1ère classe.

En 1980, Dabou devient une Commune de plein exercice de 1ère génération.

En 1996, Dabou est érigée en Département, composé de 3 Sous-préfectures : Dabou, Lopou et Toupah. En 2001, Dabou devient le chef-lieu du Conseil Général de la région des Grands ponts.

Anyama est née en 1905 à partir d'une gare de chemin de fer. Elle appartient à la deuxième génération de villes. A la fin du 19ème siècle, le colonisateur français avait prévu la possibilité d'accéder à l'hinterland par des voies de chemin de fer qui relieraient la côte maritime au bassin du fleuve Niger. Plusieurs chemins de fer seront réalisés, dont la Régie du chemin de fer Abidjan – Niger (R.A.N.). Les travaux de construction commencent le 12 Janvier 1904 dans le quartier Plateau d'Abidjan. La voie unique impose une contrainte technique d'exploitation : la création d'une gare tous les 15 à 20 km en moyenne : c'est le canton. Le 31 Décembre 1905 le rail atteint le kilomètre 41, vers Azaguié. Des gares sont créées successivement sur le terroir des villages d'Abobo Té, d'Anyama Zossonkoi que les Français nomment "Anyama" pour respecter l'identité culturelle du village traditionnel.

En 1961, Anyama est érigée en chef-lieu de Sous-préfecture de 1ère classe.

En 1985, Anyama devient une Commune de plein exercice de 2ème génération.

Dabou et Anyama, bien que créées par le colonisateur Français, appartiennent à des générations différentes. À l'origine, Dabou est un campement dépendant du village de Debrimou, qui devient par la suite un marché. En conséquence, les Adioukrou qui y vivent, viennent d'autres villages. A Anyama, la situation se présente différemment. A la création de la gare en 1905, le village traditionnel était situé à deux kilomètres environ au nord-est. C'est en 1923 qu'il se rapproche de la gare, à l'instigation du Prince BOUA Sika Bruno. A Anyama, les autochtones résident dans la ville.

1-2-UNE CROISSANCE DEMOGRAPHIQUE ET SPATIALE IMPORTANTE

La croissance démographique et spatiale des localités de Dabou et Anyama, est le résultat de l'histoire de leurs activités socio-économiques locale et régionale respectives. Des statistiques démographiques ne peuvent illustrer la période du début de la colonisation. C'est plutôt à la fin des années 1950 que des opérations de recensement ont eu lieu.

1-2-1-Une croissance démographique lente au départ et accélérée au fil des ans

Dabou est devenue la base arrière de la riche région de Grand-Lahou. Le canal artificiel d'Azagny permet aux produits manufacturés venant à Grand-Lahou, de remonter vers l'hinterland en passant par Dabou, et inversement, de ravitailler les navires en huile de palme, Café, Cacao et bois précieux. Il faut ajouter les productions vivrières telles que le manioc, la banane, le maïs et le riz ; la pêche est pratiquée avec la présence de la vaste lagune Ebrié et du fleuve côtier Agnéby ; l'industrie est naissante avec la transformation de l'huile de palme et le commerce se développe avec l'implantation de Factoreries dans toute la région. Ce développement économique est à l'origine de la croissance de la population à Dabou. Celle-ci est surtout alimentée par des migrants venus trouver du travail dans cette localité très active. La figure 1 traduit cette croissance.

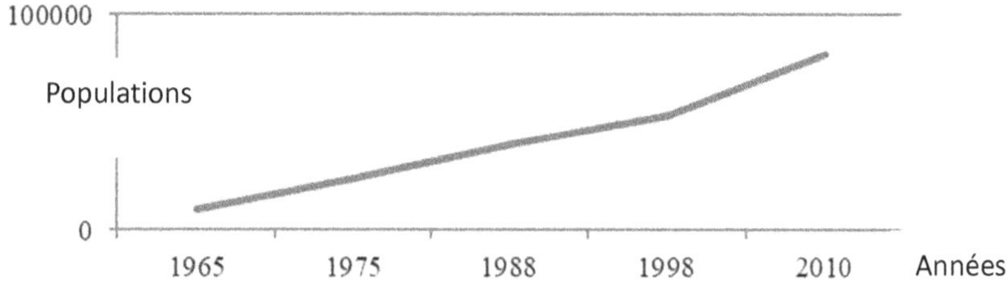

Source : RGP, 1975 ; RGPH, 1998 ; Mairie de Dabou, 2012. (TOA Bi)

Figure 1 : Courbe d'évolution de la population de Dabou

En 1965, la population de Dabou est de 9.683 habitants. En 1975, la population passe à 23.970 habitants. Elle a presque triplée en 10 ans. Au recensement général de la population et de l'habitat (RGPH) de 1988, on dénombrait 39.494 citadins à Dabou. Au recensement de 1998, la population de Dabou s'élève à 53.633. En 2010, elle est de 82.021

habitants selon les estimations de la Mairie. Le tableau I présente à la fois la croissance de la population et les taux d'accroissements.

Tableau I : La projection de la population urbaine

	1965	1975	1988	1995	2000	2005	2010
Population urbaine	9 683	23 870	39 494	54 465	69 513	90 850	118 740
Taux d'accroissement moyen (%)		9,4	3,9	5	5	5,5	5,5

Source : DCGT$_X$ 1996. (TOA Bi)

Sur le tableau ci-dessus, le taux d'accroissement moyen qui est de 9,4% de 1955 à 1965, connaît une baisse sensible à 3,9 % de 1975 à 1988. Cette baisse s'explique par les effets négatifs de la construction de l'autoroute du nord, qui ne passe pas par Dabou. L'espoir de développement suscité par la route de la côtière n'y a rien fait. Dabou perd de son attractivité et de son pouvoir polarisant d'antan. Cependant, après 1988, l'accroissement de la population reprend de plus belle. Elle passe à 5% à partir de 1988 à 5,5 % depuis 2000. La proximité de la ville de Dabou de la capitale économique Abidjan, ses qualités de ville dortoir et de pourvoyeuse de vivriers, de poisson et surtout d'Attiéké, ont favorablement corrigé l'attractivité de la ville. De plus, Dabou est une ville scolaire importante avec un Cours Normal, un Lycée moderne, un Centre Secondaire Protestant, des Lycées et collèges privés.

A Anyama, la croissance de la population est faible au départ, mais forte à partir de la fin des années 1950. L'inversion du flux commercial de la kola du Nord vers le Port d'Abidjan, a un impact sur Anyama. En effet, bénéficiant d'une accessibilité pratique, parce que traversée par une ligne de chemin de fer et d'une route nationale bitumée, Anyama est devenue la localité "kolatière" la plus proche du Port d'expédition. Cette position stratégique est renforcée par l'existence à profusion dans les forêts et brousses voisines, de matériels végétaux indispensables au conditionnement de la kola : les lianes de rotin, les feuilles de jonc. Les avantages se conjuguent pour attirer encore plus de migrants, en particulier les grands commerçants de kola appelés "Worodioula" (COULIBALY, 2008).

Selon Marc VERNIERE, l'ouverture du Port d'Abidjan en 1951 qui est le grand Port du golfe de Guinée, provoque l'arrivée massive de migrants issus de tous les pays de l'Afrique de l'ouest. De 50 000 habitants en 1954, la ville d'Abidjan passe à 330 000 habitants en 1965. Anyama en profite pour jouer le rôle de :

- ville relais d'immigration ;
- ville d'accueil pour les immigrants ;
- ville dortoir pour les travailleurs d'Abidjan ;
- ville productrice de maraîchers et de vivriers pour les marchés d'Abidjan.

Le Tableau II présente l'évolution de la population à Anyama de 1955 à 2005

Tableau II : Evolution de la population à Anyama de 1955 à 2005

ANNEES	POPULATION	SOURCES
1955	2.454	Recensement administratif
1962	9.755	Recensement administratif
1965	11.200	Estimation ORSTOM
1971	16.400	Statistique BCET
1975	26.406	R.G.H 1975
1988	56.690	R.G.H 1978
1998	79.548	R.G.P.H. 1998
2005	98.879	* I.N.S.
2014	115 260	* I.N.S.

Compilation de sources – Enquête COULIBALY Kélémory.

La figure 2 montre l'histogramme de l'évolution de la population.

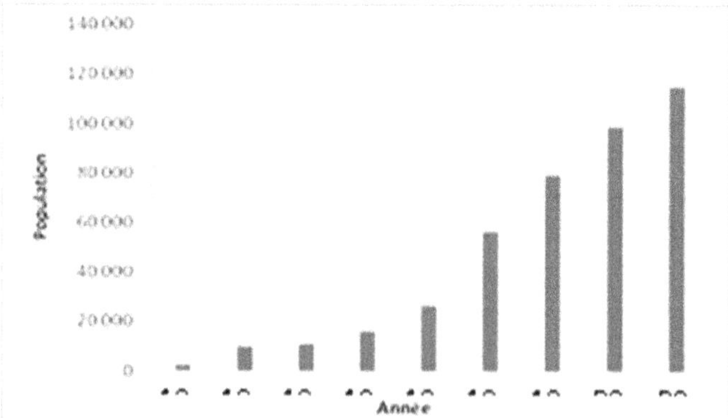

Figure 2 : Evolution de la population à Anyama de 1955 à 2014 *(INS, 2014)*

On est passé de 2.454 habitants en 1955 à 16.400 habitants en 1971, à 79.548 habitants en 1998 et à 115 260 habitants en 2014. En six décennies (depuis l'indépendance), la population a été multipliée presque par 9; c'est prodigieux. Cette forte croissance est surtout la conséquence d'apports migratoires significatifs.

Tableau III: Taux d'accroissement annuel moyen de la population à Anyama.

ANNEES	POPULATION RESPECTIVE	TAUX D'ACCROISSEMENT ANNUEL
1955-1962	2 454 - 9 755	4,7%
1962-1965	9 755 -11 200	6,6%
1965-1971	11 200 - 16 400	12,6%
1971-1975	16 400 - 26 406	6,05%
1975-1988	26 406 - 56 690	3,2%
1988-1998	56 690 – 79 548	2,8%
1998-2014	79 548 - 115 260	3,1%

Enquête C.K. Source : R.G.P.H. 1998, 2014.

Le tableau III présente les périodes de très fortes évolutions avec des taux d'accroissement élevés : 4,7% de 1955 à 1962 ; 6,6% de 1962 à 1965 ; 12,6% de 1965 à 1971; 6,05% de 1971 à 1975. Les pics de croissance des populations à Dabou et à Anyama, sont liés aux activités économiques qui s'y déroulent.

A Dabou, la croissance de la population a connu une forte poussée à partir de 1963, grâce au développement des plantations industrielles de palmier à huile, d'hévéa, et la création d'unités agro industrielles.

A Anyama, le commerce de la kola et les transports attirent surtout les ressortissants du nord. On peut ajouter les effets induits de l'ouverture du Port et la croissance de la ville d'Abidjan qui font d'Anyama, une ville dortoir.

Selon les résultats des deux derniers recensements officiels de 1998 et 2014, la population de la ville d'Anyama est supérieure à celle de Dabou. La croissance de la population à Anyama est bien plus forte que celle de Dabou.

1-2-2-une forte croissance spatiale

La croissance démographique au sein des localités de Dabou et d'Anyama s'est traduite par une croissance spatiale, conséquence de l'accroissement de la population.

Les figures 3, 4 et 5 présentent la croissance spatiale de la ville de Dabou depuis 1927 à 2010.

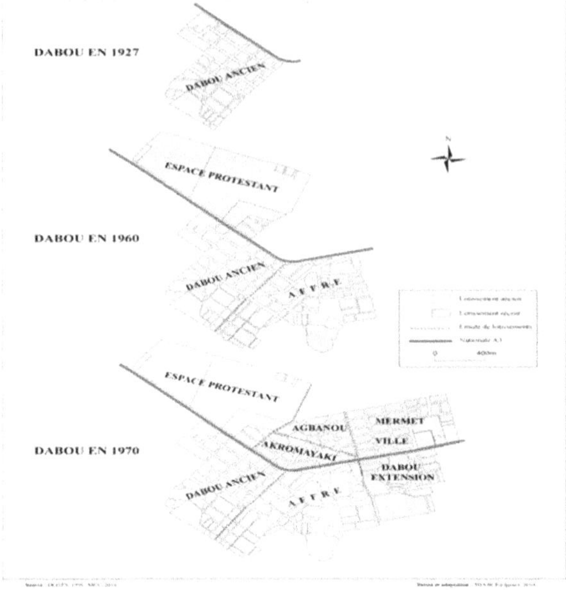

Figure 3 : Evolution de Dabou de 1927 à 1970

Sept années passeront afin de voir à nouveau Dabou s'étirer à partir du lotissement Tchotchoraf. C'est une réalisation d'envergure (188 ha) établie dans la partie Sud de la ville et évoluant vers l'Est, parallèlement à la Nationale A_3. Viennent ensuite les lotissements Sodepalm (18,28ha) et Cafop (115,62ha) en 1978. Ces deux lotissements sont effectués au Nord de Tchotchoraf. Pour étendre l'espace évolutif et permettre aux économiquement faibles d'être des propriétaires le foncier, les lotissements Wrod 1&2 (1980) et Wrod Extension (1982) voient le jour dans la partie Nord de la ville avec respectivement 116,44ha et 58,54ha. Wrod Extension permet d'agrandir le quartier Akromayaki dans sa partie Nord. En 1987, trois lotissements voient le jour à la sortie Ouest de la ville.

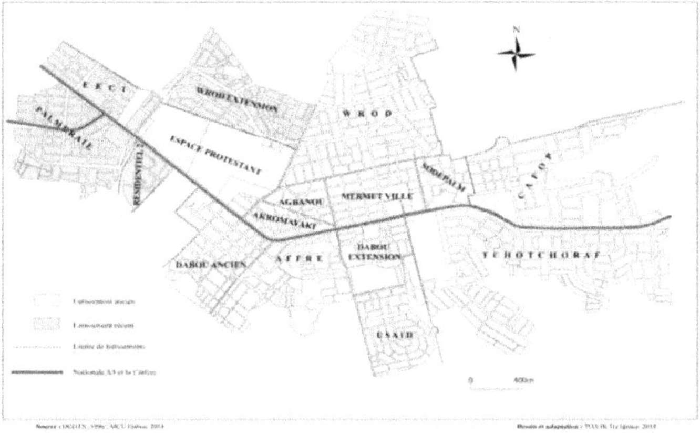

Figure 4 : Dabou en 1990

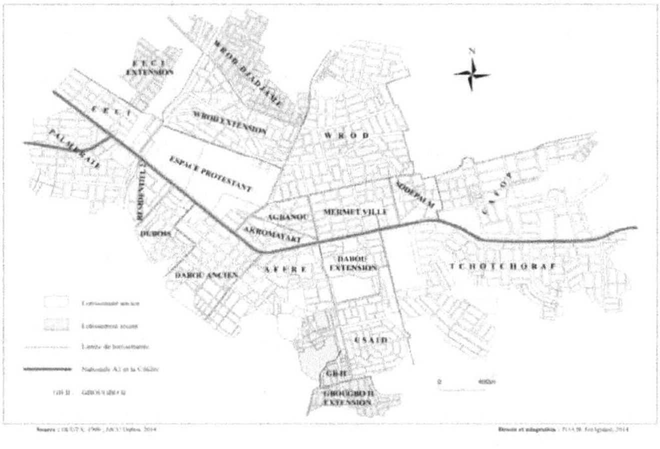

Figure 5 : Dabou en 2010

A Dabou, il y a eu au total 24 lotissements ; le premier et le deuxième réalisés en 1927 et en 1955 sont l'œuvre des colons Français. Le dernier lotissement a été réalisé en 2012. Les principaux quartiers sont au nombre de 9 : AGBANOU, AKROMAYAKI, DABOU ANCIEN, CAFOP-SODEPALM, KPASSI AFFRE, MERMET VILLE, TEF PALMERAIE, TCHOTCHORAF, WROD**.** La superficie de la ville est de 1114,88 ha.

A Anyama, croissance spatiale de la localité est également rapide. L'évolution du parcellaire montre une ville qui s'étale le long du chemin de fer et de la route nationale. Voir la Figure 6 : Evolution du parcellaire de la ville d'Anyama en 1958, 1979, 1993 et 2002

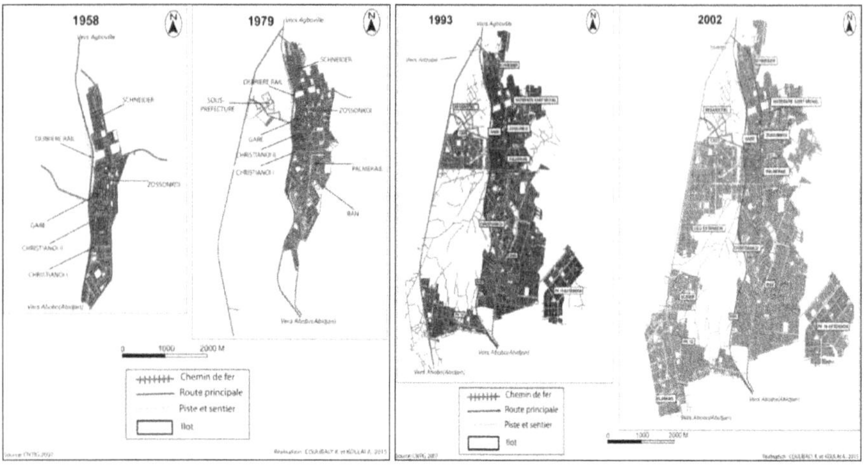

En 1958, Anyama s'étirait le long de deux voies de communications terrestres presque parallèles dans le sens Sud Nord : à l'Est, c'est la voie de chemin de fer ; à l'Ouest, la voie routière. On y trouvait les premiersquartiers de la ville : "Schneider" au Nord ; "Gare" au Centre ; "Christiankoi 1 et 2" au Sud ; "Zossonkoi" qui s'étend au delà de la route vers l'Est ; le quartier "Derrière rail" est naissant.

En 1979 il y a une croissance de la ville, toujours dans le sens de l'étirement Sud Nord. De nouveaux quartiers apparaissent : "Résidentiel" à l'Ouest; "RAN" au Sud ; "Palmeraie" au Sud de "Zossonkoi" ; le futur quartier "Derrière rail" connaît une croissance en contre bas de la voie du chemin de fer. En 1993, outre le processus de densification des quartiers existants depuis 1985, le quartier "P.K.18" au Sud, nouvellement loti se développe. En 2002 ; alors qu'on constate la densification des quartiers "RAN", apparaissent des sous quartiers tels que "PK 18 extension", "Blankro" à l'Ouest de PK 18 ; "Scierie" et "CEG extension" au Nord. Le tableau IV suivant présente le nombre des quartiers selon les années.

Tableau IV: Nombre de quartier de la ville d'Anyama selon l'évolution de la tâche urbaine

Année	Nom de quartier	Total
1958	Schneider, Gare, Christiankoi 1&2, Zossonkoi	5
1979	Schneider, Gare, Christiankoi 1&2, Zossonkoi, Sous-péfecture,RAN, Palmeraie	8
1993	Schneider, Gare, Christiankoi 1&2, Zossonkoi, Sous-péfecture,RAN, Palmeraie CEG, Maternité st Michele, PK18, PK18 extension	12
2002	Schneider, Gare, Christiankoi1&2, Zossonkoi, Sous-péfecture,RAN, Palmeraie CEG, Maternité st Michele, PK18, PK18 extension, Blankro, Scierie et CEG extension	14

N.B. Christiankoi 1&2 constituent désormais un seul quartier Source : Enquêtes COULIBALY K, 2008 -

Le nombre de quartier n'a pas cessé d'évoluer au fil des années. Ainsi, de 5 quartiers en1958, on est passé à 8 quartiers 1979 puis à 12 quartiers en 1993. C'est aujourd'hui une ville qui compte plus de 14 quartiers depuis 2002. La croissance spatiale est liée à la croissance démographique et au volume de la population. Sur cette base, on peut dire que la ville d'Anyama s'est étalée à un rythme plus rapide que la ville de Dabou. On observe à partir des cartes d'évolution du parcellaire que Dabou est loti depuis 1927. Elle a bénéficié d'un autre lotissement en 1955. Ces deux lotissements sont l'œuvre des colons Français. Ils attestent de l'ancienneté de la ville de Dabou par rapport à la ville d'Anyama. Les cartes du parcellaire de Dabou montrent que la ville s'est étendue dans toutes les directions.

A Anyama, les cartes du parcellaire présentent une ville qui s'est développée le long du chemin de fer, une ville allongée dans le sens nord-sud. Cette orientation a été imposée par le chemin de fer et la vallée profonde qui jouxte la voie ferrée. La ville d'Anyama s'est d'abord développée du côté est, et la création de voies de franchissement est-ouest ont permis le développement de la zone ouest. Anyama apparaît comme une ville allongée autour des axes ferroviaire et routier, alors que Dabou s'étale dans tous les sens.

II-DES PAYSAGES FORTEMENT MARQUES PAR LES ALLOGENES

Les paysages sont constitués par les populations et l'habitat. Selon ATTA Koffi, pendant la colonisation, les autorités ont joué un grand rôle dans l'installation des populations du nord dans les villes du sud. En outre, les migrations forcées, puis volontaires en raison du développement de l'économie monétaire, ont alimentées les flux migratoires.

2-1-UNE POPULATION A DOMINANTE ETRANGERE

L'observation du tableau de la répartition de la population par grand groupe ethnique ou nationalité de chaque localité, présente une population autochtone minoritaire et une population allogène nettement majoritaire. A Dabou, le tableau de la composition de la population par communauté montre que la ville est majoritairement peuplée par les allogènes.

Tableau V: Composition de la population de Dabou par grandes communautés

GROUPES ETHNIQUES	POPULATION	POURCENTAGE
Adjoukrou	5 544	10,34
Akan (Adjoukrou exclu)	14 229	26,53
Dioula de Côte d'Ivoire	10 608	19,78
Dioula hors Côte d'Ivoire	12 125	22,61
Total Dioula	**22 733**	**42,39**
Krou	4 642	08,65
Mandé Sud	2 252	04,20
Autres ivoiriens	785	01,46
Autres nationalités	3 448	06,43
Total	**53 633**	**100**

Source : RGPH 1998, Mairie de Dabou 2010, nos enquêtes 2010.

Sur une population totale de 53 633 habitants en 2010, les autochtones Adjoukrou sont au nombre de 5 544 habitants, soit 10,34 % de la population. Quant aux allogènes, ils représentent 89,66 % soit la majorité écrasante. Parmi ces allogènes, 42,39 % de l'ensemble de la population sont des ressortissants du nord (les dioulas). Au niveau de la population totale des allogènes, les dioula représentent 47,27 % de l'ensemble, soit presque la moitié de l'effectif.

A Anyama, les populations allogènes sont majoritaires et les autochtones minoritaires. Voir tableau V.

Tableau VI : Les principaux groupes ethniques et nationalités à Anyama.

ETHNIES OU NATIONALITES	POPULATION	POURCENTAGE
Akyé	7.326	09,20%
Malinké de CI et hors CI	52.764	66,32%
Akan (Akyé exclu)	10.471	13,16%
Krou	4.268	05,36%
Mande du Sud	916	01,15%
Autres nationalités	3.803	04,78
TOTAL	79.548	100%

Enquête C.K. Source : R.G.P.H. 1998. CI = Côte d'Ivoire

Selon le tableau VI des effectifs de population par grands groupes ethniques et nationalités à Anyama, les autochtones Akyé, au nombre de 7 326 représentent 09,20% de la population. Quant aux allogènes, ils sont au nombre de 72 222 habitants, soit 90,80% de la population totale. Autre aspect marquant, les Malinké au nombre de 52 764 et représentant 66,32% de la population totale et constituent l'écrasante majorité au niveau des allogènes, soit 73,05 % de l'ensemble des allogènes. Ce qui fait dire qu'Anyama est une ville Malinké en pays Akyé.

A Dabou et à Anyama, les populations autochtones sont minoritaires tandis que les allogènes sont majoritaires. Cependant, une différence est à saisir. A Dabou, les autochtones Adioukrou sont issus de divers horizons; c'est-à-dire qu'ils viennent de villages différents.

Les activités économiques, sources d'attraction et de fixation des populations allogènes, sont différentes dans les deux localités. A Dabou, c'est surtout une économie de plantation, d'agro-industrie, et de commerce. Les Français constituent, avec les africains, surtout pendant la période coloniale, les maillons essentiels de ces activités qui ont attirés les allogènes. A Anyama, c'est plutôt le commerce de la kola et les transports, principales activités économiques de la ville, qui ont attirés les migrants venus plus nombreux du nord.

2-2-UN PARC IMMOBILIER DETENU A MAJORITE PAR LES ALLOGENES ET TRUFFE DE SYMBOLES MUSULMANS (MOSQUEES)

Le fait que les allogènes soient propriétaires de la majorité du parc immobilier, procède d'une logique. Se loger est une nécessité primordiale, surtout pour des allogènes qui ne peuvent compter que sur eux-mêmes, en zone étrangère. L'autochtone est chez lui, et peut donc bénéficier des logements existants ou hérités de leurs ascendants.

Les allogènes, pour des raisons culturelles et religieuses, développent un instinct grégaire. Ils éprouvent le besoin d'avoir leurs logements, voire leurs quartiers. De plus, les logements, par le système des locations constituent une source de revenus pour le propriétaire, une sorte d'assurance vie pour lui et sa descendance. On pourrait ajouter le tempérament de gagneur du migrant qui le porte ; il est animé d'une détermination à réussir.

2-2-1-Un parc immobilier appartenant en majorité aux allogènes.

A Dabou, l'enquête menée en 2010 montre que les allogènes sont propriétaires de la majorité des logements.

Tableau VII :La répartition des propriétaires de logement par communautés

COMMUNAUTES	NOMBRE DE LOGEMENTS	POURCENTAGE
Adjoukrou	19	12,67%
Akan (Adjoukrou exclu)	42	28,00%
Dioula de Côte d'Ivoire	36	24,00%
Dioula hors Côte d'Ivoire	30	20,00%
Total Dioula	**66**	**44,00%**
Krou	08	05,33%
Mandé Sud	07	04,67%
Autres nationalités	08	05,33%
Total	**150**	**100%**

Source : Nos enquêtes, 2010. (TOA Bi)

Selon le tableau VII, les allogènes sont propriétaires de 87,33% des logements, alors que les autochtones Adjoukrou sont propriétaires de 12,67 % des logements. Au niveau des communautés prises individuellement, les Akan sont les premiers avec 28% des logements. Cependant, en associant les dioulas de Côte d'Ivoire à ceux des Etats voisins auu nord, ces derniers constituent 44 % du total des propriétaires.

La domination des Dioula dans la propriété des logements est visible surtout dans les quartiers Akromayaki, Tef Palmeraie et Wrod, qui sont des quartiers évolutifs et/ou précaires. Les logements sont en général des concessions, exempts de confort. Cependant, les Dioula sont également propriétaires de logements économiques et de logements de standing. C'est l'exemple de la concentration de logements économiques en bande (cité ''Caïman'' ou cité toit rouge en référence à la couleur rouge de la toiture des logements) qui s'observent nettement dans le lotissement USAID au quartier Kpassi. Cette cité est propriété de la famille Bamba résidant au quartier Ancien Dabou.A Anyama, la situation est similaire à celle de Dabou, avec une proportion plus importante de propriétaires allogènes, en particulier chez les Malinké. Le tableau suivant présente la situation.

Tableau VIII : Typologie de l'habitat à Anyama, à partir des ménages des groupes Ethnique Akyé, «Malinké», et les autres groupes ethniques ou Nationalités.

TYPE DE CONSTRUCTION	TOTAL	AKYE		ALLOGENES		Part des	MALINKE
	Effectif	Effectif	%	Effectif	%	Effectif	%
Villa moderne	530	123	23,20	407	76,79	154	29,05
Maison simple	2 161	308	14,25	1 853	86,21	1 334	61,73
Logt en bande	2 178	145	6,65	2 033	93,34	1 627	74,70
Appt dans imm	202	40	19,80	162	80,19	88	43,56
Concession	6 778	398	5,87	6 380	94,12	5 313	78,38
Case tradition.	515	13	2,52	502	97,47	466	90,48
Baraque	70	11	15,71	59	84,28	53	75,71
Autres	14	7	50,00	7	50,00	5	35,71
Non déclaré	0	0	0	0	0	0	0
Non défini	185	8	4,32	177	95,67	145	78,37
TOTAL	12 633	1 053	8,33	11 580	91,66	9 185	72,70

Enquête C.K. Source : R.G.P.H. 1998.

L'analyse du tableau montre que sur un effectif total de 12 633 constructions, 11 580 appartiennent aux allogènes (91,66%) dont 9 185 aux Malinké (72,70%). Les autochtones Akyé détiennent 1053 constructions soit 8,33%. Au niveau des types de constructions, les concessions dominent : 6 778 éléments, dont 398 seulement pour les Akyé et 6 380 pour les allogènes, parmi lesquels 5 313 appartiennent aux Malinkés. C'est pratiquement le même constat pour les logements en bande et les maisons simples, voire les autres types de constructions.

2-2-2-Un paysage truffé de symboles musulmans

A Dabou, comme cela est constaté dans les commentaires, le type de logement qui domine chez les dioulas est la concession ou cour commune. Dans les quartiers Akromayaki, Tef Palmeraie et Wrod les concessions sont nombreuses, ainsi que les mosquées. Ce sont les symboles de la présence des dioulas dans les quartiers.

A Anyama, la situation est encore plus manifeste pour les cours communes et les mosquées, en raison de la proportion écrasante des Malinké. Suite à nos enquêtes en 2005, les édifices Chrétiens sont au nombre de 32. Ils appartiennent à 8 sous-groupes aux pratiques différentes : les églises évangéliques, 12 édifices, les Catholiques (8 édifices), les Méthodistes (3 édifices), des temples Protestants (3 édifices), des temples des Assemblées de Dieu (3 édifices).

Le nombre total des mosquées est 40, tous types confondus ; il surclasse non seulement celui des édifices chrétiens, mais traduit également l'importance de la masse des communautés musulmanes d'Anyama. 33 mosquées ont des minarets qui donnent aux quartiers musulmans une architecture arabisante.

Dabou et Anyama sont des localités à majorité peuplées par des allogènes, ressortissants du nord. Ils détiennent le plus grand nombre de constructions, notamment les cours communes ou concessions. Cependant, plus qu'à Dabou, l'effectif des autochtones, des allogènes, des ressortissants du nord, est plus importants à Anyama.

Enfin, si Dabou ressemble par son aspect à toutes les villes forestières, en revanche, Anyama, en raison des nombreux minarets qui trônent dans le paysage, s'apparente plutôt à une ville Malinké.

III-UNE VIE ECONOMIQUE CONTROLEE PAR LES ALLOGENES ET DEPENDANTE DE LA VILLE D'ABIDJAN

Les principales activités économiques des villes de Dabou et d'Anyama sont basées sur l'agriculture, le commerce et les transports.

3-1-DES ACTIVITES ECONOMIQUES DOMINEES PAR LES ALLOGENES

A Dabou les activités économiques sont très diversifiées. L'agriculture constitue un secteur dominant. Elle concerne les cultures commerciales, les cultures vivrières et la pêche.

Le développement des cultures commerciales dans la région de Dabou a eu un impact important sur la ville. Les plantations industrielles sont accompagnées par des plantations villageoises qui ont enrichis les planteurs et la région de Dabou. De nombreux planteurs (autochtones et allogènes) vivent à Dabou. Outre les services des structures d'encadrement représentés à Dabou avec leur personnel, il faut relever les besoins en manœuvres qui se chiffrent en milliers. La ville de Dabou est une base importante pour les recrutements. Les manœuvres et conducteurs d'engins sont surtout des allogènes.

Tableau IX : plantations de palmiers à huile et d'hévéa : superficies mises en valeurs a Dabou de 1960 à 1980

Plantation	Domaine de l'Etat	Parcelles expérimentales de recherche	Domaines privés
Palmiers à huile	2 356 ha	3 369 ha	2 820 ha
Hévéa	6 444 ha	-	1 621 ha

Source : L'Est de la Côte d'Ivoire : analyse géographique des épaisseurs économiques régionales comparées. KOBY Assa Théophile – Thèse de Doctorat d'Etat – Juillet 1193.

Les effets induits de cette économie de plantation, se répercutent sur la nécessaire présence de structures bancaires locales, de maisons de commerce de vente de produits agricoles tels que les outils de travail, les engrais, les pesticides, les matériels de conditionnement. Tous ces services sont animés majoritairement par des individus qui sont pour la plupart des allogènes. L'agriculture vivrière est présente surtout dans la périphérie de la ville. Les bas-fonds, sont occupés par les cultures maraichères, la culture de riz, du manioc et du maïs. La culture du manioc occupe une place de choix, car elle est à la base de la fabrication de l'attiéké, cette denrée alimentaire très prisée, vendue sur les marchés d'Abidjan. L'agriculture vivrière est dominée à 75% par les Malinké, avec une forte proportion de burkinabés et de maliens.

La pêche est essentiellement pratiquée par les étrangers dans la lagune Ebrié. En 1995, sur un effectif de 118 pêcheurs dénombrés par le service de pêche, 92 sont des non ivoiriens dont 54 Maliens et 38 Béninois. (TOA Bi).

Pour le commerce, les autochtones Adjoukrou ne représentent que 07,34% des commerçants de Dabou. Ce sont principalement des femmes exerçant dans la vente des produits locaux : attiéké, manioc, huile rouge, poisons, crabes et amandes de palmes. Les allogènes constituent 92,66 % des commerçants, parmi lesquels les Malinké représentent 61,76 %. (TOA Bi, 2016).

Les transports. Il en existe deux types : le transport routier et le transport lagunaire.

Au niveau des transports routiers, il y a les gares de minicars et taxis ruraux au quartier Wrod, pour les liaisons interurbaines, la nouvelle gare des cars au quartier Ancien Dabou, la gare des taxis urbains et/ou ruraux au quartier Mermet Ville. En 2010, Dabou comptait une dizaine de sociétés de transports pour l'axe Dabou-Abidjan. Deux sociétés étaient la propriété de mutuelles et communautés villageoises Adjoukrou, une société appartenait à un Abouré, les 7 autres appartenaient aux allogènes. Le transport lagunaire s'effectue au débarcadère sis au quartier Ancien Dabou les samedis et jours de marchés de la ville. Les embarcations sont de grandes pirogues à moteur de 50 places environ, surmontées d'une toiture permettant à la fois de protéger les passagers du soleil et de la pluie, et de servir de porte-bagages. Ces pirogues qui servent à faire le cabotage entre les villages environnants et Dabou, sont la propriété des Alladian, des Avikam et de Ghanéens.

A Anyama, les activités économiques sont dominées par le commerce de la kola et les transports. Le commerce de la kola est la 1ère activité de la ville. En 2004, Anyama a exporté plus de 17.000 tonnes, à l'exclusion des ventes sur le territoire national estimées à plusieurs milliers de tonnes. Par ailleurs, un artisanat lié au commerce de la kola s'est développé : fabricants de panier de kola, couseurs de sacs de kola, fabricants de bobines de ficelle, teinturières préparant les colorants à base de Kolas séchées. Les filières de la collecte, du conditionnement et de la commercialisation de la kola à Anyama sont entièrement aux mains des Malinké. Au niveau du secteur du commerce en général, les «Malinké» représentent 81,88% des acteurs à Anyama.

Les transports constituent la seconde activité de la ville ; en 2004, le parc automobile est évalué à 832 véhicules, dont 500 mini cars urbains ou gbakas reliant quotidiennement Anyama à Abidjan, 150 taxis urbains, 11 mini cars ruraux, 31 taxis ruraux, 40 camionnettes bâchées, 100 camions de diverses capacités.

Dans le secteur des transports, les «Malinké» représentent 96,60% des acteurs. A Dabou, les activités économiques sont bien plus diversifiées. Il y a une forte économie de plantation qui rejaillit sur la ville, des cultures vivrières, la pêche, le commerce et les transports. Tandis qu'à Anyama, la vie économique est basée sur le commerce de la kola et les transports. Dans les deux localités, les allogènes constituent la majorité des acteurs de l'économie.

3-2-DES RELATIONS FAIBLES AVEC LA CAMPAGNE, MAIS FORTEMENT POLARISEES AVEC LA VILLE D'ABIDJAN

A Dabou, les relations avec la couronne rurale sont d'un certain niveau. En effet, la forte économie de plantation dans la région amène les planteurs à entretenir des relations avec les banques, à s'approvisionner à Dabou. Certes, les planteurs Adjoukrou restent dans leurs villages respectifs plutôt que de s'installer dans la ville. Mais pour les services qu'ils ne peuvent obtenir dans le village, ils se rendent à Dabou et s'en retourner le même jour.

Mais, les relations entre Dabou et Abidjan sont intenses, fortes, vitales. Dabou est devenue une ville dortoir pour un certain nombre de travailleurs qui font la navette tous les jours entre cette ville et Abidjan. Ensuite, les échanges commerciaux de tous genres, marchandises, produits et matériels agricoles, Attiéké, poissons, vivriers se font au quotidien.

A Anyama, les relations avec la campagne sont faibles, en regard des principales activités économiques dominantes : le commerce de la kola et les transports. Par ailleurs, les autochtones Akyé des villages environnants (Anyama Adjamé, Anyama Ahouabo, Ebimpé) ne les quittent pas pour s'installer dans la ville. Ils restent dans leur village, y investissent et y construisent leur maisons d'habitation, comme c'est le cas des autochtones des villages environnants à Dabou. Seules les activités rurales, de cueillette de feuilles de jonc, de lianes de rotin lient les populations de la ville, à la campagne. A l'inverse, les populations des campagnes vendent leurs produits vivriers notamment, à Anyama, mais surtout à Abidjan. Les activités économiques de la ville d'Anyama sont fortement liées à celle de la capitale économique Abidjan. En effet, le commerce de la kola par ses expéditions via le Port, les activités de transports, par l'intensification des échanges de marchandises et les mouvements pendulaires de travailleurs, la fonction de ville dortoir, de productrice de maraîchers et de vivriers pour les marchés d'Abidjan, montrent les liens économiques importants et vivifiants qui lient les deux villes. Au demeurant, cette dynamique les a rapprochées physiquement, si bien que les deux villes ont fait leurs jonctions. Il n'y a plus de no man's land entre Abidjan et Anyama.

A Dabou, les relations avec la campagne sont d'un certain niveau, alors qu'elles sont faibles entre Anyama et sa couronne rurale. Cependant les autochtones des villages environnants de Dabou et d'Anyama restent dans leurs villages respectifs.

Quant aux relations de Dabou et d'Anyama avec Abidjan, elles sont fortes certes, mais celles d'Anyama avec Abidjan sont encore plus fortes et plus intenses, à cause de la spécificité des activités économiques, le commerce de la kola et les transports ; à cause aussi de la proximité des deux villes qui aujourd'hui ont fait leur jonction.

IV-UNE COHABITATION NON ANTAGONISTE ENTRE AUTOCHTONES ET ALLOGENES, MAIS PARFOIS CONFLICTUELLE.

Aussi bien à Dabou qu'à Anyama, deux communautés sont en présence. La minorité autochtones des Adjoukrou et des "Akyé Gnan" et la majorité de la population des allogènes. Selon les enquêtes, deux types de rapports lient les communautés : une cohabitation profitable à tous, et des situations à l'origine de conflits.

4-1-UNE COHABITATION PROFITABLE A TOUS.

Dabou est une ville ancienne qui n'appartient pas à des autochtones d'un seul village. La ville s'est développée sous l'autorité des colons qui ont favorisé la venue de migrants grâce aux activités agricoles et de commerce. Les allogènes n'ont donc occupés que les secteurs vacants laissés par les autochtones qui, de surcroît, sont les propriétaires terriens dans les campagnes. D'une manière générale, les autochtones sont des planteurs, et les allogènes, des ouvriers et des commerçants. Il ne se pose donc pas de problèmes majeurs dans la pratique des activités économiques entre autochtones et allogènes.

A Anyama, les deux communautés entretiennent des relations d'entraides et de soutiens au plan socio culturel. Il ne faut pas l'oublier, ce sont les autochtones Akyés Gnan qui ont accueillis les allogènes Malinké sur leurs terres. Il en résulte des rapports cordiaux entre les deux communautés. En cas de décès de notables, de fêtes de génération (chez les Akyé), de problèmes concernant la ville, les communautés se retrouvent à travers leurs représentants. Des aides financières ou des prêts d'argent sont possibles. Mais, les unions matrimoniales sont presqu'inexistantes à cause des différences culturelles et religieuses. En conséquence, il n'y a pas d'interpénétration des populations au sein des quartiers, donc pas d'intégration des deux communautés.

Au plan socio-économique, les Akyé ont une préférence pour les emplois salariés. Les allogènes, en particulier les Malinké ont une préférence pour le commerce, les transports. Ainsi les Allogènes et les autochtones Akyé, coexistent à Anyama dans une complémentarité au niveau des activités économiques, sans se gêner.

4-2- LES SITUATIONS CONFLICTUELLES ENTRE LES DEUX COMMUNAUTES

A Dabou, bien qu'il n'existe pas de problèmes majeurs entre les autochtones et les allogènes, les Adjoukrou vont manifester une certaine volonté de prendre une part dans les activités de transport et de commerce. Ainsi, grâce à des mutuelles et associations de leurs villages, les Adjoukrou achètent des véhicules de transport qui relient les villages à la ville de Dabou. Ils sont également propriétaire de cars de transport faisant la ligne Dabou Abidjan.

Au niveau du commerce, c'est plutôt les femmes Adjoukrou qui se sont manifestées. Des heurts les ont opposées aux femmes Allogènes exerçant dans le grand marché de la ville. Une marche est organisée sur la Mairie les mercredi 19 et jeudi 20 janvier 2011 afin de protester contre le Maire, accusé de protéger les intérêts exclusifs des Baoulé et des Dioula.

A Anyama, les situations conflictuelles résultent surtout du pourvoi des postes politiques locaux : Député et Maire. La démocratie qui privilégie la voix de la majorité constitue un handicap pour les autochtones minoritaires. En effet, les Akyé veulent les postes électifs au motif qu'ils sont sur leur terre. Les Allogènes qui tiennent l'économie de la ville veulent la gérer. Il en résulte des remous socio-politiques répétitifs et récurrents à Anyama.

La cohabitation entre autochtones et allogènes à Dabou, à Anyama, se passe bien dans l'ensemble. Il existe cependant chez les Adjoukrou, une volonté de prendre une part dans les activités de transport et de commerce, apanages des populations allogènes. Dans le cas particulier d'Anyama, au plan politique, il y a des problèmes qui se traduisent par des manifestations violentes et des affrontements pour les postes électifs locaux.

CONCLUSION

L'étude des villes de Dabou et d'Anyama révèle qu'elles ont en commun, d'avoir été créées par les Français, d'avoir en leur sein, un effectif d'allogènes supérieur (environ 90%) à celui des autochtones (environ 10 %). Ce rapport entre autochtones et allogènes est remarquable, mais chaque ville a une personnalité propre, une histoire et des activités économiques différentes. La ville de Dabou est ancienne ; elle a connu plusieurs des statuts administratifs depuis le début de l'époque coloniale : Poste administratif en 1891, chef-lieu de Cercle en

1900. Aujourd'hui Dabou, en plus d'être une Commune, est un chef-lieu de département et de Région. Les activités économiques sont variées : une économie de plantation, une agro-industrie, la pêche, le commerce et les transports. Anyama, est plus récente et n'a connu de statut administratif (chef-lieu de Sous-préfecture) qu'en 1961, après l'Indépendance du pays. Les activités économiques de la ville se résument au commerce de la kola et les transports. Ce sont des activités menées exclusivement par des africains. Les facteurs d'attraction des populations des deux villes sont issus de leurs activités économiques respectives. Pour Dabou, il y a eu l'appel du colonisateur en direction des populations du nord pour servir de main d'œuvre, d'auxiliaires et de commerçants. Au départ cet appel est l'objet de migrations forcées ; par la suite ces migrations sont devenues volontaires à la faveur de l'expansion de l'économie monétaire. Le flux migratoire, partie des autres régions du pays, s'est cristallisé sur les ressortissants des régions du nord et des Etats voisins au nord. Avec le temps, les populations allogènes en nombre, ont largement dépassé les populations autochtones Adjoukrou au sein de ville. A Anyama, si le rapport des populations autochtones et allogènes est pratiquement le même qu'à Dabou, en revanche, les raisons à l'origine de la présence massive des allogènes sont différentes. De plus, 73,05 % de ces allogènes sont des ressortissants du nord ; ce qui a fait dire qu'Anyama est une ville Malinké en pays Akyé. Le commerce de la kola est la première activité économique, suivie des transports. Du point de vue du volume de la population, Anyama est plus peuplée que Dabou. Cette différence montre bien le dynamisme de la ville d'Anyama, qui s'explique surtout par sa proximité d'avec la capitale économique Abidjan, par rapport à Dabou. Au sein de chaque ville, Dabou et Anyama, autochtones et allogènes vivent dans une certaine harmonie ; il n'y a pas d'interpénétrations poussées à cause des cultures et religions différentes. Il arrive quelques fois des frictions vite maîtrisées entre ces deux grands groupes. Mais à Anyama, le pourvoi des postes politiques par voie d'élections a entraîné des oppositions et des manifestations violentes entre autochtones Akyé et Malinké. Dabou et Anyama sont deux villes peuplées majoritairement par les allogènes. Cette situation fait dire que ces villes sont étrangères à leur région. La logique aurait voulue que la localité urbaine d'une région soit majoritairement peuplée par ses ressortissants. Ce constat a été fait par l'Ethno-sociologue Français Georges BALANDIER en Afrique centrale, dans l'étude des "Brazzaville noires". Il a noté : "Pour toutes les agglomérations urbaines d'Afrique noire, ce sont les ethnies les plus géographiquement voisines de ces villes qui constituent l'essentiel de leur peuplement. A Bacongo, 95% des peuples sont originaires du Bas-Congo, et 91% des groupements appartiennent à l'ethnie Ba-kongo". A Dabou et à Anyama, c'est le contraire qui se présente au niveau de l'effectif des autochtones (plutôt minoritaires) et de celui des allogènes (majoritaires). Cette réalité met en exergue, les importants mouvements migratoires qui ont émaillés l'histoire socio-économique de la Côte d'Ivoire depuis l'époque coloniale, jusqu'à nos jours.

BIBLIOGRAPHIE

ATTA K. (1988) : Urbanisation et développement en Côte d'Ivoire. Groupe de recherche Espaces – Systèmes, Département de Géographie, université de Cocody, Abidjan, 35 p.

BONI D. (1970) : Le pays Akyé. Etude de l'économie agricole. Annales de l'Université d'Abidjan, Série G. tome II fascicule, 203 pages.

COULIBALY K. (2008) : Anyama, une ville Malinké en pays Akyé, Doctorat Thèse unique U.F.R. S.H.S. Institut de Géographie Tropicale-Université de Cocody Abidjan, 416 pages.

COTTENA. M. (1969) : Introduction à une étude de petites villes de Côte d'Ivoire, *Cahiers de l'ORSTOM* sur les petites villes de Côte d'Ivoire, Volume 6, n° 1 et 2, pp 61 à 70.

DOUDOU S.(2001) : Document du R.G.P.H. 1998. Tome 13, Urbanisation, Analyse des résultats, Abidjan, Edition I.N.S, 61 p

DUCHEMIN J-P, TROUCHAUD J- P (1969) : Données démographiques sur la croissance des villesen Côte d'Ivoire, *Cahiers de l'ORSTOM* sur les petites villesde Côted'Ivoire, Volume 6. n° 1 et 2. Pages 71 à 82.

DUPIRE M., BOUTILLIER J-L (1958) : Le pays Adioukrou et sa palmeraie, ORSTOM – Paris,100 p.

DUREAU F. (1985) : Migrations et urbanisation : le cas de la Côte d'Ivoire, Thèse de Doctorat 3ème cycle de Démographie, Université de Paris I, ORSTOM, 654 p.

EKANZA S. P. (2007) : Côte d'Ivoire : de l'ethnie à la nation, une histoire àbâtir, Les Editions du CERAP, 88 p.

KIPRE P. (1985) : Villes de Côte d'Ivoire 1893 – 1940, Tome 1, Fondation des villes coloniales en Côte d'Ivoire, Les nouvelles Editions, Africaines, Abidjan, 237 p.

KOBY A. T. (1993) : L'Est de la Côte d'Ivoire – analyse géographique des épaisseurs économiques régionales comparées. 2ème partie –Thèsede doctorat d'Etat es Lettres – Juillet, 202 p

LOBA A. (2009) : Dynamique du développement des villes côtières dans la région des Lagunes : cas de Bingerville, Dabou et Grand-Lahou. Thèse unique de Doctorat en Géographie, 351 p.

TOA B. (2016) : Dabou, une ville étrangère à sa région ? Doctorat Thèse unique, IGT, Université Félix HOUPHOUET BOIGNY de Cocody, 372 p.

VERNIERE M. (1969) : Anyama, étude de la population et du commerce kolatier, Cahiers de l'ORSTOM sur les petites villes de Côte d'Ivoire, Volume 6, n° 1 et 2, pp. 83-111

VERNIERE M. (1966) : Monographie du centre semi urbain d'Anyama, Côte d'Ivoire, Tome 1, le milieu et les hommes, pp 1-117, Tome 2, la vie économique, ORSTOM, pp 121-232.

TRANSFORMATIONS DE L'HABITAT PLANIFIE A YOPOUGON-SICOGI

Deagai Parfaite DIHOUEGBEU, Assistante
parfaitedeagai@yahoo.com
Kouakou David BRENOUM, Maître -Assistant
kbrenoum@yahoo.com
Mamoutou TOURE, Maître-Assistant
tourema@yahoo.fr
Koffi Lazare ATTA, Maître de Recherches
pr_attakoffi@yahoo.fr
Institut de Géographie Tropicale, LARES (Laboratoire de Recherche Espace-Système)
Université Félix Houphouët-Boigny (Abidjan, Côte d'Ivoire)

RESUME

Le présent article analyse les transformations de l'habitat planifié à Yopougon-SICOGI. L'approche méthodologique adoptée, à cet effet, s'appuie sur la recherche documentaire, l'observation directe et l'enquête menées en Avril 2010 et de Juin à Juillet 2016. L'analyse révèle des modifications des logements à l'origine des maisons basses simples en bande et des appartements. Deux types de transformations sont observés à savoir la reconfiguration de type maison basse et celle de type vertical. Ces transformations se traduisent par la reconstruction en hauteur de maisons basses au gré des besoins. Elles ont trait également à l'extension de l'habitation d'origine avec la construction de terrasse, de clôture et /ou par ajout de pièces. Ces mutations émanent de l'inadaptation du logement initial aux attentes des ménages, aux besoins financiers mais aussi à la volonté d'apporter une touche personnelle à son logement. Ces transformations créent une mutation négative de l'habitat originel planifié qui se voit déstructuré, dégradé et passe de l'homogénéité des secteurs à l'hétérogénéité. L'harmonie et l'ordre dans le paysage urbain visés par la planification disparaissent au profit d'un paysage désordonné et peu reluisant.

Mots-clés : YOPOUGON-SICOGI, Habitat planifié, Transformation

ABSTRACT

This paper proposes to analyze the transformations of the planned habitat in Yopougon-SICOGI. In order to do this, the methodological approach adopted is based on documentary research, direct observation and the survey carried out from June to July 2016. It emerges from the analysis 2 types of modification of dwellings originating houses Flat basses and apartments. These transformations can be summarized as the demolition and construction of multi-storey dwellings, the extension of the original dwelling by the addition of rooms on one side of the courtyard or the public domain to the storefront and the rebuilding of the dwelling under a Other low house plan. These transformations create a negative mutation of the original planned habitat, which is destructured and degraded and goes from the homogeneity of the sectors to the heterogeneity. The harmony and order in the urban landscape targeted by planning disappears in favor of a disorderly and unpleasant landscape.

Keywords: YOPOUGON-SICOGI, Planned Habitat, Processing

INTRODUCTION

Les villes africaines sont confrontées depuis plusieurs décennies à une urbanisation effrénée caractérisée par une dynamique démographique et spatiale spectaculaire (Vennetier,1986).Cette vitesse de la croissance démographique urbaine engendre d'énormes besoins de logement sans cesse croissants (Antoine,1985). En réponse à cette situation, les Etats initient des politiques urbaines conséquemment axé sur le logement.

En Côte d'Ivoire, la politique urbaine, calquée sur le modèle occidental, stipule un urbanisme de qualité passant par la planification. La politique de logement qui en découle se veut promotrice de logements modernes et essentiellement portée sur le logement du plus grand nombre de citadins (Manou, 1985). Pour ce faire, l'Etat se dote de puissants instruments publics dont deux promoteurs immobiliers : la SOGEFIHA et la SICOGI. Ces sociétés ont produit plus de 100 000 logements à Abidjan (Dihouegbeu, 2012). Mais, la crise économique des années 1980 a consacré le désengagement de l'Etat du secteur productif au profit du privé. Cependant, l'option politique de promouvoir le logement social demeure. Le relais pris par le privé laisse entrevoir des programmes immobiliers d'envergure.

Dans l'ensemble, l'habitat produit est planifié, essentiellement économique et constitué d'ensembles homogènes. Les quartiers construits présentent un paysage harmonieux fait de logements alignés en bande, accolés ou adossés (Dihouegbeu, 2012). Les logements construits sont constitués de maisons basses simples, de villas, de duplex et d'immeubles. Cédés essentiellement à des coûts sociaux principalement par location-vente pour l'offre public mais aussi par vente directe quant au privé (Dihouegbeu, 2012), l'habitat réalisé est voué à offrir un cadre de vie décent et agréable aux populations en général et singulièrement aux économiquement faibles.

Cependant la ville d'Abidjan, métropole à croissance démographique rapide (de 10 à 11% dans les années 1970), qui comptabilise environ 5 millions d'âmes en 2014 (INS, 2014), connait de plus en plus une mutation de l'habitat planifié dont le quartier SICOGI de Yopougon. Ce phénomène est observable aussi bien dans l'habitat étatique (Blanc et al, 1991) que privé (Coulibaly ,2015) notamment dans les communes de Cocody, Port-Bouët, Marcory .Les quartiers construits connaissent une « refabrication « de la ville en contradiction avec l'ordre d'antan.

La SICOGI-Yopougon n'ayant fait l'objet d'une étude sur la question, il convient de s'interroger : Quelles sont les déterminants socio-spatiaux de cette transformation de logements à la SICOGI ?

L'objectif de cette étude est d'analyser les transformations subies par l'habitat planifié à Yopougon-SICOGI. Spécifiquement, il s'agit d'emblée de relever les caractéristiques et les types de modification de logements, ensuite d'analyser les facteurs, enfin d'évaluer l'impact sur le paysage urbain. L'hypothèse qui sous-tend la contribution repose sur l'idée selon laquelle les modifications de logements à la SICOGI émanent de l'inadaptation de l'habitat planifié aux besoins des familles.

I-MATERIELS ET METHODES

1-1-PRESENTATION DE LA ZONE D'ETUDE

L'étude porte sur le quartier de la SICOGI situé au centre de la commune de Yopougon, l'une des dix communes que compte la ville d'Abidjan. L'univers de l'étude est constitué par le plan de l'aménagement planifié de départ du quartier de la SICOGI constitué de sept secteurs sur une superficie de 96 hectares (BNETD, 1998) (fig. 1). Le quartier construit par le promoteur dont il porte le nom, comporte 7 subdivisions. Appartenant à cette commune dite populaire qui compte une population de 708 155 habitants (INS, 1998), la SICOGI abrite une population sans cesse croissante. Comptant un effectif de 41 473 habitants en 1988(BNETD, 1996), le quartier SICOGI totalise 59 746 âmes en fusion avec le quartier SIDECI (société industrielle de développement de la construction immobilière : promoteur ayant construit ce quartier dont il porte le nom) en 2014 (INS , 2014) .

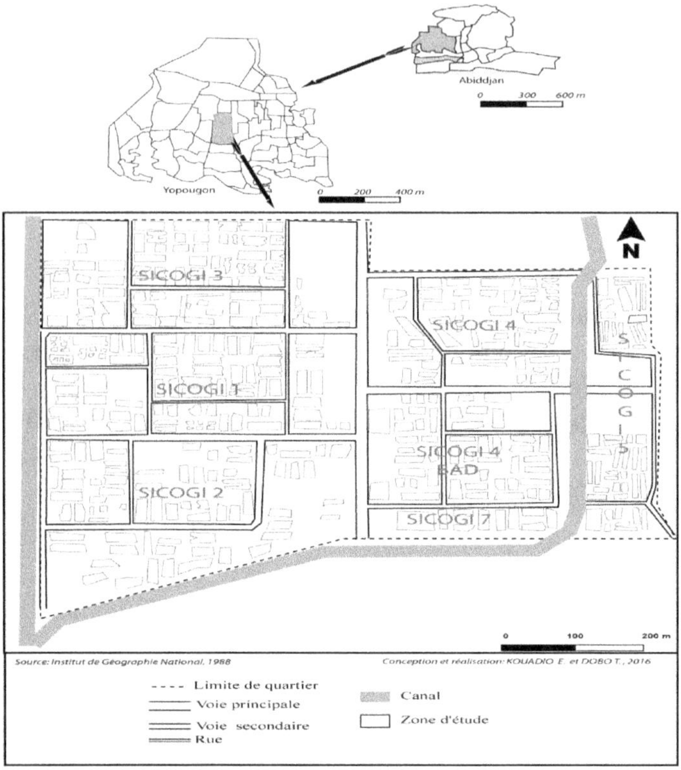

Figure 1 : Le quartier SICOGI

1-2-APPROCHE METHODOLOGIQUE

La démarche adoptée dans le cadre de cette étude repose sur la recherche documentaire, l'observation directe et l'enquête menées en avril 2010 et de Juin à Juillet 2016. Des documents cartographiques ont été consultés dans différentes bibliothèques. Les cartes ont permis de mieux circonscrire la zone d'étude notamment celles à l'échelle 1/5000 et 1/10000 conçues respectivement par le BNETD et l'Institut National de Géographie. La dernière carte a servi de fond d'élaboration de celles relatives à l'étude. Par ailleurs, des documents statistiques du RGPH 98 ont permis d'obtenir l'effectif de la population du quartier. L'observation directe est destinée à apprécier la configuration actuelle du logement ainsi que les espaces occupés et caractériser les modifications. Elle est également vouée à inventorier et localiser les logements ayant subi une mutation. Par ailleurs, elle a servi à dénombrer les chefs de ménage des logements modifiés, la base nécessaire au choix de l'échantillon d'enquête. L'enquête par questionnaire menée auprès du promoteur SICOGI a porté sur les caractéristiques de l'habitat originel dans la zone, données indispensables pour distinguer les modifications et évaluer leur impact sur le quartier. Elle est également menée auprès de 100 propriétaires de logements modifiés sur les 812 identifiés dans le quartier en vue de confirmer ou non l'inadaptation du logement aux attentes des familles et nous situer sur les caractéristiques du logement modifié. Le traitement des données est à la fois statistique, analytique et cartographique.

II-RESULTATS

Trois conclusions se dégagent de nos analyses. Elles portent sur les formes de transformation, les facteurs et l'impact.

2-1-UNE TRANSFORMATION A DOUBLE FORME DE LOGEMENTS ORIGINELS

Le logement d'origine à la SICOGI est composé de maisons basses simples de 2 à 3pièces (photo1) et de duplex accolés (photo 2) de 3 pièces en bande. Les maisons basses simples sont soit accolées, soit alignées, soit adossées, selon les secteurs. Ces logements, homogènes par secteurs, ne sont dotés ni de clôtures ni de terrasses.

Photo 1 : Maison basse d'origine, 3 pièces à la Sicogi *(Cliché, auteurs, 2016)*

Photo 2 : Duplex en bande ayant gardé sa configuration d'origine à la Sicogi *(cliché, auteurs, 2016)*

Cet habitat planifié subit des modifications de deux ordres. La reconfiguration de type maison basse et l'élévation en hauteur (fig2) constituent ces deux formes. Au total 812 unités de logement connaissent une reconfiguration dans la zone. Les transformations de type maison basse, ci et là et même sur des bandes entières dans le quartier, se caractérisent par un changement soit léger soit majeur du logement. La transformation légère se traduit par la construction d'une clôture ou d'une terrasse à la devanture du logement (photo3). Quant au changement majeur, il désigne l'ajout de quelques pièces (1 à 3pièces) au logement initial. Ce dernier se traduit par une reconstruction du logement sous une autre configuration allant de 4 à 6 pièces. Dans le cadre des modifications de type maison basse, la transformation légère est principalement représentée.

La modification de type verticale, quant à elle se caractérise par une transformation majeure du logement initial (maison basse simple) reconstruit en hauteur (photo 4). La hauteur maximale est de niveau R+2 augmentant ainsi le nombre de pièces à 5 voire jusqu'à 8. Ce type de modification reste faiblement représenté dans l'ensemble.

De façon générale, les modifications touchent principalement les secteurs proches des axes de circulation (fig 2). Prédominée par la transformation de type maison basse, soit 92,2% du total, ces modifications touchent à degrés différents les subdivisions de la zone (fig2). La SICOGI 7 se singularise par sa forte intensité des transformations vu que la quasi-totalité des logements y ont subi une modification (fig2). Le quartier présente aujourd'hui un habitat mixte constitué de logements d'origine et de maisons modifiées en hauteur ou de forme maison basse (fig 2).

Photo 3 : Logement modifié par ajout de terrasse sur une bande de maisons basses (SICOGI) *(cliché auteurs, 2016)*

Photo 4 : Maison basse reconstruite en hauteur (R+1), (*Cliché auteurs, 2016)*

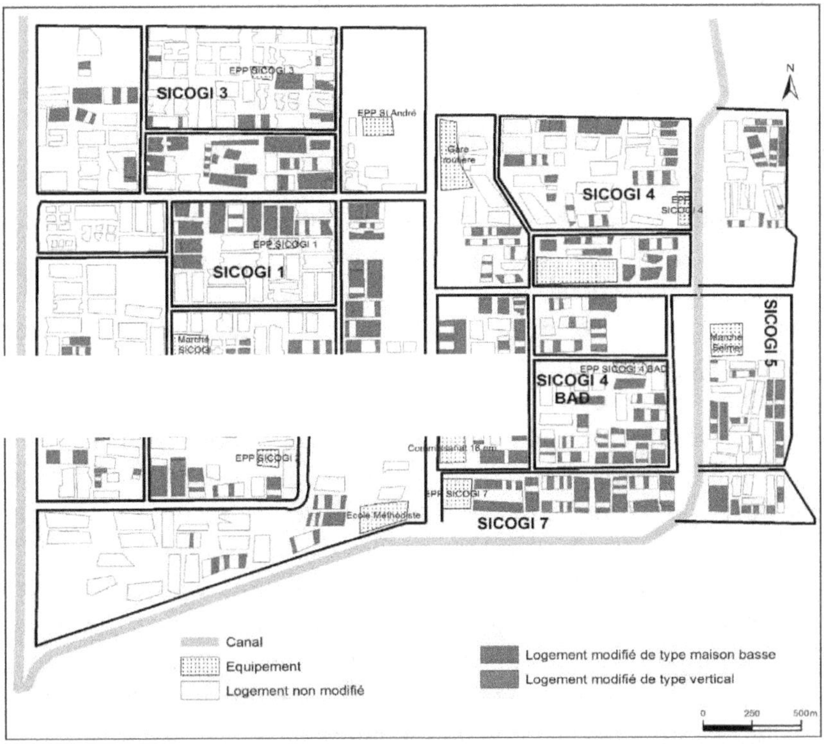

Source : IGN,1988 et nos enquêtes , 2016

Réalisation: Dihouegbeu D.P,2016

Figure 2 : Configuration des logements dans le quartier SICOGI

2-2-FACTEUR DES MODIFICATIONS : UNE INADAPTATION MULTIFORME DU LOGEMENT D'ORIGINE AUX ATTENTES DES FAMILLES

Dans l'ensemble les facteurs évoqués dans le cadre de notre enquête se résument à une inadaptation du logement planifié aux attentes des ménages. En effet, les modifications sont liées à la petite taille du logement, aux conditions sécuritaires et même religieuses non réunies. La transformation de logement à la SICOGI de Yopougon émane essentiellement de l'étroitesse du logement originel devant l'agrandissement de la taille des familles selon 72,8% des enquêtés. Les familles sont nombreuses et donc le nombre de pièces est jugé insuffisant, chose qui amène à l'ajout de pièces à travers les modifications. En outre, le manque de clôture ne garantissant pas les conditions sécuritaires, leur construction s'impose aux acquéreurs dans un quartier qui connait une montée de l'insécurité. Un autre déterminant de cette inadaptation constitue le besoin religieux. En effet, la transformation d'un logement en mosquée dans la zone d'étude, répond au besoin de ce lieu de prière en manque dans l'habitat initial.

2-3-LA READAPTATION DE L'HABITAT PLANIFIE : UN IMPACT SPATIAL PEU RELUISANT

Le quartier résidentiel ordonné, constitué de maisons basses simples et duplex en bande, connait une mutation peu reluisante. Le quartier composé de logements de 2 à 3 pièces (maisons basses simples et duplex) homogènes et doté d'espaces récréatifs telles que prévues par la planification connait une reconfiguration. Le quartier est donc dénaturé. L'habitat planifié harmonieux fait place à un paysage hétérogène caractérisé par un mélange de maisons basses et de logements verticaux de configuration variée (photo 5).Par ailleurs, dans les modifications, il est décelé un désordre matérialisé par l'occupation de quelques pans du réseau d'assainissement (photo 6), des espaces récréatifs (photo 7), des bordures de rues et allées dans le cadre des extensions du logement. L'alignement d'antan fait place à une disposition zigzaguée des logements dans les secteurs touchés par la modification.

Il ressort de cette étude une transformation de l'habitat planifié dans le quartier SICOGI aux revers peu reluisants.

Photo 5 : Un immeuble (R+1) parmi les maisons basses qui crée un paysage dés harmonieux *(Clichés auteurs, 2016)*

Photo 6 : Une Maison basse modifiée et prolongée au-delà du caniveau (SICOGI 4) *(Clichés auteurs, 2016)*

Photo 7 : Modification d'une maison basse avec ajout de pièces sur une aire de jeu à SICOGI 7 *(Cliché, Déagai 2016)*

III-DISCUSSION

Nos conclusions sont valides et ne peuvent être mises en doute vu que les méthodes adoptées sont appropriées. Toutefois nous déplorons la non obtention des chiffres relatifs au total de logement dans la zone, une donnée nécessaire pour apprécier le taux de modification de logement . Par ailleurs, il est à regretter la non-représentation des espaces supplémentaires occupés par les transformations vu que selon l'échelle ils ne peuvent apparaître étant donné la petitesse de leurs superficies. Ces aléas m'entamant en rien la crédibilité de nos résultats.

3-1-YOPOUGON-SICOGI : DES FORMES ET FACTEURS DE TRANSFORMATION DE L'HABITAT PLANIFIE PARMI D'AUTRES

Les transformations de logements constituent une réalité déconcertante à la SICOGI. Cet habitat, à la livraison composé très faiblement d'immeubles de 2 niveaux comportant des duplex et des maisons basses simples dont le nombre de pièces varie entre 2 et 3, se trouve reconfiguré à maints endroits du quartier. Le quartier comporte désormais des logements multiformes, un ensemble de logements d'origine et d'unités modifiées.

Les modifications concernent quasiment les maisons basses simples, les immeubles n'étant touchés qu'au rez de chaussée et très faiblement par la construction de clôture à la devanture de quelques duplex. Dans le cadre de la reconfiguration de type maison basse, l'ajout de 2 pièces prévaut avec 53% des transformations. La reconstruction en hauteur, de faible ampleur, soit 7,8% de l'ensemble est essentiellement constitué de logements de 2 niveaux (R+1). Les logements de 3 niveaux existent faiblement, nul doute à cause des moyens financiers plus importants qu'il requiert. La tendance générale est à la modification du logement initial. Si tous les secteurs de la zone sont touchés par cette réalité, en revanche les intensités diffèrent d'un sous-quartier à un autre. Il ressort principalement touché par ce phénomène la SICOGI 7, secteur dans lequel la quasi-totalité des logements sont modifiés. Il est suivi de la SICOGI BAD 4 qui enregistre la reconfiguration de la moitié des logements. Ensuite viennent respectivement les secteurs SICOGI 1, SICOGI 3 et SICOGI 4 dans lesquels les transformations touchent moins de la moitié des logements. Ces transformations sont liées principalement au mode d'habiter des familles (72,8%des enquêtés). En effet, les familles africaines nombreuses et habituées à vivre dans des logements spacieux ne peuvent se contenter de ces logements jugés exigus et de pièces insuffisantes. Le besoin de sanctuaire musulman et celui de la protection contre l'insécurité induisent respectivement la mutation d'une maison en mosquée et la construction de clôture à la devanture de plusieurs logements. La mutation à double forme des logements dans zone émanent donc de ces facteurs. Nos conclusions rejoignent d'ailleurs celles des travaux antérieurs. La modification des habitations constitue une alternative bien effective chez les acquéreurs dans la ville d'Abidjan selon la littérature existante.

Blanc et al (1991, p103) à propos du logement économique à Abidjan soulignent que « nombreux sont les ménages qui effectuent des travaux majeurs pour adapter leur logement à leur besoin » d'autant plus que la mobilité résidentielle dans l'agglomération s'avère restreinte. Selon ces auteurs, cette pratique est constante quelle que soit la catégorie socio-économique, le genre du logement, et le statut d'occupation des ménages .Ils distinguent deux types de mutation : la transformation dite mineure qui a trait aux travaux de peinture et d'entretien et la transformation majeure relative à l'ajout d'une pièce au logement d'origine. Ces pratiques, d'amélioration du logement selon leurs résultats, sont moindres et légères chez les cadres et professionnels qui sans doute possèdent des logements assez satisfaisants et en meilleur état au départ comparé aux autres catégories sociales.

Abondant dans le même sens, Chapelle (1994, p14).affirme que « démolitions, reconstructions et agrandissements des habitations sont les maître-mots du comportement ivoirien face à sa location ou à sa propriété ». Nous distinguons selon Karine Chapelle deux types de modification. La première forme constitue les modifications qui n'entraînent de changement dans la configuration de l'habitation. « Répertoriées comme transformations légères, elles désignent toutes les modifications intérieures ou extérieures d'amélioration, de particularisation, de réorganisation des pièces qui n'engagent pas de gros travaux ».

Le second type désigne les modifications qui affectent l'espace de l'habitation relatives à toutes les extensions de pièces ou nouvelles constructions de pièces accolées ou de dépendances à l'habitation initiale. Ces modifications structurantes sont généralement effectuées avec des matériaux lourds ou durs «qui engagent des sommes relativement importantes ». Par ailleurs, Attahi et al (1992) attestent des pratiques spatiales dans l'habitat économique du secteur public. Ils évoquent trois raisons aux modifications de logements économiques à Abidjan à savoir l'ajustement à la taille des ménages, la création d'activités génératrices de revenus et l'impression de la marque personnelle de l'occupant à son logement. Les transformations de l'habitat planifié sont donc manifestes dans la ville d'Abidjan.

3-2-LES TRANSFORMATIONS DE L'HABITAT PLANIFIE : UN IMPACT SPATIAL NEFASTE

Le quartier SICOGI émane d'une planification prévoyant un ensemble de logements homogènes de type maisons basses simples de 3pièces et de pans d'immeubles comportant des duplex de 3pièces.Ces logements adossées, accolés ou alignés sont disposés en bande, regroupés par typologie et quadrillés par des rues et allées piétonnes .Le quartier planifié est structuré autour d'équipements socio-collectifs et d'espaces récréatifs donnant un ensemble harmonieux et ordonné. Livré tel que prévu, le quartier connait hélas des mutations de logements empiétant sur le paysage escompté. En cause, les modifications de logements revêtissent diverses caractéristiques néfastes. En effet, la reconfiguration fait voler en éclat l'harmonie et l'esthétique recherchée dans le paysage. En plus de la diversité notée dans la typologie du logement, les critères d'alignement sont en disparition vu que certaines modifications viennent zigzaguer la structure et font preuve de formes peu esthétiques.

Par ailleurs, il est constaté un désordre matérialisé par l'occupation de quelques pans des espaces publics. En effet, les extensions de logement empiètent soit sur des aires de jeux, soit sur le domaine public bordant les rues, soit sur les allées et même les VRD. Des poteaux électriques sont dorénavant à l'intérieur de certaines cours, des logements sont agrandit jusqu'à border les caniveaux et même les occuper.

Au total, les modifications des unités de logements et l'empiètement sur les espaces non-conventionnels entrainent une mutation de l'habitat planifié. La structure est dénaturée, l'harmonie disparait au profit du désordre. Nos résultats rejoignent d'ailleurs les conclusions des études précédentes. Selon Blanc et al (1991, p 105), les transformations de l'habitat planifié à Abidjan sont d'un impact néfaste sur l'environnement urbain. Les auteurs dénoncent la transgression des normes d'aménagement de ces modifications et la réduction des espaces publics par des occupations privées de plus en plus permanentes liées aux extensions dans le cadre des transformations de logements. Par ailleurs Attahi et al (1992) attestent des pratiques spatiales insolites dans l'habitat économique du secteur public.

En outre, avec les mêmes méthodes, Coulibaly est parvenu aux mêmes conclusions dans son étude du cas de la commune de Cocody à Abidjan. L'auteur mentionne des pratiques déconcertantes de modification des villas construites par les promoteurs privés à Cocody aux effets désastreux sur le paysage urbain. Il évoque diverses nuisances à savoir la mauvaise circulation de l'air et d'infiltration des eaux de ruissellements, l'empiètement sur les servitudes publics, d'esthétique et d'alignement de même que l'agression des espaces verts. Autrement dit, ces modifications dégradent et enlaidissent l'habitat planifié. Pour lui, ces modifications regorgent plusieurs risques à savoir des accidents d'origine électrique, des court-circuits, vu que les modifications ne sont pas soumises au contrôle exigé par la règlementation.

CONCLUSION

L'objectif de cette étude est d'analyser les transformations de l'habitat planifié à la SICOGI. L'analyse confirme l'hypothèse de départ. Il ressort que le quartier SICOGI connait une transformation de logements planifiés relevant de deux ordres : les modifications de type maison basse et en hauteur. 812 logements sont modifiés dans la zone. Ces modifications s'expliquent par l'inadaptation des logements aux attentes des ménages, par les besoins financiers et la volonté des acquéreurs d'apporter une impression personnelle à leurs logements. Cette transformation de l'habitat planifié qui empiète sur les espaces d'assainissement, récréatifs et le domaine public dans le quartier SICOGI , garde des revers peu reluisants. Les normes esthétiques d'alignement, d'homogénéité font désormais place au désordre et à la désharmonie dans le paysage urbain. Le processus est lancé et rien ne semble l'arrêter.

REFERENCES BIBLIOGRAPHIQUES

ANTOINE P. (1996) : La crise et l'accès au logement dans les villes africaines, in *Crise et population en Afrique*, pp 273-280

ATTAHI K., LOUKOU B., Yao B. (1992) : L'analyse des pratiques spatiales dans l'habitat économique à Abidjan, CRAU, Abidjan, 104p

BLANC B., CHABORNNEAU F., PARENTEAU. R., (Ed), (1991) : Habitat Economique : Modernisation et promotion sociale, Montréal, 175p

CHAPELLE.K., (1993) : analyse de la filière de production de logements économiques à Abidjan ; ORSTROM, 39p

COULIBALY M. (2015) : Modifications des villas clé en main et mutation des cadres de vies de l'habitat planifié à Abidjan : le cas de la commune de Cocody, Thèse unique de géographie, Abidjan, 340p

DIHOUEGBEU D., (2012) : Le logement économique à Abidjan, Thèse unique de géographie, Abidjan, 311p

MANOU. S.A., (1985) : politiques et pratiques urbaines à Abidjan, T1, T2, Paris université de Paris I Panthéon Sorbonne, 455p

VENNETIER. P, (1996) : Les villes d'Afrique tropicales, PUF, 102p.

VILLES ET DEVELOPPEMENT : BILAN ET PERSPECTIVES DES PLANS DAMENANGEMENTS DE QUARTIERS AU GABON[43]

Fidèle ALLOGHO-NKOGHE
Maître de Conférences en Géographie et Aménagement
Groupe de Recherche en Sciences Humaines et Sociales (GRESHS)
Ecole Normale Supérieure, Libreville/Gabon
alloghe2000@gmail.com

RESUME

Ce texte examine les projets d'aménagement et développement des quartiers informels au Gabon. Ces projets sectoriels ont été destinés à aménager la ville, tout en induisant des transformations socio-spatiales considérables par l'intégration des quartiers précaires et marginalisés (mapanes ou matitis) dans un système urbain eurythmique. Ce sont des Plans d'Aménagement Concerté de Quartier (PACQ). Ces Plans d'Aménagement Concerté de Quartier (PACQ) établissent un diagnostic du quartier et consigne les besoins exprimés par les populations, leurs idées de projets, leurs attentes des pouvoirs publics. Il propose une programmation indicative des besoins prioritaires et des besoins à terme du quartier. Cette nouvelle conception de l'aménagement est liée à un constat : les habitants n'étaient pas impliqués dans les projets de développement de quartiers. Ils ne se les appropriaient pas et les résultats n'étaient pas à la hauteur des objectifs et des financements consentis. Le mode d'aménagement concerté possède une dimension pédagogique qui vise à terme, à l'autonomisation des populations et au bien être socio-environnemental du quartier. Ces PACQ peuvent-ils répondre efficacement aux attentes légitimes des acteurs-usagers?

Mots clés: Gabon, villes, développement, aménagement concerté, plans, quartiers précaires.

[43] Ce texte est extrait d'un ouvrage de l'auteur en cours de rédaction sur les opérations d'aménagement dans six villes du Gabon

ABSTRACT

This paper examines projects for the development and development of informal settlements in Gabon. These sectoral projects were designed to develop the city, while at the same time leading to considerable socio-spatial transformations through the integration of precarious and marginalized neighborhoods (mapanes or matitis) into an urban eurhythmic system. These are District Concert Planning Plans (PACQ). These Quarterly Concert Planning Plans (PACQs) establish a diagnosis of the neighborhood and record the needs expressed by the populations, their ideas of projects, their expectations of the public authorities. It proposes an indicative programming of the neighborhood's priority needs and future needs. This new conception of development is linked to an observation: the inhabitants were not involved in the development projects of neighborhoods. They did not take ownership of them and the results were not commensurate with the objectives and funding provided. The concerted management mode has a pedagogical dimension that ultimately aims at the empowerment of populations and the socio-environmental well-being of the neighborhood. Can these PACQs effectively meet the legitimate expectations of user actors?

Keywords: Gabon, Cities, development, concerted planning, plans, precarious neighborhoods.

INTRODUCTION

Les villes du Gabon présentent des dysfonctionnements aigus qui relèvent de la difficile gestion de l'urbanisation. La croissance spatiale de ces dernières, dans la majorité des cas, est le fait d'une occupation populaire et anarchique de l'espace. C'est à la suite de cela que les pouvoirs publics se fraient un chemin pour essayer de répondre aux attentes des populations locales. Autrement dit, l'Etat subit l'urbanisation. Le mouvement de l'urbanisation n'est pas planifié, il apparaît brusquement et demeure incontrôlé. L'étalement socio-spatial et la fragmentation du tissu urbain manifestent l'impossibilité des autorités à canaliser la progression du front d'urbanisation. Les pouvoirs publics font donc face aux exigences en termes de satisfaction de besoins primaires et de la gestion des services urbains de base existants, mais usés, obsolètes, voire insuffisants. Cette crise urbaine est l'émanation de la faillite de l'État qui est incapable d'assurer ses fonctions essentielles en matière d'infrastructures, des dépenses sociales et du contrôle des territoires (Hugon, 1993 : 232). Le « droit à la ville » devient une forme d'exclusion et de marginalisation sociales. Face à cette conjoncture sociale, la gestion urbaine inclusive ou participative aux opérations d'aménagement semble judicieuse. Cette gestion urbaine inclusive conduit à une recomposition socio-spatiale des quartiers informels par le canal d'une coordination des citoyens-acteurs et des pouvoirs publics locaux. C'est dans ce contexte de crise socio-spatiale que le gouvernement gabonais a mis en place les PACQ (Plans d'Aménagement Concerté de Quartier) pour rénover de l'accès physique des quartiers informels, dépourvus et défavorisés en matière de services urbains de base.

Les PACQ (Plans d'Aménagement Concerté de Quartier) sont une réponse pour améliorer de façon sensible les conditions de vie des populations, habitant les quartiers informels. Développant une pensée et une méthode d'encadrement de la ville, les PACQ se présentent comme des outils d'organisation spatiale et comportent une double face théorique et appliquée. C'est l'art d'aménager et d'organiser les quartiers informels et, de façon plus précise, l'art de disposer l'espace informel pour obtenir un meilleur fonctionnement et améliorer les rapports socio-économiques dans les quartiers ciblés. Ainsi, les PACQ consistent à pourvoir des équipements et aménagements nécessaires au cadre de vie citadin. Au demeurant, la participation des populations via les CDG (Comité de Développement de Quartier), les GIC (Groupement d'Intérêt Communautaire) dans les quartiers informels peut-elle conduire à un aménagement harmonieux de la ville ? Les PACQ peuvent-ils constituer des alternatives d'aménagement durable pour les quartiers informels ? Dans le texte qui va suivre, nous aborderons le PACQ, comme nouvel instrument d'aménagement. Enfin, nous apprécierons les perspectives durables inscrites dans la logique des PACQ.

I-METHODOLOGIE

Nous avons combiné trois techniques de recherche : l'examen des documents disponibles, l'observation sur le terrain et les entretiens avec les comités de quartier. Le point de départ de notre recherche a consisté à consulter les documents appropriés sur les plans d'aménagement concerté de quartiers (PACQ) et la consultation d'ouvrages. La recherche s'est orientée sur les aspects suivants : la définition des PACQ, le contexte de mise en œuvre, l'impact socio-spatial et les mécanismes d'appropriation pour une certaine durabilité. En plus de la consultation des documents, nous avons utilisé une approche basée sur l'observation des faits sur le terrain. L'observation des faits analysés sur le terrain a consisté à explorer les quartiers ciblés par les PACQ. Elle nous a permis d'apprécier les procédures de concertation avec les acteurs-habitants, les opérateurs économiques et les municipalités. L'observation a été complétée par des entretiens libres avec les comités de quartier, les responsables GIC (Groupement d'Intérêt Communautaire). Ces entretiens nous ont permis de connaître leurs opinions sur le cadre de concertation qui a été mis en place et leur degré d'implication, d'apprécier leurs réactions face aux défis à relever pour un quartier sain, viable et prospère, puis d'en définir une interprétation globale, permettant ainsi d'établir et d'analyser les mécanismes d'intervention et de réaction en matière d'aménagement concerté de quartier.

I-QU'EST CE QU'UN PACQ?

Les Plans d'Aménagement Concerté de Quartier sont de nouveaux outils consensuels de planification urbaine destinés aux zones informelles habitées qui, à partir d'un diagnostic exhaustif, précise les besoins d'ordre collectif répertoriés sur une cartographie détaillée en vue de redynamiser l'espace urbain. Il est élaboré de façon concertée entre la municipalité, les services déconcentrés de l'Etat, les ONG, les Associations de quartiers et les populations bénéficiaires. Un Comité de Développement de Quartier (CDQ) est mis en place, au terme d'échanges de proximité avec les GIC, les Chefs de quartiers, les responsables d'ONG et d'association. Le CDQ, dans la réalisation du PACQ constitue un cadre de réflexion sur les problèmes rencontrés par les GIC. C'est un interlocuteur à la base et à l'échelle du quartier pour tous les partenaires au développement.

Les PACQ visaient, entre autres objectifs, l'amélioration des services urbains sociaux de base des populations des quartiers informels, précaires, en aménageant les conditions d'accès physique des zones dépourvues et défavorisées. Les opérations proposées devaient contribuer à une amélioration sensible des conditions de vie dans les zones ciblées. Ces opérations s'inscrivaient dans le cadre de la politique nationale de réduction de la pauvreté et des nouvelles orientations des politiques urbaines. Les PACQ consistaient essentiellement à :

- réaliser des travaux de construction, réhabilitation, réparation ou entretien des infrastructures destinées à faciliter l'accès et la fourniture de services publics essentiels dans les quartiers sous-intégrés retenus ;

- revêtir les voiries, construction/réhabilitation/réparation des travaux de drainage dans ces quartiers ;

- réaliser les micro-projets communautaires d'accompagnement, comprenant entre autres : chemins piétonniers et cyclistes, dalots, passerelles, toilettes publiques, dépôts d'ordures, centres de compost, aires de jeu, places de marché, parkings et abribus ;

- réaliser d'une étude visant à assurer la sécurité foncière, entre autres par la création d'une base de données numériques foncières.

Le développement local urbain se justifie nécessairement par l'amélioration de la capacité de gestion financière et technique des municipalités, afin que celles-ci deviennent progressivement responsables du perfectionnement du cadre de vie des habitants et du développement économique du secteur urbain. L'enjeu est donc de favoriser la diversité et de catalyser les potentialités de chaque localité urbaine, d'engager des démarches actives, afin de permettre à ses citoyens-usagers de s'impliquer de manière durable dans la gestion de leur territoire et de devenir progressivement citoyens-acteurs.

La gestion des quartiers urbains est le résultat d'une relation entre les habitants et l'espace (Pratiques, représentation, organisation…) qui est le support de leurs activités multiformes. Malgré cet aspect millénaire qui caractérise la relation de l'homme à l'espace, l'on ne peut renier le rôle primordial de l'institution politique, en tant que forme d'organisation structurelle, à qui l'on échoit les responsabilités d'aménagement, d'entretien ; en somme d'investissement et de gestion. A cet effet, l'habitant attend de cette organisation d' « en haut » une capacité de mobilisation des ressources et techniques, destinées à améliorer son cadre de vie.

II-LES PAQ: UNE DEMARCHE BASEE SUR LA CONCERTATION

Dans ce processus ayant conduit à la définition d'une stratégie d'amélioration des conditions de vie des populations vivant dans les quartiers informels, il serait judicieux de mentionner la participation citoyenne dans toutes les étapes du projet qui était au cœur de la démarche. Cette concertation, à l'échelle locale du quartier reposait sur la participation effective et régulière des différents acteurs regroupés au sein des Groupements d'Intérêt Communautaire (GIC). L'aménagement concerté repose sur la démocratie participative qui semble être la voie incontournable de multiples approches qui partent du constat que les populations ont un savoir, des connaissances, une expérience qu'il faut prendre en compte. L'aménagement concerté, c'est cette mobilisation transversale et locale d'acteurs divers, appartenant aux trois sphères de la vie sociale (la sphère publique, la sphère privée, la sphère associative), dans la réalisation de projets concrets de développement de quartier initiés par l'un ou l'autre des acteurs. De fait, l'aménagement concerté, malgré ses prétentions, ne rompt pas totalement avec les stratégies d'aménagement auxquelles il succède. L'Etat est bien souvent acteur dans la mise en place du processus, comme auparavant, même si son rôle a changé. (Sardan, 2001 : 149). Cette nouvelle approche n'est pas une recette miracle et la réussite des actions qui en découlent tiennent à de multiples facteurs : elle implique une démarche volontaire de l'ensemble des acteurs impliqués. Elle nécessite la compréhension et l'adhésion au processus de l'ensemble du personnel administratif, technique, institutionnel, financier sur l'ensemble des niveaux hiérarchiques.

Cette démarche d'aménagement concerté est un processus qui est, en outre, en adéquation avec la Déclaration Universelle des Droits de l'Homme, laquelle mentionne la possibilité qu'ont les citoyens d'intervenir directement, de manière individuelle ou collective. Associer l'ensemble des citoyens aux décisions qui engagent leur avenir est à la fois logique et novateur. Qui, en effet, est mieux placé que les populations concernées elles-mêmes pour établir un diagnostic, exprimer les besoins et enfin dégager des priorités ? Il appartient à chaque communauté de tracer sa propre voie de développement, car la flexibilité du processus participatif permet à chacun de l'adapter, de se l'approprier tout en restant fidèle à son identité. La participation "réelle" suppose que les populations soient volontaires, qu'elles soient actrices : elles évaluent, diagnostiquent, priorisent, budgétisent, financent, supervisent le projet dans la conception jusqu'à la phase de réalisation effective et totale. Elles sont, par conséquent, responsables des résultats obtenus. Il s'agit donc de « ne plus subir son destin mais bien le maîtriser (…). » (Godet, 2011 : 31).

Dans le cadre de la restructuration des politiques urbaines nationales, et pour une nouvelle approche du développement urbain au Gabon, la Banque mondiale et l'État gabonais ont cofinancé le Projet de Développement des Infrastructures Locales (PDIL), pour l'amélioration des conditions de vie des populations dans six (6) Communes du Gabon : Libreville Franceville, Lambaréné, Mouila, Oyem et de Port-Gentil. Sa particularité visait à construire des routes en pavés dans les quartiers sous-intégrés et à réaliser le volet développement des petits équipements de proximité. Son but consistait en l'élaboration d'une politique urbaine et d'un plan d'aménagement concerté de quartiers.

La mise en œuvre du PACQ passe donc par la participation des communautés structurées dans l'évaluation de leur situation actuelle, dans l'identification, dans l'analyse et la priorisation de leurs problèmes et besoins, afin de leur permettre des prises de décisions pertinentes et avisées. Des réunions sont organisées avec les populations de chaque secteur. L'objectif principal est de confirmer ou d'infirmer les problèmes et les solutions préalablement identifiées lors de la mission d'identification, et donc de retenir ou non les idées de projet. Au cours de ces focus group, des problèmes supplémentaires, allant toujours dans le sens de l'amélioration des conditions de vie, peuvent être évoqués et discutés. Une fois les projets confirmés, il s'agit de mettre en place des Groupements d'Intérêt Communautaire (GIC) devant soutenir les microréalisations autour de chaque site identifié. Il est structuré autour d'un bureau constitué d'un président, d'un secrétaire général et d'un trésorier. Il identifie le micro-projet, en collaboration avec la Municipalité et les animateurs du PACQ, participe à sa mise en œuvre, gère son exploitation et assure sa maintenance. Les groupes ont été mis en place eu égard aux dynamiques participatives déjà engagées par les populations elles-mêmes à certains endroits problématiques de leur milieu. Chaque GIC rassemblait en moyenne 10 ménages (soit 5 à 6 personnes par ménage).

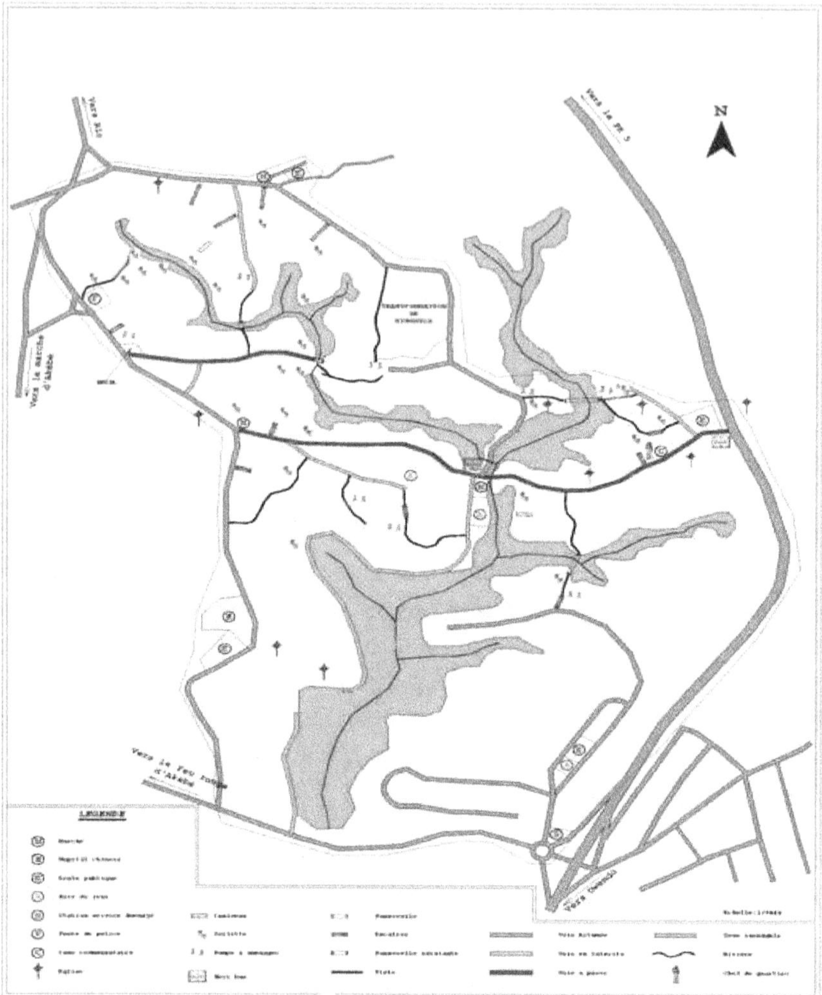

Source : PDIL.

Figure 1 : Plan d'Aménagement Concerté de Quartier (PACQ, quartier précaire de Kinguélé, Commune de Libreville)

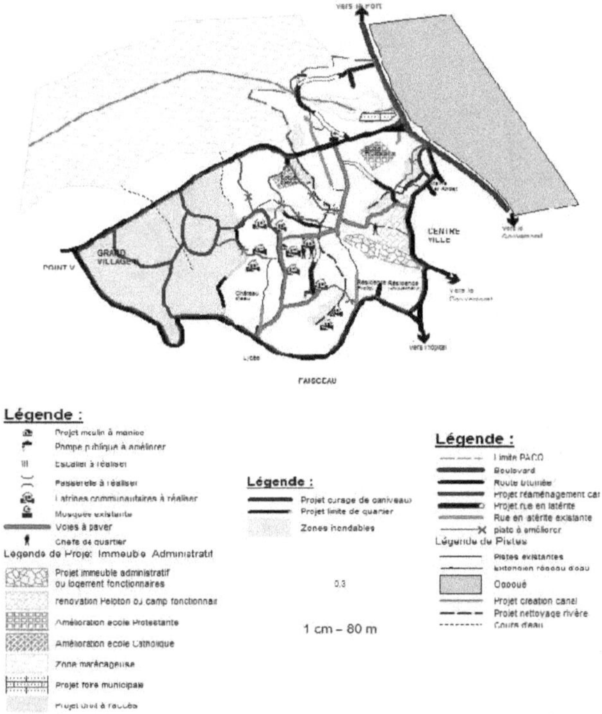

Source : PDIL

Figure 2 : Plan d'Aménagement Concerté de Quartier (PACQ) (quartier précaire de Grand village, Commune de Lambaréné)

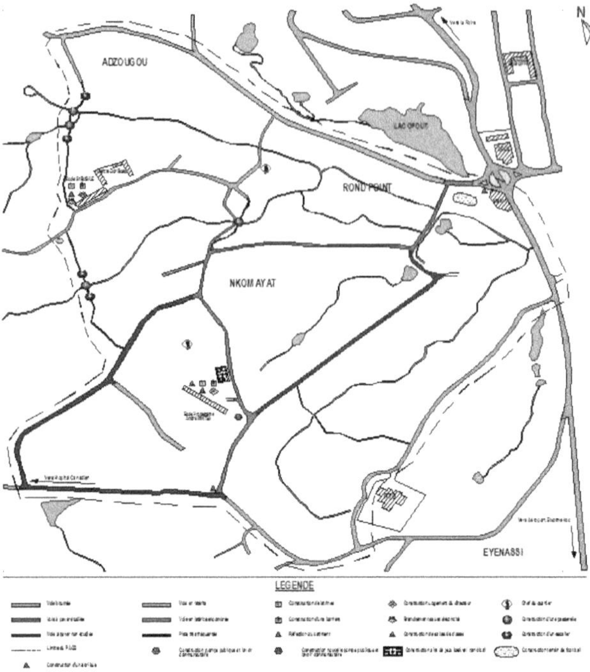

Source : PDIL.

Figure 3 : Plan d'Aménagement Concerté de Quartier (PACQ, quartier précaire de Nkomayat, Commune d'Oyem)

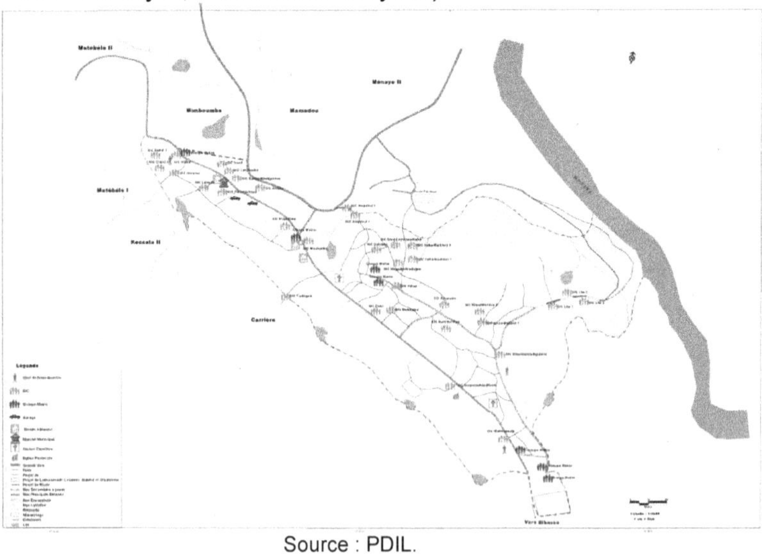

Source : PDIL.

Figure 4 : Plan d'Aménagement Concerté de Quartier (PACQ, quartier précaire de Mangoungou, Commune de Franceville)

III-Portée socio-spatiale des PACQ et perspectives durables

L'ensemble du processus d'aménagement, après validation et adoption, a permis à la Commune de Libreville de se doter d'un outil de gestion intégrée et d'aménagement de quartiers. Nous avons parcouru les quartiers ciblés du PACQ et l'on relève que les équipements, les infrastructures communautaires, ainsi que le pavage des voiries, réalisés ont beaucoup contribué à la vivacité des échanges, aux transformations socio-spatiales à l'échelle globale des quartiers concernés. Cela a fortement participé, selon un infirmier à la retraite, à « *décloisonner, de façon significative, les quartiers par rapport à la ville, mais aussi à faciliter l'installation de plusieurs commerces facilement accessibles*». Un autre enseignement est que le PACQ peut servir de référence à l'ensemble des institutions chargées de la politique de la ville, aux acteurs locaux et aux organismes qui souhaitent apporter leur appui à l'amélioration du cadre de vie urbain.

Photo 1 : Toilettes et douches communautaires au quartier Cocotiers, Libreville. *(Source : clichés de l'auteur 17/08/2009)*

Il a permis de réaliser un diagnostic approfondi de la situation socio-spatiale des quartiers informels. Il a donné l'occasion à la Commune de Libreville de se réapproprier son espace, ses potentialités diverses en s'impliquant davantage dans la connaissance des problèmes des quartiers sous-intégrés. Vu sous cet angle, les acteurs urbains ont été conviés à se prononcer et à définir ce qui leur paraît plus adapté au développement de la ville. Cette démarche a favorisé une prise de conscience des populations sur les enjeux actuels et futurs de l'aménagement des quartiers informels. Cela a favorisé une meilleure information des populations sur l'état infrastructurel de leurs quartiers et les alternatives possibles pour y remédier. Aussi, faut-il rappeler, le cadre définitionnel de ces outils vise la rénovation des infrastructures et des équipements urbains, l'amélioration des conditions de vie des populations urbaines de Libreville, de renforcer les capacités de gestion des quartiers et de préparer une stratégie d'investissements publics urbains.

Photo 2 : Voirie aménagée (Quartier Tsouka, Mouila) *(Source : clichés de l'auteur 12/04/200)*

Lancé dans la logique d'un processus participatif, impliquant aussi bien les populations bénéficiaires, les autorités municipales, les administrations déconcentrées de l'Etat ainsi que les privés, le PACQ présente une vision globale et intégrée de développement des quartiers à travers notamment la mise en œuvre d'un ensemble de projets et de micro réalisations, avec des directives pratiques sur les mécanismes d'exécution des travaux. A cet effet, il met un accent particulier sur la dynamique participative, communautaire et d'intégration qui sous tend l'identification des micros projets dans les quartiers. Il identifie les voiries et réseaux divers existant ainsi que leur état actuel ; les routes nécessitant des actions d'amélioration avec leurs linéaires. Ce sont notamment des passerelles, des escaliers, des latrines, des caniveaux, des cases communautaires, de pavages de voirie, qui pour la plupart du temps, ont été réalisés (Cf tableaux 1 & 2). Les pouvoirs publics ont initié ce plan en vue de permettre aux quartiers informels, non seulement d'améliorer le cadre bâti, mais aussi de résoudre des problèmes liés à la situation foncière dont l'ambigüité est à l'origine de plusieurs cas de dégradation de l'espace urbain. En effet, le caractère informel de plusieurs quartiers, leur irrégularité et les conditions précaires qui en résultent exposent les populations à des conditions de vie particulièrement misérables. La principale innovation du PACQ réside dans les outils didactiques utilisés à travers la méthode de planification participative qui permet d'impliquer les populations de façon concrète et effective dans la réflexion de l'aménagement de leurs quartiers.

Photo 3 : Passerelle Soweto au quartier Kinguelé à Libreville *(source : cliché du 15/09/2009 du PDIL)*

En revanche, le PACQ ne fixe pas les règles du jeu de l'occupation de l'espace urbain afin de garantir la sécurité foncière de chacun et la maîtrise des dynamiques urbaines par la Commune. On saisit rapidement que le facteur principal, est de ne pas fournir de parcelles, pour les constructions nouvelles, laissant ainsi les nouveaux constructeurs se débrouiller dans l'informel et l'illégal, et d'avoir ainsi accumulé un stock considérable de parcelles occupées sans aucun titre ni décret d'attribution, donc sans aucun droit et sans aucun contrôle. Les tableaux qui suivent présentent de façon sommaire la constitution des différents GIC mis en place et les équipements dont ils ont bénéficié.

Tableau I : Amélioration des infrastructures des quartiers dans six communes du Gabon

Ville	Quartiers ciblés	Infrastructures réalisées (ml)	
		Voirie	Caniveaux+dalot
Libreville	Cocotiers – Ouest	780	785
	Bellevue	1 453	1 126
Port-Gentil	Balise	610	1 266
	Quartier-Sud	1 121	2 255
Lambaréné	Grand Village – Château d'eau	1 180	1 202
Oyem		3 093	4 270
Franceville	Mangoungou	1 358	1 567
Mouila	Tsouka	1 022	1 382
TOTAL		**10 617**	**13 853**

Tableau II: Equipements réalisés dans les quartiers ciblés

Ville	Quartiers Ciblés	Equipements réalisés
Libreville	Cocotiers - Ouest	35
	Bellevue	31
Port-Gentil	Balise	33
	Quartier-Sud	30
Lambaréné	Grand Village – Château d'eau	27
Oyem		21
Franceville	Mangoungou	29
Mouila	Tsouka	19
TOTAL		**225**

Le PACQ ne s'inscrit-il pas dans le programme d'action Agenda 21 Locaux au niveau du Gabon ? Le concept d'agenda vient du latin et signifie "*ce qui doit être fait*". Le nombre 21 correspond au XXIe siècle. On pourrait donc traduire littéralement que l'Agenda 21 correspond à des actions que l'on devrait mener tout au long du XXIe siècle. Des actions qui devront intégrer un certain nombre de considérations (sociales, économiques et environnementales) afin d'asseoir le développement durable (Bidou, 1999 : 148). Les populations sont aujourd'hui accompagnées dans le processus d'organisation qui devrait les amener à atteindre des objectifs fédérateurs identifiés et souhaités à partir d'une vision stratégique d'un « *mieux vivre ensemble* ». Les communautés de quartier, grâce au PACQ, pourraient s'approprier les outils et les réutiliser après internalisation du processus, sans intervention des agents, à chaque fois qu'une problématique collective se posera. C'est en ce sens que le processus participatif vise à autonomiser et responsabiliser les populations des quartiers informels. A terme, chaque communauté de quartier pourrait elle-même identifier de manière consensuelle les projets pour son développement, planifier leur réalisation, organiser des appels d'offres et passer elle-même des marchés, mobiliser sa quote-part et procéder au décaissement des fonds provenant de sources diverses. Bref, elle gèrera son propre développement en fonction de ses propres problématiques, ses propres priorités et à son propre rythme. Le développement durable, notion réservée dans les années 1980 à la gestion rationnelle des ressources renouvelables ou non, connaît une percée dans le discours des gestionnaires de la ville depuis le début des années 1990. Appliquer à la ville, le développement durable s'inscrit dans une logique prospective de progrès social, culturel et technologique. Ainsi, une gestion rationnelle dans le temps et dans l'espace garantirait aux prochaines générations un mieux-être social, économique et environnemental. Autrement dit, les profits engendrés par les investissements urbains d'aujourd'hui doivent assurer le développement social urbain de demain. Le principe de la durabilité dans les quartiers informels repose sur la capacité de répondre aux besoins actuels des populations qui y vivent, sans toutefois léser les prochaines générations. Ce principe impulse une logique fonctionnelle entre l'espace et ses différents utilisateurs et marque une nouvelle moralité urbaine, d'autant qu'il associe les différents usagers de l'espace pour son aménagement et sa gestion.

Le développement durable des quartiers repose sur quatre préceptes clés qui sont : "*ne pas compromettre les besoins des générations futures ; prendre en compte l'ensemble des effets environnementaux des activités urbaines ; assurer l'équité entre les habitants des villes et celle des générations actuelles et futures ; favoriser la participation de tous les citadins aux décisions concernant le développement de leurs villes*" (Bailly & al. 1995 : 81). Dans ce contexte durable, les PACQ pourraient constituer des outils de progrès socio-spatial. Celui-ci exprime une rupture avec l'idéologie du développement correspondant à la modernisation et à l'industrialisation qui prévaut depuis la fin de la Seconde Guerre mondiale.

Tout en signifiant la satisfaction des besoins élémentaires de tous et, pour chacun la possibilité d'aspirer à une vie meilleure, l'aménagement durable est finalement un processus de changement dans lequel l'exploitation des ressources, le choix des investissements, l'orientation du développement technique ainsi que les changements institutionnels sont déterminés en fonction des besoins tant actuels qu'à venir. Cette nouvelle conception prend en compte l'environnement physique et intègre les critères éthiques tels la justice sociale, la responsabilité vis-à-vis des générations actuelles et futures, la prise en compte et participation des valeurs socioculturelles à la vie de la cité. Dans cette optique, le développement durable implique donc la transformation progressive de l'économie urbaine et de la société. L'aménagement concerté et durable devient un modèle socio-économique citoyen. La dimension sociale se traduit par les valeurs de justice et d'égalité sociales que véhicule ce concept. Cette dimension insiste plus sur l'amélioration qualitative du niveau de vie des populations. Il implique donc que l'on combine les durabilités écologique, économique et sociale à travers de nouveaux modes de production et de consommation ainsi que de nouveaux modes de vie.

CONCLUSION

En définitive, la démarche concertée dans les projets d'aménagement repose sur la volonté de dynamiser les communautés de quartier à la base et d'éviter le rejet des services réalisés par les acteurs bénéficiaires comme ce fut le cas par le passé. La croissance des villes au Gabon est un problème géographique majeur, parce qu'elle est récente et rapide. Elle révèle les mutations des villes en même temps qu'elle les engendre. Les caractères communs de ce phénomène se manifestent par une croissance spatiale atteinte d'une véritable ″boulimie″ qui s'accompagne d'un habitat surtout informel, irrégulier et majoritairement précaire. Cette situation est alimentée par l'insécurité économique en milieu rural, souvent à la base d'un exode rural massif, mais également par la paupérisation d'une frange de plus en plus importante de la population citadine elle-même. Mais l'occupation du sol est demeurée anarchique et informelle. Les PACQ pourront-ils garantir un cadre de vie sain et viable dans ces conditions ? Dans les quartiers ciblés par les PACQ, on observe, ça et là, l'embellissement des habitations et des voiries pour une meilleure accessibilité des quartiers. Pendant, ce temps, la précarité envahie déjà d'autres quartiers dans les différentes villes du Gabon. En tenant compte de cet aspect, les PACQ permettront-t-ils au gouvernement et aux collectivités locales de solutionner, de manière durable, l'épineuse question de la sécurisation foncière ?

BIBLIOGRAPHIE

Allogho-Nkoghe F, (2011) : Décentralisation et développement des territoires au Gabon. Eléments d'analyse pour une émergence du local, in MEYO ME NKOGHE. D (sous la direction de), *Le Gabon émergent : utopie ou réalité. Approche plurielle du concept d'émergence*, Paris, Publibook, pp.373-393.

Allogho-Nkoghe F, (2013) : Quartiers informels et politiques de la ville. Les logiques d'aménagement à Libreville (Gabon), Paris, l'Harmattan, 196 p.

Allogho-Nkoghe F, (2013) : Gouvernance participative et aménagement des quartiers informels à Libreville (Gabon), in *Revue Ivoirienne des Sciences du Langage et de la Communication*, Numéro 7, Volume 2, pp.312-329.

Bailly. A. & al (1995) : Stratégies spatiales, Comprendre et maîtriser l'espace, Montpellier, Reclus, 216 p.

Bidou. D (1999) : Les Agendas 21 locaux, in *Espaces et territoires*, Bulletin de la Société Languedocienne de Géographie, Tome 33, pp.147-159.

Bierschenk Th., Chauveau J.-P, Sardan O.J.-P (2000) : Courtiers en développement, les villages africains en quête de projets, Ed. Karthala et APAD, Paris, 328 p.

Cauvin C. (1999) : Propositions pour une approche de la cognition spatiale intra-urbaine, in *Cybergéo*, n° 72, pp. 1-11.

Godet. M (2001) : Prospective et dynamique des territoires, in *Futuribles*, n° 269

Hugon. Ph (1993) : La crise des systèmes urbains et l'ajustement structurel", in *Afrique contemporaine*, n°168, pp 231-249.

Milbert. I & Bianchi. G (1994) : *15 ans de recherches urbaines dans les pays en développement* (1980-1994), Paris, Presses ENPC, 532 p.

Osmont. A (1995), La Banque mondiale et les villes. Du développement à l'ajustement, Paris, Karthala, 309 p

Osmont. A (1985) : La Banque mondiale et les politiques urbaines nationales », *Politique Africaine*, n° 17, pp. 58-73.

Sardan O. J.-P (2001) : Le « développement participatif » : ni solution miracle, ni complot libéral, in *Afrique contemporaine*, n° spécial, p 148-155

Sardan O. J.-P (1995) : Anthropologie et développement, Essai en socio-anthropologie du changement social, Ed. Apad-Karthala, Paris, 221 p.

Structures éditoriales du groupe L'Harmattan

L'Harmattan Italie
Via degli Artisti, 15
10124 Torino
harmattan.italia@gmail.com

L'Harmattan Hongrie
Kossuth l. u. 14-16.
1053 Budapest
harmattan@harmattan.hu

L'Harmattan Sénégal
10 VDN en face Mermoz
BP 45034 Dakar-Fann
senharmattan@gmail.com

L'Harmattan Cameroun
TSINGA/FECAFOOT
BP 11486 Yaoundé
inkoukam@gmail.com

L'Harmattan Burkina Faso
Achille Somé – tengnule@hotmail.fr

L'Harmattan Guinée
Almamya, rue KA 028 OKB Agency
BP 3470 Conakry
harmattanguinee@yahoo.fr

L'Harmattan RDC
185, avenue Nyangwe
Commune de Lingwala – Kinshasa
matangilamusadila@yahoo.fr

L'Harmattan Congo
67, boulevard Denis-Sassou-N'Guesso
BP 2874 Brazzaville
harmattan.congo@yahoo.fr

L'Harmattan Mali
Sirakoro-Meguetana V31
Bamako
syllaka@yahoo.fr

L'Harmattan Togo
Djidjole – Lomé
Maison Amela
face EPP BATOME
ddamela@aol.com

L'Harmattan Côte d'Ivoire
Résidence Karl – Cité des Arts
Abidjan-Cocody
03 BP 1588 Abidjan
espace_harmattan.ci@hotmail.fr

L'Harmattan Algérie
22, rue Moulay-Mohamed
31000 Oran
info2@harmattan-algerie.com

L'Harmattan Maroc
5, rue Ferrane-Kouicha, Talaâ-Elkbira
Chrableyine, Fès-Médine
30000 Fès
harmattan.maroc@gmail.com

Nos librairies en France

Librairie internationale
16, rue des Écoles – 75005 Paris
librairie.internationale@harmattan.fr
01 40 46 79 11
www.librairieharmattan.com

Librairie l'Espace Harmattan
21 bis, rue des Écoles – 75005 paris
librairie.espace@harmattan.fr
01 43 29 49 42

Lib. sciences humaines & histoire
21, rue des Écoles – 75005 paris
librairie.sh@harmattan.fr
01 46 34 13 71
www.librairieharmattansh.com

Lib. Méditerranée & Moyen-Orient
7, rue des Carmes – 75005 Paris
librairie.mediterranee@harmattan.fr
01 43 29 71 15

Librairie Le Lucernaire
53, rue Notre-Dame-des-Champs – 75006 Paris
librairie@lucernaire.fr
01 42 22 67 13

www.ingramcontent.com/pod-product-compliance
Lightning Source LLC
LaVergne TN
LVHW050634051026
849532LV00002B/384
9782343190044